U0362081

当代中国马克思主义政治经济学丛书

总主编：逄锦聚

中国经济重大问题研究
（2019）

荆克迪　逄锦聚/等著

南开大学出版社

天　津

图书在版编目(CIP)数据

中国经济重大问题研究. 2019 / 荆克迪等著. —天
津：南开大学出版社，2021.1
　（当代中国马克思主义政治经济学丛书）
　ISBN 978-7-310-06013-9

　Ⅰ. ①中… Ⅱ. ①荆… Ⅲ. ①中国经济－研究 Ⅳ.
①F12

中国版本图书馆 CIP 数据核字(2021)第 000207 号

中国经济重大问题研究(2019)

ZHONGGUO JINGJI ZHONGDA WENTI YANJIU (2019)

南开大学出版社出版发行

出版人：陈　敬

地址：天津市南开区卫津路 94 号　　邮政编码：300071

营销部电话：(022)23508339　营销部传真：(022)23508542

http://www.nkup.com.cn

三河市同力彩印有限公司印刷　全国各地新华书店经销

2021 年 1 月第 1 版　　2021 年 1 月第 1 次印刷

240×170 毫米　16 开本　15.75 印张　1 插页　310 千字

定价：80.00 元

如遇图书印装质量问题，请与本社营销部联系调换，电话：(022)23508339

国家"2011 计划"中国特色社会主义经济建设协同创新中心成果

教育部人文社会科学重点研究基地南开大学政治经济学研究中心成果

南开大学全国中国特色社会主义政治经济学研究中心成果

本书作者

逄锦聚　刘凤义　李　磊　王　璐　郭金兴

乔晓楠　李　月　王永兴　荆克迪　冯志轩

丛书总前言

习近平在 2016 年 5 月 17 日召开的哲学社会科学工作座谈会上强调：我国哲学社会科学的一项重要任务就是继续推进马克思主义中国化、时代化、大众化，继续发展 21 世纪马克思主义、当代中国马克思主义。①在庆祝中国共产党成立 95 周年大会上的讲话中又提出：我们要以更加宽阔的眼界审视马克思主义在当代发展的现实基础和实践需要，坚持问题导向，坚持以我们正在做的事情为中心，聆听时代声音，更加深入地推动马克思主义同当代中国发展的具体实际相结合，不断开辟 21 世纪马克思主义发展新境界，让当代中国马克思主义放射出更加灿烂的真理光芒。②

发展 21 世纪马克思主义，开辟 21 世纪马克思主义新境界，是哲学社会科学的重要任务，政治经济学是马克思主义的重要组成部分，应该为发展 21 世纪马克思主义，开辟 21 世纪马克思主义新境界做出新贡献。基于这样的认识，在中国特色社会主义经济建设协同创新中心和教育部人文社会科学重点研究基地南开大学政治经济学研究中心的支持下，自 2014 年开始我组织国内一些学者开展中国特色社会主义政治经济学研究、当代中国马克思主义政治经济学研究、开辟 21 世纪马克思主义政治经济学新境界研究，形成一批成果。本丛书将在"当代中国马克思主义政治经济学"旗帜下，陆续出版这些成果。

逄锦聚

2017 年 7 月

---

① 习近平：《在哲学社会科学工作座谈会上的讲话》，《人民日报》2016 年 5 月 19 日。
② 习近平：《在庆祝中国共产党成立 95 周年大会上的讲话》，《人民日报》2016 年 7 月 2 日。

序　言

　　2019 年是新中国成立 70 周年，中国经济取得的成就举世瞩目，成功经验需要总结分析。中国从贫困走向繁荣，与发达国家的差距逐渐缩小，某些领域或某些方面甚至实现了赶超。这意味着在中国，一种与过去经济发展模式不同的新的发展方式逐渐形成。这种发展方式是否具有普适性，对其他发展中国家乃至发达国家具有何种借鉴意义，这些重要的理论与现实问题均须进一步加以研究。当前，世界处于百年未有之大变局，中国特色社会主义处于新时代，在这一重大变革的年代，党的十九届四中全会关于中国特色社会主义制度和国家治理的重要决定，为解决中国实现"两个一百年"目标所面临的各种问题指明了方向，提供了重要的制度保障和顶层设计。

　　《中国经济重大问题研究（2019）》汇集了南开大学经济学院 10 位教师近年来取得的研究成果，涉及经济学理论创新、共享经济、外商投资、经济思想史、中等收入陷阱、能源经济、经济发展、国家治理及投入产出方法等主题，内容都是我国新时代面临的重大经济问题。选择这样的问题进行研究，体现了南开学者尤其是青年学者的学术勇气。上述研究不仅选题重要，有利于推动理论研究的深化，而且也给经济决策提供了很好的政策建议。我相信，随着新时代中国特色社会主义的不断发展前进，中国走向世界舞台的中央，我们的理论也必然会走向世界舞台的中央。因此，我们必须立足中国，融通中外，秉持着实践发展永无止境、对理论的探索与创新也就永无止境的理念，不断研究中国特色社会主义的伟大实践中提出的重大课题，不断总结经验，为不断开拓当代中国马克思主义政治经济学新境界贡献智慧。

逄锦聚

2019 年 11 月

目　录

第一章 新中国 70 年经济学理论创新及其世界意义*

逄锦聚

新中国成立 70 年，我国经济建设、改革、发展取得了举世瞩目的成就。在实践探索基础上，马克思主义政治经济学基本原理与中国实际相结合，取得了一系列重大创新成果，创立了中国特色社会主义政治经济学。这些创新成果不仅有力地指导了中国社会主义建设事业从胜利走向新的胜利，而且为世界的发展贡献了中国力量和中国智慧。

一、新中国 70 年的重大经济理论创新

新中国 70 年经济理论创新取得的成果极其丰富，可以概括为 10 个主要方面：①丰富发展了马克思主义社会主义的学说，创新形成了中国特色社会主义经济理论；②丰富发展了马克思主义关于社会主义发展阶段的学说，创新形成了中国特色社会主义初级阶段的理论；③丰富发展了马克思主义生产力和生产关系、经济基础和上层建筑的相互关系的学说，创新形成了中国社会主义社会基本矛盾、主要矛盾的理论；④丰富发展了马克思主义关于社会主义基本经济制度理论，创新形成了中国特色社会主义基本经济制度理论；⑤丰富发展了马克思主义关于社会主义分配制度的理论，创新形成了中国特色社会主义分配制度理论；⑥丰富发展了马克思主义关于商品生产、商品交换的学说，创新形成了社会主义市场经济理论；⑦丰富发展了马克思主义关于社会主义是不断发展的社会的学说，创新形成

* 本文系 2016 年度教育部哲学社会科学研究重大课题攻关项目"中国特色社会主义政治经济学理论体系和话语体系研究"（项目编号：16JZD005）的阶段性成果。

了中国特色社会主义改革理论；⑧丰富发展了马克思主义关于社会再生产的学说，创新形成了中国特色社会主义宏观经济运行和宏观调控理论；⑨丰富发展了马克思主义关于发展的学说，创新形成了中国特色社会主义经济发展理论；⑩丰富发展了马克思主义世界经济学说，创新形成了中国特色社会主义开放理论和经济全球化理论。对于上述 10 个方面的经济理论创新，笔者曾经在 2018 年庆祝改革开放 40 周年前夕发表《改革开放与中国特色社会主义》一文，对其中的 6 个方面作了概括和阐述。①作为继续和补充，本文对其中另外的一些方面的理论创新加以阐释。

第一，丰富发展了马克思主义生产力和生产关系、经济基础和上层建筑的相互关系的学说，创新形成了中国社会主义社会基本矛盾和主要矛盾的理论。

生产力和生产关系、经济基础和上层建筑的关系是马克思主义唯物史观的重要内容。运用唯物史观，马克思揭示了人类社会发展的一般规律，论证了社会主义代替资本主义的必然性。但是，在我国社会主义制度建立后，生产力和生产关系、经济基础和上层建筑的关系是怎么一个状况？怎么妥善处理生产力和生产关系、经济基础和上层建筑的矛盾？这是需要在实践中探索和解决的重大理论课题。

改革开放前 30 年，毛泽东坚持马克思主义的基本观点，带领全党全国人民对我国社会主义制度建立后社会基本矛盾和主要矛盾进行了探索，在理论上作出了创造性的贡献。1956 年生产资料的社会主义改造基本完成以后，我国开始转入全面的大规模的社会主义建设。1956 年 9 月，党的第八次全国代表大会召开，大会指出：社会主义制度在我国已经基本上建立起来，国内主要矛盾已经不再是工人阶级和资产阶级的矛盾，而是人民对于经济文化迅速发展的需要同当前经济文化不能满足人民需要的状况之间的矛盾；全国人民的主要任务是集中力量发展社会生产力，实现国家工业化，逐步满足人民日益增长的物质和文化需要；虽然还有阶级斗争，还要加强人民民主专政，但其根本任务已经是在新的生产关系下面保护和发展生产力。1957 年，毛泽东发表了《关于正确处理人民内部矛盾的问题》一文，对社会主义社会矛盾进行了分析，指出："在社会主义社会中，基本的矛盾仍然是生产关系和生产力之间的矛盾，上层建筑和经济基础之间的矛盾。"②他要求，必须正确处理社会主义基本矛盾，调动一切积极因素，建设社会主义。党的八大关于社会主义社会主要矛盾的提出、毛泽东对社会主义社会基本矛盾的分析，提高了全党对经济建设重要性的认识，推动了党的工作重心的转移。1958 年，毛泽东又提出要把党和国家的工作重点转到技术革命与社会主义建设上来。这些都

---

① 逄锦聚：《改革开放与中国特色社会主义》，《当代世界与社会主义》2018 年第 4 期。

② 《毛泽东文集》第 7 卷，人民出版社 1999 年版，第 214 页。

是党的八大路线的继续发展，具有长远的指导意义。

改革开放以来，从理论到实践，我们一以贯之地坚持马克思主义关于生产力和生产关系、经济基础和上层建筑的基本原理，在总结改革开放前社会主义经济建设经验教训的基础上，进一步探索解决生产力和生产关系、经济基础和上层建筑的矛盾的途径与措施。1978 年，党的十一届三中全会作出把全党的工作重心转移到经济工作上来的重大决策，开辟了改革开放新时期。1984 年，党的十二届三中全会通过的《中共中央关于经济体制改革的决定》确认：社会主义社会的基本矛盾仍然是生产关系和生产力、上层建筑和经济基础之间的矛盾。我们改革经济体制，是在坚持社会主义制度的前提下，改革生产关系和上层建筑中不适应生产力发展的一系列相互联系的环节与方面。

党的十八届三中全会通过的《中共中央关于全面深化改革的决定》进一步指出，全面深化改革，必须立足于我国长期处于社会主义初级阶段这个最大实际，坚持发展仍是解决我国所有问题的关键这个重大战略判断，以经济建设为中心，发挥经济体制改革牵引作用，推动生产关系同生产力、上层建筑同经济基础相适应，推动经济社会持续健康发展。党的十九大坚持生产力和生产关系、经济基础和上层建筑关系的原理，作出中国特色社会主义进入新时代、我国社会主要矛盾已经转化为人民日益增长的美好生活需要和不平衡不充分的发展之间的矛盾的重大判断。同时提出，我国社会主要矛盾的变化是关系全局的历史性变化，对党和国家工作提出了许多新要求。要在继续推动发展的基础上，着力解决好发展不平衡不充分问题，大力提升发展质量和效益，更好满足人民在经济、政治、文化、社会、生态等方面日益增长的需要，更好推动人的全面发展、社会全面进步。新中国 70 年，我国经济快速发展，人民生活大幅改善，综合国力极大增强，重要原因是我们探索到了社会主义条件下，通过不断改革解决社会主义基本矛盾和主要矛盾的根本途径与方法，从而在理论和实践的结合上解决了促进社会主义制度自我发展、自我完善的重大课题。

第二，丰富发展了马克思主义关于社会再生产的学说，创新形成了中国特色社会主义宏观经济运行和宏观调控的理论。

马克思主义经济学有丰富的社会按比例分配劳动时间和社会再生产理论。马克思关于价值规律调节商品生产、商品交换的理论和社会必要劳动时间两重含义的理论，关于社会资本循环、周转和社会总资本再生产理论等，为社会主义条件下国民经济的按比例发展和政府宏观调控提供了重要的理论基础。

改革开放前的 30 年，我国实行的是计划经济体制，以指令性计划为基本形式对国民经济进行管理是这种体制的重要特征。计划经济体制虽然在特定的条件下曾对恢复国民经济发挥过积极作用，但因为统得过多、过死，排斥市场作用，所以束缚了企业积极性的发挥。

在实行计划经济的过程中，中国共产党带领全国人民从实际出发，曾经进行了如何保持国民经济协调发展的探索。1956年4月，在总结第一个五年计划经济建设取得的重大成就的基础上，同时也以苏联经验为鉴戒，毛泽东同志发表了《论十大关系》。《论十大关系》对我国社会主义建设中带有全局性的重大关系进行了系统论述，在此基础上，提出了调动一切积极因素为社会主义建设事业服务的基本方针，明确了建设社会主义的根本思想是必须根据本国情况走自己的道路，并对适合中国情况的社会主义建设道路进行了初步探索。《论十大关系》提出的一些新思想、新理论，为党的八大的召开作了重要准备。除此之外，毛泽东还在领导纠正"大跃进"和人民公社化运动中的错误时提出了遵守价值规律和做好综合平衡、主张以农轻重为序安排国民经济计划的观点；中央其他领导同志也提出了计划指标必须切合实际，建设规模必须同国力相适应，人民生活和国家建设必须兼顾，制定计划必须做好物资、财政、信贷相平衡等观点。这些观点，在当时和以后的实践中对指导社会主义经济建设起到了重要作用。

改革开放以来，我们在进一步总结经验和深入探索的基础上，建立了社会主义市场经济。在此基础上，我们借鉴国外经济理论中的有益成分，引进了国民经济总供求分析和宏观调控的概念，对国民经济按比例协调发展进行深入探讨，建立了与社会主义市场经济相适应的宏观经济体制，在宏观经济理论方面取得重大创新。这些创新既包括宏观调控模式理论的创新、政府转变职能理论的创新，也包括宏观调控体系理论的创新等。

宏观调控的核心问题是妥善处理政府与市场的关系。对政府与市场关系处理方式的不同决定了不同的宏观调控模式。党的十二大提出"计划经济为主，市场调节为辅"的调控模式，强调计划调节在资源配置方式中是基本的、主要方面，市场调节是从属的、次要方面。党的十三大提出建立与有计划的商品经济相适应的"国家调节市场，市场引导企业"的调控模式。党的十四大提出了建立社会主义市场经济体制的改革目标，并且强调社会主义市场经济体制，就是要使市场在社会主义国家宏观调控下对资源配置起基础性作用。这些探索的结果，使我国摒弃了计划经济体制模式，初步建立起与社会主义市场经济发展要求相适应的宏观调控模式。宏观调控的主体是政府，在政府经济职能转变方向上，先后提出了要转变政府职能、建立适合现代市场经济和社会化大生产发展的有力政府、让政府与市场有机结合、解决政府在市场中的"错位""缺位""越位"问题等等。实施有效宏观调控要完善国家宏观调控体系，应进一步健全国家计划和财政政策、货币政策等相互配合的宏观调控体系，国家计划要明确宏观调控目标和总体要求，财政政策要在促进经济增长、优化结构和调节收入方面发挥重要功能；同时，提出要完善统计体制，健全经济运行监测体系，加强各宏观经济调控部门的功能互补和信息共享，提高宏观调控水平。

党的十八大以来，在已有创新的基础上，宏观理论又有了进一步创新。党的十八届三中全会明确提出，"使市场在资源配置中起决定性作用和更好发挥政府作用"。习近平对此作了说明："既不能用市场在资源配置中的决定性作用取代甚至否定政府作用，也不能用更好发挥政府作用取代甚至否定使市场在资源配置中起决定性作用。"①这是对计划与市场关系认识的升华。同时，还对实行科学的宏观调控、有效的政府治理、转变政府职能、深化行政体制改革、创新行政管理方式、建设法治政府和服务型政府等提出了一系列新理论。关于健全宏观调控体系，提出宏观调控的主要任务是保持经济总量平衡，促进重大经济结构协调和生产力布局优化，减缓经济周期波动影响，防范区域性、系统性风险，稳定市场预期，实现经济持续健康发展；健全以国家发展战略和规划为导向、以财政政策和货币政策为主要手段的宏观调控体系，推进宏观调控目标制定和政策手段运用机制化，加强财政政策、货币政策与产业、价格等政策手段协调配合，提高相机抉择水平，增强宏观调控前瞻性、针对性、协同性；形成参与国际宏观经济政策协调的机制，推动国际经济治理结构完善。关于全面正确履行政府职能，提出要进一步简政放权，深化行政审批制度改革，最大限度减少中央政府对微观事务的管理，政府要加强发展战略、规划、政策、标准等的制定和实施，加强市场活动监管，加强各类公共服务提供；加强中央政府宏观调控职责和能力，加强地方政府公共服务、市场监管、社会管理、环境保护等职责。对于深化机构改革，提出了优化政府机构设置、职能配置、工作流程，完善决策权、执行权、监督权既相互制约又相互协调的行政运行机制；严格绩效管理，突出责任落实，确保权责一致，并且要统筹党政群机构改革，理顺部门职责关系。

第三，丰富发展了马克思主义关于发展的学说，创新形成了中国特色社会主义发展理论。

马克思主义有丰富的关于发展的学说。关于社会基本矛盾是经济社会发展的根本动力的理论，关于社会再生产按比例发展的理论，关于抽象劳动是价值的唯一源泉，劳动力和生产要素是社会财富的源泉，资本积累是扩大再生产的源泉的理论，关于劳动生产率是由劳动者的平均熟练程度、科学技术的发展水平及其在生产中的应用程度、生产过程的社会结合形式、劳动对象的状况以及自然条件等因素决定的理论，关于人的全面发展是经济发展的根本目的的理论，关于人口、资源和环境要协调发展的理论等都是经济发展理论中的重要部分。这些理论对当

---

① 《习近平谈治国理政》，外文出版社 2014 年版，第 117 页。

代中国的经济社会发展具有重要的指导意义。

在马克思主义的指导下，中国共产党人带领全国各族人民完成了新民主主义革命，进行了社会主义改造，确立了社会主义基本制度，为当代中国一切发展、进步奠定了根本政治前提和制度基础。在这样的基础上，改革开放 40 年，我们继承发展马克思主义关于发展的思想，总结中国和世界经济发展实践经验，吸收国外有益的发展理论成果，形成了中国特色社会主义发展理论，深刻回答了什么是发展、中国需要怎样的发展、怎样实现发展等问题，为经济社会的全面协调可持续发展提供了科学的理论指导。

党的十一届三中全会确定的"把全党的工作重心转到经济建设上来"，邓小平提出的"发展是硬道理"，无论是从实践上还是理论上，都具有开创性意义。其后在实践中逐步形成的科学发展观，强调第一要义是发展，核心是以人为本，基本要求是全面协调可持续，根本方法是统筹兼顾，反映了我们对发展问题认识的新高度。

党的十八大以来，以习近平同志为核心的党中央开拓创新，形成了创新、协调、绿色、开放、共享的新发展理念。新发展理念强调创新是引领发展的第一动力，协调是持续健康发展的内在要求，绿色是永续发展的必要条件和人民对美好生活追求的重要体现，开放是国家繁荣发展的必由之路，共享是中国特色社会主义的本质要求。新发展理念坚持以人民为中心的发展思想，把实现人民幸福作为发展的目的和归宿，强调发展为了人民、发展依靠人民、发展成果由人民共享；围绕人民中心，必须坚定不移把发展作为党执政兴国的第一要务，坚持解放和发展社会生产力，坚持社会主义市场经济改革方向，推动经济持续健康发展。新发展理念是马克思主义基本原理与当代中国实际相结合的产物，是中国特色社会主义理论体系关于发展的最新成果。牢固树立并切实贯彻创新、协调、绿色、开放、共享的新发展理念，是关系我国发展全局的一场深刻变革。要充分认识这场变革的重大现实意义和深远历史意义，深化改革，开拓前进，推动我国发展迈上新台阶。

第四，丰富发展了马克思主义世界经济学说，创新形成了中国特色社会主义开放理论和经济全球化理论。

马克思创立的政治经济学包含着丰富的关于国际贸易和世界经济的思想。马克思指出，国际贸易在社会再生产过程中处于"中间环节"和"媒介要素"的地位，"世界贸易是大机器工业的必不可少的条件"[①]。马克思在《共产党宣言》中也曾经指出："资产阶级，由于开拓了世界市场，使一切国家的生产和消费都成为

---

① 《马克思恩格斯文集》第 10 卷，人民出版社 2009 年版，第 49 页。

世界性的了。""过去那种地方的和民族的自给自足和闭关自守状态，被各民族的各方面的互相往来和各方面的互相依赖所代替了。""资产阶级在它的不到一百年的阶级统治中所创造的生产力，比过去一切世代创造的全部生产力还要多，还要大。"①马克思的这些论述是关于经济全球化的最早的经典性论述。

改革开放前的30年，毛泽东以世界格局的大视野提出："我们的方针是，一切民族、一切国家的长处都要学，政治、经济、科学、技术、文学、艺术的一切真正好的东西都要学。但是，必须有分析有批判地学，不能盲目地学，不能一切照抄，机械搬用。他们的短处、缺点，当然不要学。"②这为我国对外开放提供了思想理论指导。但是，由于当时的国际环境，特别是由于帝国主义国家对我国的经济封锁，我国的对外开放和国际经济关系主要是在社会主义国家之间和第三世界国家之间进行的。改革开放开始以后，随着实践和时代的发展，我国对开放理论不断丰富和发展，包括：将开放与改革一起，看作是决定中国命运的关键选择，是中华民族复兴的必由之路，对外开放是我国实现社会主义现代化的基本国策的理论；建设经济特区理论；"三资"企业是社会主义经济有益补充，有利于社会主义发展的理论；全方位开放理论；"引进来"与"走出去"相结合理论；更好利用两个市场、两种资源，优化资源配置理论；以开放促改革理论；等等。这些理论对促进和指导我国的对外开放起到十分重要的作用。

党的十八大以来，随着中国特色社会主义进入新时代，我国的对外开放继续扩大，开放理论取得了一系列重大创新。这些创新包括：坚持推动构建人类命运共同体，建设持久和平、普遍安全、共同繁荣、开放包容、清洁美丽的世界的理论；统筹国内国际两个大局，奉行互利共赢的开放战略，谋求开放创新、包容互惠的发展前景的理论；推动形成全面开放新格局，中国开放的大门只会越开越大的理论；以"一带一路"建设为重点，遵循共商共建共享原则，加强创新能力开放合作，形成陆海内外联动、东西双向互济的开放格局的理论；拓展对外贸易，培育贸易新业态新模式，推进贸易强国建设的理论；实行高水平的贸易和投资自由化便利化政策，大幅度放宽市场准入，扩大服务业对外开放，保护外商投资合法权益的理论；优化区域开放布局，加大西部开放力度的理论；赋予自由贸易试验区更大改革自主权，探索建设自由贸易港的理论；创新对外投资方式，促进国际产能合作，加快培育国际经济合作和竞争新优势的理论；推动经济全球化朝着更加开放、包容、普惠、平衡、共赢的方向发展的理论；积极促进"一带一路"国际合作，努力实现政策沟通、设施联通、贸易畅通、资金融通、民心相通，打

---

① 《马克思恩格斯文集》第2卷，人民出版社2009年版，第35、36页。
② 《毛泽东文集》第7卷，人民出版社1999年版，第41页。

造国际合作新平台，增添共同发展新动力的理论；加大对发展中国家特别是最不发达国家的援助力度，促进缩小南北发展差距的理论；支持多边贸易体制，促进自由贸易区建设，推动建设开放型世界经济的理论；秉持共商共建共享的全球治理观，积极参与全球治理体系改革和建设，不断贡献中国智慧和力量的理论；等等。这些理论是新时代我国对外开放的理论指南，是推动经济全球化健康发展，推进全球治理的中国智慧和重大贡献。

二、新中国经济理论创新的最新成果

在长期探索发展的基础上，以党的十八大为标志，中国特色社会主义进入新时代，形成了习近平新时代中国特色社会主义思想，其中经济思想是重要组成部分。习近平新时代中国特色社会主义经济思想是中国经济建设改革发展经验的凝结，是时代发展的结晶，是理论创新的最新成果，是马克思主义中国化的最新成果，是中国特色社会主义政治经济学、21 世纪马克思主义政治经济学的最新成果。

习近平新时代中国特色社会主义经济思想是以中国特色社会主义为方向、以中国共产党的领导为根本组织保证、以满足人民不断增长的对美好生活需要为目的、以新发展理念为核心、以改革开放为动力，集揭示经济发展规律、社会发展规律和人与自然关系为一体的理论体系，内涵极其丰富，包括：坚持和发展中国特色社会主义的基本方向；坚持党对经济工作集中统一领导；坚持以人民为中心；坚持以新发展理念引领发展建设现代化经济体系；坚持全面深化改革；坚持人与自然和谐共生；坚持对外开放基本国策，推动经济全球化深入发展，构建人类命运共同体；坚持辩证唯物主义和历史唯物主义科学的方法论。

党的十八大以来，习近平多次强调要构建中国特色社会主义政治经济学。2014年，习近平同志提出，各级党委和政府要学好用好政治经济学。[①]2015 年，他在主持政治局第二十八次集体学习时强调，要立足我国国情和我国发展实践，揭示新特点、新规律，提炼和总结我国经济发展实践的规律性成果，把实践经验上升为系统化的经济学说，不断开拓当代中国马克思主义政治经济学新境界。[②]在 2015年中央经济工作会议上，他又进一步强调要坚持中国特色社会主义政治经济学重大原则。[③]在习近平的倡导和身体力行推动下，中国特色社会主义政治经济学呈现

---

①《中共中央就当前经济形势和下半年经济工作召开党外人士座谈会》，参见新华网 http://www.xinhuanet.com/politics/2014—07/29/c_1111854315.htm。

②《习近平在中共中央政治局第二十八次集体学习时强调立足我国国情和我国发展实践发展当代中国马克思主义政治经济学》，《人民日报》2015 年 11 月 25 日。

③《中央经济工作会议 12 月 9 日至 11 日在北京举行》，《人民日报》2014 年 12 月 11 日。

出繁荣发展的新局面，一批反映中国实践、中国经验、中国理论的优秀经济学成果纷纷涌现。

新时代中国特色社会主义政治经济学的构建是新中国成立以来对政治经济学的探索的继续。从新中国成立到改革开放前，我国对政治经济学的探索主要集中在以下四个方面。一是进一步学习马克思主义政治经济学经典著作，特别是《资本论》、列宁的《帝国主义是资本主义发展的最高阶段》和关于社会主义建设的理论。高校开设《资本论》选读课程，理论界阐释《资本论》中的马克思主义政治经济学原理，学习的目的是努力从《资本论》和列宁的相关论述中寻求指导社会主义经济建设的理论。二是引进、学习斯大林的《社会主义经济问题》和苏联的《政治经济学教科书》。1952 年 2—9 月，斯大林写了《苏联社会主义经济问题》一书，对苏联 30 多年社会主义建设的经验和第二次世界大战后资本主义的发展进行了理论概括。1954 年，根据《苏联社会主义经济问题》基本观点编写的《政治经济学教科书》正式出版。《苏联社会主义经济问题》"在很大程度上反映了苏联 30 多年社会主义经济建设的经验，在政治经济学史上具有一定的意义。斯大林肯定了社会主义经济中商品生产和商品交换的必要性，肯定了价值规律是一个'很好的实践的学校'，等等。但同时，该书也包含一些不正确或不符合实际的论断。例如，关于全民所有制内部交换的生产资料是产品不是商品，价值规律对社会主义生产只起影响作用，不起调节作用，排斥市场机制等，它们长期禁锢着人们的思想，束缚着经济管理体制的改革"①。对于苏联的这些理论，我国理论界一方面受到其影响，形成了与计划经济模式相适应的计划经济理论；另一方面也对其提出质疑，并从我国实际出发对之加以矫正和创新。三是从中国的实际出发，总结我国社会主义革命建设的实践，对一系列社会主义经济理论进行了初步探索，提出了一些有价值的理论观点。四是开始了政治经济学教科书的编写探索。1958 年"大跃进"和 1966—1976 年"文化大革命"期间，学者们都曾尝试从中国实际出发编写政治经济学教科书，也取得了一些成果，但由于受到当时社会环境和人们认识水平的限制，这些成果明显打上了当时政治的烙印。

改革开放新时期，我们把马克思主义政治经济学基本原理同现代化建设和改革开放新的实践结合起来，不断丰富和发展马克思主义政治经济学，形成了中国特色社会主义政治经济学的许多重要理论成果。例如，关于社会主义本质的理论，关于社会主义初级阶段基本经济制度的理论，关于树立和落实创新、协调、绿色、开放、共享的发展理念的理论，关于发展社会主义市场经济、使市场在资源配置中起决定性作用和更好发挥政府作用的理论，关于我国经济发展进入新常态的理

---

① 张卓元主编：《中国经济学 60 年（1949—2009）》，中国社会科学出版社 2009 年版，第 74 页。

论，关于推动新型工业化、信息化、城镇化、农业现代化相互协调的理论，关于用好国际国内两个市场、两种资源的理论，关于促进社会公平正义、逐步实现全体人民共同富裕的理论，等等。这些理论成果，是适应当代中国国情和时代特点的中国特色社会主义政治经济学的重要理论，不仅有力指导了我国经济发展实践，而且开拓了马克思主义政治经济学新境界。①党中央适时总结这些理论成果，作出关于经济改革发展的若干重要决定，如 1984 年《中共中央关于经济体制改革的决定》、1994 年《中共中央关于建立社会主义市场经济体制若干问题的决定》、2003年《中共中央关于完善社会主义市场经济体制若干问题的决定》等，这些党的重大决定，实际上都是改革开放新时期的政治经济学的成果。与此同时，理论界和教育界认真吸取现代化建设和改革开放取得的理论成果，借鉴世界多国经济学的有益成分，开展了持续不懈、卓有成效的政治经济学教科书的写作，涌现出一批各具特色的不同版本的政治经济学教科书。②中国特色社会主义政治经济学的建设发展呈现出繁荣的景象。

党的十八大以来，在习近平中国特色社会主义经济思想指引下，一批更具中国风格的中国特色社会主义政治经济学专著和教科书陆续出版。例如，高等教育出版社 2017 年 4 月出版的《中国特色社会主义政治经济学》、中国经济科学出版社 2017 年 9 月出版的《中国特色社会主义政治经济学通论》、江苏人民出版社2016 年 11 月出版的《中国特色社会主义政治经济学读本》等。这些以中国特色社会主义政治经济学冠名的政治经济学专著和教科书的共同特点是，坚持以习近平新时代中国特色社会主义经济思想为指导，反映新时代中国经济改革发展的最新实践经验和理论成果，在理论体系和话语体系建设上有所创新。

以党的十八大召开和习近平提出中国特色社会主义政治经济学的范畴为标志，中国特色社会主义政治经济学的建设进入新阶段。

三、新中国理论创新的基本经验

新中国 70 年经济理论创新和经济学建设积累了宝贵的经验，这些经验是我

---

① 《习近平在中共中央政治局第二十八次集体学习时强调立足我国国情和我国发展实践发展当代中国马克思主义政治经济学》，《人民日报》2015 年 11 月 25 日。

② 例如，谷书堂、宋则行主编：《政治经济学（社会主义部分）》（简称"北方本"），陕西人民出版社 1979 年版；蒋家俊、吴宣恭主编：《政治经济学（社会主义部分）》（简称"南方本"），上海人民出版社 1979 年版；吴树青、卫兴华、谷书堂、吴宣恭主编：《政治经济学（社会主义部分）》，高等教育出版社 1990 年版；逢锦聚、洪银兴、林岗、刘伟主编：《政治经济学》，高等教育出版社 2002 年版；编写组：《马克思主义政治经济学概论》，高等教育出版社、人民出版社 2009 年版。

们的宝贵财富。

（一）坚持马克思主义基本原理与中国实际相结合

这是在中国长期的革命改革建设实践中积累的具有根本方法论意义的重要经验，也是在 70 年理论创新中积累的重要经验。科学的经济理论归根结底来源于对实践经验的总结，同时也离不开对前人科学成果的继承，而这两者，都离不开科学方法论的指导。马克思主义提供了辩证唯物主义和历史唯物主义科学方法论，这是经济理论创新发展为什么必须坚持以马克思主义为指导思想的基本原因所在。

之所以要坚持以马克思主义为指导，还因为马克思主义在揭示资本主义经济制度特有规律的同时，还揭示了人类社会发展和社会化大生产的一般规律，并且对未来社会进行了科学的预测，这些都为经济理论创新提供了指南。中国的实践证明，马克思主义是科学的理论、人民的理论、实践的理论、不断发展的开放的理论。"马克思主义的命运早已同中国共产党的命运、中国人民的命运、中华民族的命运紧紧连在一起，它的科学性和真理性在中国得到了充分检验，它的人民性和实践性在中国得到了充分贯彻，它的开放性和时代性在中国得到了充分彰显！"[①]

坚持马克思主义不仅要坚持马克思主义基本原理，更重要的是要将马克思主义基本原理与中国的实际相结合，与时代的发展相结合。新中国成立以来，根据发展的社会主义建设的实践，我国坚持了马克思主义与中国实际相结合、与时代特点相结合，丰富了在新民主主义革命时期就形成的毛泽东思想。在毛泽东思想指引下，在 1978 年前的近 30 年的社会主义探索中，我国社会主义建设取得了伟大成就，为其后的改革和发展奠定了坚实的基础。在 1978 年开始的改革开放进程中，我国坚持马克思主义基本原理与中国实际相结合，发展了毛泽东思想，形成了邓小平理论、"三个代表"重要思想和科学发展观。党的十八大以来，我国坚持马克思主义基本原理与中国实际相结合，开辟了中国特色社会主义新时代，创立了习近平新时代中国特色社会主义思想，并在这一思想指导下，在实践与理论的结合上实现了更大的历史性创新。

坚持马克思主义基本原理与中国实际相结合，是新中国成立 70 年实践探索成功的最宝贵经验，也是经济理论创新的最宝贵经验。实事求是、与时俱进是马克思主义最显著的理论品质，在新时代继续实现理论创新，必须坚持马克思主义基本原理与中国实际相结合。

（二）坚持实践第一，在不断实践探索中实现理论创新

新中国 70 年，我们坚持实践第一，根据时代变化和实践发展，不断总结经

---

① 习近平：《在纪念马克思诞辰 200 周年大会上的讲话》，人民出版社 2018 年版，第 14 页。

验，实现理论创新和实践创新的良性互动，在这种互动中创造并不断发展社会主义经济理论，再以创新的理论指导实践。

新中国 70 年，我国经济社会实践发展经历了改革开放前后两个时期，并以党的十八大的召开为标志，中国特色社会主义进入新时代。与经济社会发展的阶段性和连续性相适应，我国的经济理论创新也经历了实践—理论—再实践—再理论的不断发展过程。改革开放前，在中国共产党的领导下，中国人民努力奋斗，"完成社会主义革命，确立社会主义基本制度，推进社会主义建设，完成了中华民族有史以来最为广泛而深刻的社会变革，为当代中国一切发展进步奠定了根本政治前提和制度基础，实现了中华民族由近代不断衰落到根本扭转命运、持续走向繁荣富强的伟大飞跃"①。在总结实践经验的基础上，马克思主义政治经济学得到进一步继承和运用，毛泽东思想得以进一步丰富和发展。学术界在学习借鉴苏联社会主义建设经验和经济理论成果的同时，从中国实际出发探索社会主义建设规律，开始政治经济学教材建设的探索。

改革开放以来，在实践中，在中国共产党的领导下，中国人民"进行改革开放新的伟大革命，破除阻碍国家和民族发展的一切思想和体制障碍，开辟了中国特色社会主义道路，使中国大踏步赶上时代"②。在总结实践经验的基础上，产生了马克思主义中国化的理论成果——邓小平理论、"三个代表"重要思想和科学发展观，其中包含着丰富的中国特色社会主义经济思想。学术界开展了大量中国特色社会主义经济的研究，编写了多部反映中国改革开放和现代化建设经验的政治经济学教科书，取得了一系列重大理论进展。

党的十八大以来，在实践中，在中国共产党领导下，中国人民共同奋斗，中国特色社会主义进入新时代，近代以来久经磨难的中华民族迎来了从站起来、富起来到强起来的伟大飞跃，迎来了实现中华民族伟大复兴的光明前景。科学社会主义在21世纪的中国焕发出强大生机活力，中国特色社会主义道路、理论、制度、文化不断发展，在理论上，产生了习近平新时代中国特色社会主义经济思想。在习近平新时代中国特色社会主义经济思想指引下，理论界共同努力，推动了经济学的繁荣发展，催生创立了中国特色社会主义政治经济学。新中国 70 年的实践和理论探索充分证明，实践是认识的源泉，科学的理论只能来源于实践并在接受实践检验中不断完善和发展。中国特色社会主义是发展的制度，中国特色社会主义经济学理论也必然是发展的经济理论。进一步发展和完善中国特色社会主义理论，

---

① 习近平：《决胜全面建成小康社会夺取新时代中国特色社会主义伟大胜利——在中国共产党第十九次全国代表大会上的报告》，人民出版社 2017 年版，第 14 页。

② 习近平：《决胜全面建成小康社会夺取新时代中国特色社会主义伟大胜利——在中国共产党第十九次全国代表大会上的报告》，人民出版社 2017 年版，第 14 页。

要坚持实践探索不停步、理论创新不停步，在实践中创新理论，在实践检验中完善发展理论，创造更多更科学的理论和学说，指导中国特色社会主义建设事业不断前进。

（三）坚持党的领导，依靠人民，尊重知识，实现理论创新

实践是人民群众的实践，人民群众是社会历史的主体，是历史的创造者，是推动社会变革的决定力量。新中国 70 年的全部历史都是中国人民实践探索的历史，没有人民的伟大实践就没有新中国的成就，也就没有中国特色社会主义经济理论的创新和发展。

在人民群众中有一个特殊的群体是知识分子，他们是人民的一部分，但与直接从事经济社会实践活动的人民群众社会分工又不同，他们从事理论研究、学术探索和人才培养，以自己的知识和智慧把人民群众的直接实践经验上升为理论，服务于繁荣学术和经济社会的发展。新中国 70 年成就的取得，知识分子功不可没，没有知识分子的艰辛劳动，中国今天的成就特别是经济理论的发展创新是不可能的。理论探索的历程证明了这一点。早在新中国成立初期的社会主义建设中，理论界在总结否定商品生产和价值规律作用教训的基础上，就曾提出社会主义商品生产和计划与市场关系的理论。如孙冶方 1956 年提出把计划和统计放在价值规律的基础上的观点，强调社会主义经济发展计划必须以价值规律为基础。[1]于光远在 1959 年提出，社会主义制度下两种公有制之间的交换、国营企业之间的交换以及社会个人之间的交换都是商品关系。[2]在总结 1958 年"大跃进"导致国民经济失衡教训的基础上，理论界提出社会主义按比例发展和综合平衡的理论。如薛暮桥等提出，速度必须建立在客观可能的基础上，而且必须保持国民经济各部门的基本比例关系，这样才能保证国民经济的高速度发展。[3]杨坚白提出，综合平衡是计划经济的基本方针或基本方法，是国民经济的全局的整体的平衡。[4]另外，在社会主义生产目的理论、经济效果理论、企业理论、产业结构理论、价格理论、财政理论、金融理论、社会保障理论、对外开放理论等方面，理论界也都开展了讨论并取得有益成果。在改革开放进程中，理论界对社会主义初级阶段、社会主义基本经济制度、分配制度、社会主义市场经济、改革开放等理论的形成都作出了重要贡献。如陈宗胜于 1987 年提出我国所有制改革的目标模式是"混合经济"的观点，并指出这样的混合经济不是私有制居相对主体地位的混合经济，而是公

---

[1] 孙冶方：《把计划和统计放在价值规律的基础上》，《经济研究》1957 年第 3 期。

[2] 于光远：《关于社会主义制度下商品生产问题的讨论》，《经济研究》1959 年第 7 期。

[3] 薛暮桥：《社会主义经济的高速度和按比例发展》，《人民日报》1959 年 1 月 7 日。

[4] 杨坚白：《关于国民经济综合平衡的几个争论问题》，《江汉论坛》1964 年第 6 期。

有制居相对主体地位的混合经济。①谷书堂等于 1988 年就提出社会主义按劳分配与按生产要素分配相结合的观点，后为党的文件所确认。②吴敬琏 1991 年提出我国改革的目标是建立社会主义市场经济体制，并对新体制的框架作了比较详细的论证。③王建 1988 年提出"国际大循环理论"④。洪银兴 1997 年提出为适应知识经济和高新技术产业蓬勃发展的需要，中国外贸发展战略从以比较优势转向以竞争优势为导向实为必然的选择。⑤这些观点对我国经济发展起到了重要推动作用。

人民群众的实践、知识分子的理论探索，是在中国共产党领导下进行的。中国共产党是社会主义事业的领导核心，中国共产党的领导是新中国 70 年成就取得的根本保证。在中国共产党的领导下，人民群众的实践创新与知识分子的理论创新融为一体，变成推动经济发展的路线政策方针和现实的力量，这是新中国 70 年我国理论创新的宝贵经验，是中国特色社会主义经济理论发展的不竭动力和活力的源泉。

（四）在开放发展中学习借鉴人类文明成果，实现理论创新

社会主义经济理论是开放的体系。在坚持马克思主义指导、从中国实际出发的同时，还须充分吸收人类文明的一切成果。人类文明成果是人类长期实践经验的总结，吸收借鉴这些有益的成果，从中汲取滋养，对我国经济理论的创新和中国特色社会主义经济学的建设与发展大有助益。新中国 70 年特别是改革开放以来，我们有分析地学习借鉴别国实践经验和经济学成果，实践证明，这些做法是必要的、有益的。当然，在学习过程中我们也有教训，付过学费。

改革开放开始之前，主要是学习苏联的理论和经验。学习的过程有我国自己的创新，例如过渡时期及其总路线的制定、生产资料社会主义改造、"十大"经济关系的处理等，但在当时特殊的背景下也存在照抄照搬的问题，最典型的是计划经济理论和计划经济体制的形成在很大程度上是学习苏联的产物。

1978 年改革开放开始后，在最初的一段时间内，我国理论界曾经大量地介绍学习东欧一些经济学家的改革理论，比较流行的如锡克的理论、兰格的理论、布鲁斯的理论、科尔奈的理论等，但苏联解体、东欧剧变后，苏东改革理论失去吸引力，而西方经济理论则大肆进入，对中国经济学建设产生了比较大的影响。其后果有正面的，也有负面的。正面的主要是学习借鉴了发达国家的市场经济理论，为我所用；负面的主要是出现了某种程度的盲目崇拜、照搬西方经济理论的倾向。

---

① 陈宗胜：《论所有制改革的目标模式》，《南开经济研究》1987 年第 3 期。

② 中共中央宣传部主编：《理论纵横》（上篇），河北人民出版社 1988 年版。

③ 吴敬琏、刘吉瑞：《论竞争性市场体制》，中国财政经济出版社 1991 年版。

④ 王建：《关于"国际大循环"经济发展战略的构想》，《经济日报》1988 年 1 月 5 日。

⑤ 洪银兴：《从比较优势到竞争优势》，《经济研究》1997 年第 6 期。

在这两个阶段对别国理论和经验的学习都是有经验与教训可以总结的。最突出的是，在学习借鉴别国理论和经验时，一定要从本国实际出发，要有分析地借鉴，绝不可盲目照搬。这方面的教训是深刻的。照搬苏联的理论，搞了计划经济体制，结果严重束缚了社会主义优越性的发挥；盲目照搬西方理论，显然路子也走不通，2008 年爆发的美国次贷危机和由此引发的世界金融危机又一次证明所谓的西方现代经济学的主流理论即使在西方也是不灵的，在中国就更难行得通。经验和教训都说明，搞现代化建设不学习借鉴别国经验和理论不行，但学习借鉴别国理论只能从我国实际出发而绝不可照抄照搬。

四、新中国 70 年理论创新的世界贡献

任何科学的理论都是实践和时代的产物，而一旦科学思想形成又将成为指导实践、引领时代前进的旗帜。在中国特殊国情基础上形成的经济理论首先具有特殊性，但在这些特殊性中也包含着从本质上揭示的人类经济发展的一般规律。

首先，新中国的经济理论创新揭示了什么是社会主义和如何建设社会主义，为世界社会主义的发展提振了信心，提供了中国智慧和理论。

新中国 70 年是社会主义实践和理论探索的 70 年。这 70 年世界社会主义有高潮，也遇到过挫折。在 20 世纪 80 年代后期世界社会主义处于低潮时，中国开始了史无前例的改革开放，中国特色社会主义以其蓬勃朝气和活力屹立在世界东方。中国特色社会主义的实践和理论向全世界昭示，社会主义依然是人类美好的社会制度，具有巨大的活力、潜力和广阔的发展前景。在中国特色社会主义发展基础上创新形成的关于社会主义本质是解放生产力、发展生产力、消灭剥削、消除两极分化、实现共同富裕的理论，中国共产党领导是社会主义最本质的特征的理论，社会主义以经济建设为中心的理论，社会主义初级阶段的理论，社会主义初级阶段基本经济制度的理论、分配制度的理论，社会主义市场经济理论，社会主义改革开放发展理论，社会主义宏观调控理论等等，这些理论不仅揭示了中国特色社会主义的特殊规律，对中国特色社会主义事业发展具有指导意义，而且包含着社会主义发展的一般规律，对世界社会主义的发展也具有重要指导意义，是世界社会主义的宝贵财富。

其次，新中国的经济理论创新"拓展了发展中国家走向现代化的途径，给世界上那些既希望加快发展又希望保持自身独立性的国家和民族提供了全新选

择"①。

中国是世界上最大的发展中国家，在短短 70 年的时间里，从一个落后的半殖民地半封建国家迅速成长为世界第二大经济体，人均国民收入达到近 1 万美元，解决了 13 亿多人口的吃饭问题。指导这样实践的理论是从本国实际出发借鉴学习他国经验坚定走自己发展道路的理论，是科学发展并坚持创新、协调、绿色、开放、共享发展理念的理论，是顺应世界潮流不断改革开放的理论，是工业化、信息化、农业现代化与城镇化协调发展的理论。这些理论不仅适合中国的发展，也揭示了发展中国家从后发到发达的一般道路。

再次，新中国的经济理论创新揭示了 21 世纪世界经济发展的方向，为解决人类共同面临的问题，实现世界各国的互利共赢发展贡献了中国智慧和中国方案。

新中国 70 年，是世界经历大发展大变革的 70 年。特别是人类社会进入 21 世纪第二个 10 年，无论是中国还是世界，经济社会发展都发生着深刻而复杂的变化，面临重大的时代课题，迫切需要给予战略性、前瞻性回答。就中国而言，最关键的是把握历史发展的新方位，在已经取得成就的基础上，攻坚克难，坚持和发展中国特色社会主义，决胜全面建成小康社会，夺取新时代中国特色社会主义伟大胜利，实现中华民族伟大复兴。就世界而言，最迫切的是，把握大发展大变革大调整的大势，推动经济全球化朝着更加开放、包容、普惠、平衡、共赢的方向发展，推动人类命运共同体建设，共同创造人类的美好未来。中国的经济理论创新特别是习近平新时代中国特色社会主义经济思想，产生于中国特色社会主义新时代，适应世界多极化、经济全球化、文化多样化、社会信息化深入发展，科技进步日新月异的世界发展潮流，揭示了经济全球化条件下人类经济社会发展的新趋势和发展规律呈现的新特点、新形式，回应了国际社会对加强全球治理能力、早日走出困境的殷切期盼，坚定了各国对全球化前景的信心，提出了要坚定不移推进经济全球化、引导好经济全球化走向，打造富有活力的增长模式、开放共赢的合作模式、公正合理的治理模式、平衡普惠的发展模式，牢固树立人类命运共同体意识，共同担当，同舟共济，共促全球发展，为促进世界经济的发展和引领世界前进贡献智慧与方略。

最后，在实践基础上产生的习近平新时代中国特色社会主义经济思想和在这一思想指导下构建的中国特色社会主义政治经济学，为全人类经济学建设贡献了中国版本。习近平新时代中国特色社会主义经济思想是对中国传统优秀经济思想的传承和弘扬，是对马克思主义政治经济学的继承和最新发展，是中国特色社会

---

① 习近平：《决胜全面建成小康社会夺取新时代中国特色社会主义伟大胜利——在中国共产党第十九次全国代表大会上的报告》，人民出版社 2017 年版，第 10 页。

主义政治经济学、21 世纪马克思主义政治经济学的最新成果。习近平新时代中国特色社会主义经济思想的创立，为马克思主义政治经济学宝库增添了新的元素，为世界经济学的发展贡献了中国版本。

在中国优秀传统经济思想中，经济就是经世济民，经济学就是经世济民的科学。马克思创立时的政治经济学虽然明确研究资本主义生产方式及与之相适应的生产关系和交换关系，但马克思政治经济学最本质的特征是为无产阶级和广大人民群众服务。习近平新时代中国特色社会主义经济思想把以人民为中心作为根本的发展思想，一切从满足人民美好生活需要出发，一切为了人民，这就矫正了把经济学单纯作为资源配置的学问的偏颇，使中国特色社会主义政治经济学回到了"经世济民"的本质，不仅为中国人民服务，也要为全人类服务；要为有效地推进中国特色社会主义制度完善、实现国家治理能力和治理体系现代化服务，也要为推进全球共同治理服务，要为推进中国和全球经济社会的发展、促进民众福祉的不断提高提供理论指导和支持。

马克思主义政治经济学是开放的、发展的科学。从马克思政治经济学的创立开始，经历了列宁主义、毛泽东思想的发展，形成了中国特色社会主义理论体系的经济思想。政治经济学本质上是一门历史的科学，站在时代和实践发展的前沿，聆听时代的声音，回应时代和实践发展的要求，是政治经济学的历史使命。习近平新时代中国特色社会主义经济思想，回应时代的关切，实现了马克思主义政治经济学的新飞跃，成为 21 世纪马克思主义政治经济学的最新发展，使马克思主义政治经济学进一步焕发出蓬勃的生机和真理的光芒。

第二章　中国特色社会主义政治经济学如何研究共享发展*

刘凤义

《中共中央关于制定国民经济和社会发展第十三个五年规划的建议》（以下简称"十三五"规划建议）提出"共享发展"理念，并且指出"共享是中国特色社会主义的本质要求，必须坚持发展为了人民、发展依靠人民、发展由人民共享"。同时，"十三五"规划建议还进一步提出"做出更有效的制度安排，使全体人民在共建共享发展中有更多获得感"，目标是"朝着共同富裕方向稳步前进"。共享理念始终是我们党制定各种政策的灵魂，尤其是改革开放以来，我们党从强调"共同富裕"到"科学发展观"再到"共享发展"理念，充分体现了对中国特色社会主义的发展目标、发展动力、享受发展成果发展思路的认识日益清晰。

习近平总书记在 2015 年 11 月 23 日中共中央政治局第二十八次集体学习时指出："要坚持新的发展理念，创新、协调、绿色、开放、共享的发展理念是对我们在推动经济发展中获得的感性认识的升华，是对我们推动经济发展实践的理论总结，要坚持用新的发展理念来引领和推动我国经济发展，不断破解经济发展难题，开创经济发展新局面。""十三五"规划建议提出的共享发展理念，与我国经济发展进入新常态时期密切相关。改革开放以来，我国经济飞速发展，取得了举世瞩目的成就。然而，还必须看到，随着改革开放的不断深化，我国经济社会还积累了很多矛盾和问题。其中，收入差距过大、社会公共产品供给不足、劳动关系不和谐等，都是与百姓利益息息相关的突出问题。

习近平总书记在党的十八届中央政治局常委同中外记者见面时，曾用朴实无华而又掷地有声的语言指出："我们的人民热爱生活，期盼有更好的教育、更稳定

＊ 本章部分内容原载于《改革》2016 年第 8 期。

的工作、更满意的收入、更可靠的社会保障、更高水平的医疗卫生服务、更舒适的居住条件、更优美的环境，期盼孩子成长得更好、工作得更好、生活得更好。人民对美好生活的向往，就是我们的奋斗目标。"①习总书记的这段话，几乎从人民需要的各个方面，表达了"以人民为中心"的发展思想。"以人民为中心"的发展思想是党的十八届五中全会首次提出来的，坚持"以人民为中心"不仅是立场问题，也是构建中国特色社会主义政治经济学理论体系要贯穿的主线。"共享理念实质就是坚持以人民为中心的发展思想，体现的是逐步实现共同富裕的要求。"②由此可见，我们深入系统研究共享发展问题，不仅是全面建成小康社会的需要，也是构建中国特色社会主义政治经济学的迫切要求。

一、关于共享发展内涵的理解

关于党的十八届五中全会提出的共享发展的内涵，习近平总书记明确指出包括四方面：一是共享是全民共享。这是就共享的覆盖面而言的。共享发展是人人享有、各得其所，不是少数人共享、一部分人共享。二是共享是全面共享。这是就共享的内容而言的。共享发展就要共享国家经济、政治、文化、社会、生态各方面建设成果，全面保障人民在各方面的合法权益。三是共享是共建共享。这是就共享的实现途径而言的。共建才能共享，共建的过程也是共享的过程。要充分发扬民主，广泛汇聚民智，最大激发民力，形成人人参与、人人尽力、人人都有成就感的生动局面。四是共享是渐进共享。这是就共享发展的推进进程而言的。一口吃不成胖子，共享发展必将有一个从低级到高级、从不均衡到均衡的过程，即使达到很高的水平也会有差别。③习总书记提出的共享发展内涵丰富而深刻，为我们从学理上深化研究这一问题提供了思想基础。下文从政治经济学学理角度对共享发展作进一步解读。

第一，解读共享发展必须坚持唯物辩证法的根本方法。众所周知，马克思的唯物史观揭示了生产力与生产关系、经济基础和上层建筑的辩证统一关系。因此，要想从政治经济学的学理角度来解读共享发展的内涵，也要从这一根本方法论出发。从生产力角度来说，一个社会生产力发展水平的高低决定了共享发展的物质前提。因为只有在相对发达的物质生产力的前提下，劳动者的劳动才能在满足自

---

① 《习近平谈治国理政》，外文出版社 2014 年版，第 4 页。

② 习近平：《在省部级主要领导干部学习贯彻党的十八届五中全会精神专题研讨班上的讲话》，《人民日报》2016 年 5 月 10 日。

③ 习近平：《在省部级主要领导干部学习贯彻党的十八届五中全会精神专题研讨班上的讲话》，《人民日报》2016 年 5 月 10 日。

己和家庭生活资料外还有剩余劳动，剩余劳动越多，生产的剩余产品也就越多。用来满足不断增长的物质文化需要的产品越多，用来共享的物质基础就越雄厚。从生产关系角度来说，不同性质的生产关系，共享的内容和层次也是不同的。比如在资本主义私有制性质的企业中，由于劳资之间是根本对立关系，因此共享只能是管理层面的共享；而社会主义公有制性质的企业则不同，其内部劳动关系消除了生产资料与劳动者之间的根本对立关系，因此具备了真正意义上的共享基础。[1]"十三五"规划建议提出的共享发展理念是中国特色社会主义制度属性的内在要求，这句话本身已经表明，共享发展的制度基础是社会主义，从政治经济学角度说，共享发展是建立在公有制为主体这一坚实经济制度基础上的。因此，坚持发展和壮大公有制，尤其是做强做优做大国有企业，是共享发展的制度保障和经济基础。正如中共中央在《关于深化国有企业改革指导意见》中指出的，"国有企业属于全民所有，是推进国家现代化、保障人民共同利益的重要力量"。

第二，解读共享发展必须明确"共享发展"的主体是谁的问题。共享发展是以人民为中心的重要体现，显然共享发展的主体就是人民。从政治经济学角度看，以人民为中心实质就是"以劳动者为中心"。在马克思主义政治经济学中，人总是指处于一定社会经济关系中的人，也可以说政治经济学中的人不是孤立地、抽象地存在的人，总是处于一定经济关系中的人格化代表。在《资本论》中，马克思把资本家称作"资本的人格化"，而雇佣工人则是"人格化的劳动时间"。只有明确了中国特色社会主义制度中的共享发展是以劳动者为中心，我们的研究立场、理论的逻辑出发点和逻辑主线，才能体现中国特色社会主义政治经济学的本质属性。

我们之所以强调以人民为中心的本质是以劳动者为中心，主要是为了区别西方经济学中假设的"经济人"。众所周知，西方经济学中的"经济人"是精于算计、追求利益最大化、无所不能的理性人。经济人又是无所不包的抽象人，既包括资本家，也包括雇佣工人；既包括生产者，也包括消费者；既包括富人，也包括穷人；如此等等。如果我们用抽象的经济人去理解"共享发展"，就会出现"共享悖论"：既然资本家和工人都是追求自身利益最大化的经济人，凭什么要工人分享资本家的剩余呢？因此，在"市场经济=私有制=效率=个人利益最大化"的西方经济学逻辑中，不可能有"共享发展"的制度基础和理论空间。

第三，要在宏观与微观的有机结合中研究共享发展问题。共享发展既包含宏观社会领域，也包含微观企业层面。"十三五"规划建议的第七个部分是"坚持共享发展，着力增进人民福祉"，阐述了共享发展的具体领域和内容，包括增加公共

① 刘凤义、李臻：《共享发展的政治经济学解读》，《中国特色社会主义研究》2016年第2期。

服务供给问题，涉及教育、医疗健康、社会保障、收入差距、反贫困等多个方面。这些内容的确是从宏观社会领域来阐述共享发展的内容的，但不能因此认为共享发展就是宏观社会领域的问题，是再分配的问题。

从马克思主义政治经济学的研究方法来看，微观领域与宏观领域是辩证统一的关系，脱离微观，无法分析宏观问题。因此，马克思的《资本论》体系没有使用微观和宏观这种划分方法，在每一卷研究中，都是微观和宏观的有机结合。共享发展作为中国特色社会主义政治经济学的逻辑主线，自然是贯穿于微观和宏观各个领域。在微观领域，其主要体现在企业内部的共享发展上；在宏观领域，主要体现在社会公共领域的共享发展上。"十三五"规划建议的第七部分，明确提到"推行终身职业技能培训""建立和谐劳动关系""推行企业工资集体协商制度""完善最低工资增长机制""提高劳动生产率"等内容，这些显然都是微观企业领域的问题。我们强调共享是为了调动劳动者的积极性、创造性，解放和发展生产力，劳动者也是要通过进入企业或其他相关组织载体，才能进行经济活动，这也是微观领域的问题。中国特色社会主义政治经济学研究共享发展，既要研究企业层面的共享，也要研究社会公共领域的共享，连接这两个领域的中介就是劳动者这一共享的主体。西方经济学由于宏观和微观之间是割裂的，尤其是西方经济学是站在资本的立场，而不是劳动的立场上研究经济问题，因此不可能在微观与宏观的有机结合中研究劳动者的共享发展问题。

第四，要从运动过程的角度来认识共享发展问题。共同富裕是社会主义的发展目标，而实现共同富裕是一个运动过程，在这个过程中如何既能始终沿着这个目标前进又不犯冒进错误呢？我们党提出"共享发展"理念，恰似一枚引路神器，把社会主义初级阶段发展之路与共同富裕的发展目标结合起来。共享发展更加强调在发展过程中增加人民福祉、促进人的全面发展，而不是只为了追求共同富裕这一目标，而忽略达到目标的过程。有人认为在社会主义市场经济条件下，共享发展不符合现实，共享似乎是未来共产主义的事情。这种认识是不正确的，习近平总书记指出：共享是渐进共享，共享发展必将有一个从低级到高级、从不均衡到均衡的过程。习总书记这一思想表明，共享是动态的运动过程，中国特色社会主义政治经济学就是要研究这一过程的运动规律；共享具有层次性，同为社会主义市场经济中的企业，企业的性质不同，共享的性质和内容会有差别。

第五，要明确共享与发展之间的关系问题。关于共享发展，最常见的误解就是认为这个问题仅仅是分配领域的问题，这种认识是偏颇的。习近平总书记明确指出："以人民为中心的发展思想，不是一个抽象的、玄奥的概念，不能只停留在口头上、止步于思想环节，而要体现在经济社会发展的各个环节。"①从政治经济学的角度看，共享发展体现在经济社会的各个环节，应包括生产、分配、交换和消费这些环节。那种把共享发展仅仅理解为分配或消费环节问题的认识，显然是狭隘的。当然，我们说生产、分配、交换和消费这些关系的总和，也仅仅是指社会生产关系层面的内容。事实上，共享发展不仅是生产关系层面的问题，还包括生产力层面的问题，是生产力与生产关系的有机统一。

　　正如习近平总书记所说的，落实共享发展，归结起来就是两个层面的事情，一是不断做大"蛋糕"，二是分好"蛋糕"。要做大"蛋糕"，必须解放和发展生产力，通过深化改革和创新驱动，提高经济发展的质量和效益，生产出更多更好的物质和精神产品。分好"蛋糕"则是生产关系层面的问题，体现社会主义制度优越性，让人民有更多获得感。严格说来，生产力和生产关系的辩证统一关系并非做"蛋糕"和分"蛋糕"这么简单的关系，这种说法只是更为形象一些。我们还可以从另外角度来理解，做"蛋糕"是生产环节，分"蛋糕"是分配环节，如何分配，是由生产资料所有制性质决定的，所以不能把做"蛋糕"和分"蛋糕"割裂开。构建中国特色社会主义政治经济学，就是要以"共享发展"为逻辑线索，使之贯穿于生产、分配、交换和消费各个环节，贯穿于解放和发展生产力的过程中。正如习近平总书记所指出的，"中国特色社会主义道路……既不断解放和发展社会生产力，又逐步实现全体人民共同富裕、促进人的全面发展"②。共享发展，作为中国特色社会主义道路的重要特征，是生产力和生产关系的有机统一。马克思主义政治经济学的共享发展观，与西方经济学不同，在西方经济学分析框架中，公平与效率之间存在对立性，强调公平会损害效率。按照这种逻辑，强调共享也会损害效率，因为共享的实质就是要解决公平问题。

　　以上从五个方面对共享发展的阐述，为进一步从中国特色社会主义政治经济学学理层面深入研究这一问题奠定了认识基础。在已有的经济学思想体系中，共享发展研究又是什么情况呢？下面我们作一个总体勾勒。

二、经济学思想体系中关于共享问题的研究

　　"共享"理念作为人类的一种基本理想可谓源远流长，无论是我国还是西方，自古至今都有很多关于人类共享的理念。只不过在不同社会制度下，由于受时代

---

　　① 习近平：《在省部级主要领导干部学习贯彻党的十八届五中全会精神专题研讨班上的讲话》，《人民日报》2016 年 5 月 10 日。

　　②《习近平谈治国理政》，外文出版社 2014 年版，第 9 页。

背景、阶级立场等因素的限制，思想家们对共享的理解不尽一致，限于篇幅在此不作赘述。下面仅从西方经济学和马克思主义经济学两大理论体系角度，梳理一下关于共享思想的研究。

（一）西方经济学理论体系中关于共享思想的研究

在西方经济学思想体系中对"共享"的认识有不同发展阶段。早期西方经济学家提出所谓的"共享""和谐"观点，都带有强烈的辩护性。例如，萨伊在其"三位一体学说"理论体系中认为"资本家得利润、工人得工资、地主得地租"是资本主义社会和谐的体现，其实质是在市场经济中的一种共享关系。萨伊的这一思想后来被演变为"边际生产力理论"，形成了西方经济学的分配理论。这种分配理论带有强烈的为资本剥削工人进行辩护的目的性，同时也是一种"宿命论"，它把工人低工资的原因归结为边际贡献小。第一位试图改变萨伊学说体系的西方经济学家是德国的杜能，他在 1826 年出版的《孤立国同农业和国民经济的关系》一书中，对当时流行的"工资等于最低生活资料价值"的观点进行了批判，认为工资不仅要购买生活资料，而且在购买生活资料之后要有剩余，即"工人所得的剩余"。当然，由于杜能不能正确区分劳动和劳动力两个范畴，因此认为工人既获得工资又获得剩余的思想，显然是不正确的。但在当时，这种认为工人应当分享剩余的思想有进步性。[1]

法国小资产阶级经济学家蒲鲁东在其 1840 年出版的《什么是所有权》一书中提出，一个正义、平等的社会应具备以下特点："第一，一切积累起来的财产都是社会的财产，谁也不能把它当作他的专属财产；第二，一切交换的条件是'产品的等值性'，所以利润是不可能的；第三，在交换的等值性上维持平等的'自由联合'是唯一可能的、唯一合乎正义的和唯一真实的社会形式。"[2]在蒲鲁东所描述的小资产阶级社会中，"一切积累起来的财产"都是"社会的财产"，也就是说，社会上积累的全部生产资料和消费资料均由全体劳动人民所共享，即要求每个劳动者平均享有社会上的一切财富。在小资产阶级所设想的社会主义中，人与人之间消灭了一切差别，在物质分配、政治待遇、生产条件、工作条件、文化素质、道德水平和个人需要等方面绝对平均。这种绝对平均分配方式的最大特点是保障符合资格者拥有相等的分配结果，也就是数量上的均摊。但这种分配方式不反映效率与收入之间的对应关系，而是把眼光直接投向分配结果。

到了 19 世纪七八十年代，德国资产阶级经济学家阿道夫·瓦格纳从财政学角度提出，随着经济发展，国家职能不断扩大，与之相适应的公共支出也应不断增

---

① 宋承宪主编：《西方经济学名著提要》，江西人民出版社 1998 年版，第 179–192 页。

② 蒲鲁东：《什么是所有权》，孙署冰译，商务印书馆 2009 年版，第 154、323 页。

加。瓦格纳提出的政府职能和财政支出不断扩大的思想，本质上是希望资产阶级国家从公共领域增加共享成分的理念。这一思想与斯密提出的政府职能只是"守夜人"的思想相比，有了很大进步，对德国后来的"社会市场经济"模式产生了较大影响。①

20世纪20年代，以庇古为首的经济学家建立了西方福利经济学。福利经济学看上去是研究人们如何追求个人福利和社会福利最大化问题，但其研究方法是运用马歇尔的"消费者剩余理论"和帕累托最优理论，因此其理论基础并不科学。②福利经济学的政策建议也不是从劳动者共享角度给出的，而是从资本效率最大化角度给出的，他们研究福利问题却否认收入分配不均会影响效率。因此可以说，福利经济学与研究社会劳动者如何参与共享问题毫不相干。

真正试图把"共享"问题纳入西方经济学微观理论体系的西方经济学家当属20世纪80年代初期的美国经济学家马丁·L.威茨曼，其代表作是《分享经济——用分享制代替工资制》。③威茨曼这本著作针对的是凯恩斯主义时代需求管理政策下资本主义经济的"滞涨"问题。威茨曼从"工资制度"入手来研究资本主义经济面临的问题，他认为问题的关键在于传统的固定工资制度既没有弹性，也不能调动劳动者的积极性，还不能激励雇主增加雇佣工人数量。威茨曼提出的解决办法就是他所谓的"分享经济"，实质是将固定工资改为浮动工资，工人工资的一部分与企业的经济效益挂钩，企业效益好，工人工资高，企业效益不好，工人工资就低。这种工资制度既有利益"分享"的性质，也有"风险"共担的性质。相比于原来的劳资关系，这种分享制度更有利于工人与资本家形成利益共同体。威茨曼的学说一经提出就引起了很大反响和争论，经济学家中支持者和反对者均有之。支持者认为威茨曼提出的通过协调劳资关系解决充分就业问题不失为一条新思路，批评者则认为威茨曼的理论强化了工会的地位和作用，无疑会影响资本的效率。

但是令人遗憾的是，威茨曼的"分享经济"只停留在市场运行层面，没有在所有制层面进行突破。应该说，威茨曼试图从微观的工资角度研究资本主义"滞涨"问题，这个思路是对的，尤其是"分享"的观点抓住了问题的要害。但是威茨曼的工资理论仍然没有跳出新古典的框架，他试图在私有制框架内推进分享制度，但由于缺乏所有制层面的制度基础，他的理论只能是"乌托邦"。后来，威茨曼对自己的研究也深感失望，研究领域从"分享经济"转向了环境、气候经济学。

---

① 参见维基百科 https://en.wikipedia.org/wiki/Adolf_Wagner。

② 宋承先主编：《西方经济学名著提要》，江西人民出版社1998年版，第361~368页。

③ 马丁·L.威茨曼：《分享经济——用分享制代替工资制》，林青松等译，中国经济出版社1986年版。

　　直接回应威茨曼分享经济的经济学家是英国的詹姆斯·爱德华·米德。1986年,伦敦 Alleen & Unwin 出版社出版了他的英文著作 *Alternative Systems of Business Organization and Workers' Remuneration*,该书可以看作是对威茨曼思想的补充。如果说威茨曼是在理论层面阐释了分享经济的必要性和可能性,米德则从企业微观组织层面阐述了分享经济的具体组织形式。米德从企业管理和企业产权两个维度,结合发达国家共享经济发展的实践,提出了共享经济的四种微观模式:①职工持股计划(ESOS)模式。工人拥有企业的部分普通股,从而分享共担企业的发展前途,但事实上不参与企业的经营管理。②劳动者管理的合作社(LMC)模式。工人拥有企业的大部分或者全部财产,并在控制企业生产经营中发挥重大作用。③利润分享或收入分享(PS/RS)模式。工人劳动收入全部或部分由分享企业的利润或纯收入组成,但不参与企业经营管理活动。④劳动资本合伙模式。工人不需要拥有投入企业的任何资本,但是工人和资本家分享企业的收入,并在企业经营管理中起作用。①就米德本人来说,他提倡的是最后一种模式,即劳动资本合作模式。但同时他也提出这一模式要解决的问题包括政府财税能否支持、工人是否愿意承担风险、工人是否愿意参加管理、工人参加管理后企业家决策是否受影响等。总体上看,米德归纳的四种企业组织模式,与发达资本主义国家实践相吻合,米德模式至今仍可以在西欧和北欧看到一些影子。

　　与威茨曼的研究相比,米德的研究在制度和组织模式层面更为具体,他涉及的主要是企业制度层面的问题,更具有可操作性。但相比之下,威茨曼的研究更具理论一般性和深度,他触及了劳动者这个经济活动主体本身。继这两位代表性人物的研究之后,关于分享经济学的学理研究在西方经济学的理论体系中转向了新制度主义的产权经济学的研究方法。新制度学派产权理论认为只有私有产权是最有效率的,公有产权由于存在产权不清、"搭便车"等问题,因而是无效率的。在这一点上,德姆赛茨的观点较有代表性。德姆赛茨认为企业生产就是一个团队,企业的"剩余控制权"归谁所有至关重要,从产权激励和约束功能角度,他认为工人与资本家实行分享经济是没有效率的,企业家或资本家拥有企业剩余索取权即利润是最有效率的。20世纪80年代以来,随着新自由主义的兴起,西方经济学关于分享经济的研究实际上处于停滞状态。而西方左派学者,一向对资本主义制度持批判态度,所以对改良性质的分享经济,并不抱什么希望,几乎很少有人研究。

　　可见,西方经济学是以资本立场为出发点的经济学,其理论体系不可能包括以劳动者为中心的共享发展思想,即使有西方经济学家潜意识里认识到这个问题

---

　　① 詹姆斯·爱德华·米德:《分享经济的不同形式》,冯举译,《经济体制改革》1989年第1-3期。

的重要性，但仍然无法在西方经济学的理论体系中将共享发展作为逻辑主线。

（二）马克思主义政治经济学关于共享思想的研究

马克思是用科学理论阐述未来社会共享发展的第一人，他运用自己创立的唯物史观方法论，在生产力、生产关系和上层建筑有机结合的基础上，提出了未来社会是建立在生产资料公有制基础上的"自由人联合体"的共享社会。这种社会将彻底消除阶级之间、城乡之间、脑力和体力之间的对立和差别，真正实现人人共享。马克思关于未来社会共享发展是建立在对生产力、生产资料所有制和上层建筑有机统一基础上的，同时也是建立在对资本主义经济发展运动规律的科学分析基础上的，他的共享发展的主体是劳动者阶级，共享发展的目标是人的自由全面发展。马克思在《资本论》对资本主义剩余价值生产和分配的分析中，就曾经提出，即使在资本主义生产关系中，资本家和工人也存在利益共享的物质基础。比如他在分析生产力提高和剩余价值关系时指出，劳动生产力的提高会增加社会剩余，"在其他条件不变的情况下，必要劳动将会扩大自己的范围。一方面，是因为工人的生活条件将会更加丰富，他们的生活要求将会增大。另一方面，是因为现在的剩余劳动的一部分将会列入必要劳动，即形成社会准备金和社会积累基金所必要的劳动"①。马克思主义经济学的基本原理和方法，为我们研究共享发展问题提供了指导思想和方法论基础。

列宁作为第一个社会主义建设的探索者，深刻认识到社会主义与共同富裕之间的内在联系。他指出，"新的、更好的社会里不应该有穷有富，大家都应该做工，共同劳动的成果不应该为一小撮富人享受，应该归全体劳动者享受"，"只有社会主义才可能广泛推行和真正支配根据科学原则进行的产品的社会生产和分配，以便使所有劳动者过最美好、最幸福的生活"。继列宁之后，斯大林继续领导苏联人民进行社会主义建设，以他为首的苏维埃，在探索社会主义经济建设规律上，也作出了贡献。他主持编写的《苏联政治经济学教科书》，把消灭贫穷作为社会主义生产的目的，使穷人的生活水平得到提高，保证最大限度地满足整个社会经济增长的物质文化需要。②这些思想对我们今天探索共享发展和共同富裕的中国特色社会主义政治经济学理论体系有参考意义。

新中国成立初期，毛泽东就指出：现在我们实行这么一种制度，这么一种计划，是可以一年一年走向更富更强的，一年一年可以看到更富更强些。而这个富，是共同的富，这个强，是共同的强，大家都有份。改革开放历史新时期，邓小平多次强调共同富裕。1990 年 12 月，他在同几位中央负责同志谈话时指出：共同

---

① 马克思：《资本论》第 1 卷，人民出版社 2004 年版，第 605 页。
② 彭凌：《试论列宁、斯大林的共同富裕思想》，《常州工学院学报》（社科版）2008 年第 3 期。

致富，我们从改革一开始就讲，将来总有一天要成为中心课题。社会主义不是少数人富起来、大多数人穷，不是那个样子。社会主义最大的优越性就是共同富裕，这是体现社会主义本质的一个东西。江泽民强调，实现共同富裕是社会主义的根本原则和本质特征，绝不能动摇。胡锦涛也要求使全体人民共享改革发展的成果，使全体人民朝着共同富裕的方向稳步前进。①

国内学者从学理角度对共享经济进行研究主要是改革开放以后展开的。李炳炎教授是国内最早对此主题进行研究的学者。早在 1981 年，李炳炎教授就在《中山大学研究生学刊》发表了《社会主义成本范畴初探》一文，提出了"除本分成制"的公有制分享经济的思想萌芽。之后，李炳炎教授在 1987 年出版了我国首部关于分享经济理论的著作《新成本论——一种新的社会主义经济理论及其实践形式》。此后，他又陆续出版了《需要价值理论》（1990）、《公有制分享经济理论》（2004）、《利益分享经济学》（2009），系统阐述了社会主义公有制分享经济学的思想。李炳炎教授指出分享经济的特点主要包括：第一，以马克思主义经济学为指导，将分配范畴置于社会主义经济理论研究重要地位。第二，在劳动价值论基础上提出了社会主义公有制分享经济的系列范畴，包括新成本范畴、新劳动报酬范畴、需要价值理论等。第三，在此基础上，建立了公有制企业净产值的核算体系等等。同时更为可贵的是，李教授的研究是结合中国改革开放的实践展开的，既是对中国改革开放进程中公有制企业改革的理论梳理，也为公有制企业改革提供了思路，这一研究具有很强的原创性。

然而，从马克思主义政治经济学研究方法和中国改革开放的实践来看，李炳炎教授的研究成果还有很大的拓展空间。其一，李炳炎教授研究的共享经济是严格限制在公有制范围内的，而中国目前的现实是多种所有制经济共同发展，我们要发展的共享经济，也是在多种所有制共同发展的现实中实施的，这就要求理论本身要更具有包容性。其二，李炳炎教授研究的共享经济虽然也是以社会主义市场经济为前提，但他研究的公有制企业的劳动力已经不是商品。而我国的基本事实则是无论在公有制企业还是私有制企业中，劳动力都以商品的形式出现，这在李炳炎教授的研究框架中也是没有涉及的。其三，李炳炎教授强调分享是分配领域的问题，而我国社会主义市场经济发展实践面临的问题显然不仅在分配领域，也贯穿在生产、消费等各个领域，因此，分享的含义应该贯穿在整个社会生产总过程之中。

近几年，国内学者除了对西方主要学者的共享经济思想进行介绍之外，主要

---

① 习近平：《在省部级主要领导干部学习贯彻党的十八届五中全会精神专题研讨班上的讲话》，《人民日报》2016 年 5 月 10 日。

是从社会制度的利益分配关系角度研究共享问题。比如洪远朋等指出，自科学社会主义理论诞生以来，社会主义经济学经历了三大发展阶段，采取了三种理论形态，即马克思主义创始人的经典社会主义经济学、斯大林模式为代表的传统社会主义经济学、邓小平理论为代表的现代社会主义经济学。与以往社会主义经济学的利益观不同，现代社会主义经济学所倡导的是全体人民共享经济繁荣成果，"共享利益观"是现代社会主义经济学的核心。①他们的研究从社会制度深层关系上，澄清了共享经济的社会属性。彭仁贤和韩江波提出，共享理论演化的基本逻辑是探讨如何提高劳动者的分配收入，实现由利益独占到利益共享的过渡，并以此作为解决劳动所有者与资本所有者在经济利益分配方面产生的过度不合理、不公正及不平等问题的主要途径，进而起到合理缓和甚至解决劳资矛盾、促进生产力发展、维护社会稳定的作用。②叶正茂教授运用马克思主义经济学的方法，针对国内企业将剩余索取权安排给物质资本或者人力资本的观点，提出应该由物质资本所有者和人力资本所有制者共同分享。③刘凤义教授认为在社会主义初级阶段，不同性质的企业都可以遵循共享发展的理念，但私有制企业只能是管理层面的共享，公有制企业才具备实现共享的制度基础。④这些研究分别在不同层面对共享发展问题进行了探讨，但总体上，都没有解决我国共享发展的理论构建问题，更无法系统地为"十三五"规划建议中所提出的共享发展的制度安排提供理论指导和政策建议。

应该说在马克思主义政治经济学的思想体系中，"共享发展"的思想与其阶级立场是一致的。但马克思的《资本论》建立的经典政治经济学体系揭示的是资本主义经济运动规律、发展趋势。而资本主义经济运动规律是资本主导下的经济运动规律，因此，要揭示这一经济规律，其逻辑主线必然是劳资对立的剩余价值理论，而不是共享发展思想。因此，我们应该建立研究共享发展的中国特色社会主义政治经济学分析框架。

三、中国特色社会主义政治经济学关于共享发展的研究框架

中国特色社会主义政治经济学如何研究共享发展问题，是一个很大的主题，限于篇幅，这里仅谈谈我们的研究框架和思路。

---

① 洪远朋、于金富、叶正茂：《共享利益观：现代社会主义经济学的核心》，《经济经纬》2002 年第 2 期。
② 彭仁贤、韩江波：《分享经济理论的演化：维度、路径与逻辑》，《江淮论坛》2013 年第 3 期。
③ 叶正茂：《共享利益与企业和谐劳动关系的构建原则》，《马克思主义研究》2009 年第 11 期。
④ 刘凤义、李臻：《共享发展的政治经济学解读》，《中国特色社会主义研究》2016 年第 2 期。

（一）"共享发展"的微观理论基础：对马克思主义政治经济学劳动力商品理论的拓展

劳动力商品理论在马克思主义政治经济学中具有重要地位，但这一理论在我国社会主义市场经济中拥有现实的指导意义还没有引起理论界的足够重视。早在20世纪80年代，我国提出发展商品经济后，理论界曾经对公有制企业的劳动力是不是商品有过争论，争论的焦点是公有制企业的工人工资形成机制问题：如果承认公有制企业工人的劳动力是商品，那么公有制企业工人的工资也要通过市场机制形成；如果否认公有制企业工人的劳动力是商品，就意味着在公有制企业中工人的工资不应该单纯由市场机制决定，还要考虑工人作为企业主人的利益分享问题。遗憾的是，随着我国进入市场经济体制改革阶段，这种争论销声匿迹了。在很多人看来，随着市场经济体制的建立，国有企业成为市场主体，国有企业工人的劳动力作为商品形式出现已经是不争的事实，因此市场机制决定工资水平也就成为必然。

本文认为，在社会主义市场经济中，虽然公有制企业和非公有制企业的劳动力都以商品的形式存在和配置，但是，如果因此就把社会主义市场经济中的工资形成机制仅仅归结为劳动力市场的供求关系，从而放弃马克思主义政治经济学关于工资的本质是劳动力价值的理论，这样就丢掉了社会主义工资理论的科学基础，进而也失去了劳动力价值理论这个研究劳动者收入和劳动者共享等深层问题的理论依据。事实上，国内研究工资理论的学者对工资理论背后更深刻的思想，即马克思关于劳动力价值由生产劳动力所需要的生活资料的价值决定的理论，已经很少提及了。

马克思认为，劳动力是一种不同于一般商品的特殊商品，具体表现在劳动力商品使用价值的特殊性和劳动力商品价值的特殊性上。劳动力商品使用价值的特殊性体现在，劳动力的使用过程不仅能创造价值，而且能创造比自身价值更大的价值；劳动力价值的特殊性在于它是用劳动者生活资料的价值体现的，而且劳动力价值受社会历史的、道德的因素影响。这是马克思主义政治经济学关于劳动力商品理论的基本原理。事实上，我们研读马克思的《资本论》就会发现，马克思关于劳动力商品的思想是非常丰富的，这个思想不仅为我们理解资本主义经济发展一般规律、资本主义发展的多样性规律提供了指南，也为我们理解社会主义市场经济的"共享发展"问题提供了指南。在经济学说史上，古典经济学家最先提出劳动力是商品这一观点，但是，古典经济学家不能科学区分劳动力和劳动，这在斯密那里表现为两种价值理论，即劳动价值论和要素价值论。马克思是科学区分劳动力和劳动两个范畴的第一人，从而将剩余价值理论建立在了坚实的劳动力商品理论基础上。

　　要研究和拓展马克思的劳动力商品理论，必须从马克思的研究方法入手。既然劳动力市场的供求状况决定工资水平是资本主义市场经济的现象，那么马克思在研究资本主义剩余价值规律时，为什么不是从供求状况开始而是从劳动力商品开始呢？这个问题的答案在于，马克思认为剩余价值规律是资本主义经济的内在规律，这个规律不是交换领域的问题而是生产领域的问题，剩余价值能否产生的关键是资本家能否购买到劳动力这种特殊商品。因此，正如在研究劳动价值论时不是从价格开始而是从商品的二因素开始一样，马克思从劳动力商品的特殊性开始来研究资本主义剩余价值生产问题，揭示的恰恰是资本主义经济的内在规律。相反，如果把资本家与劳动力的交换关系作为研究对象，结果揭示的就不是资本主义经济的内在规律，而仅仅是市场的运行规律。

　　因此，要将马克思的研究方法运用到我国社会主义市场经济的工资问题上，就要先撇开市场运行层面的劳动力供求关系因素，而从劳动力商品的特殊性问题开始进行研究。我国建立社会主义市场经济体制的目的，是要发展生产力，创造更多的物质财富，满足人们日益增长的物质文化生活的需要。在生产力要素中，最活跃、最能动的要素是劳动者。于是，为了确定劳动者如何能有更强的劳动能力和更高的劳动积极性从而能够创造更多的社会财富，就要对一定经济社会条件下劳动者所提供的劳动力的使用价值和价值进行分析，研究哪些利益可以通过市场机制来满足，哪些利益通过市场机制得不到满足。比如一位农民工，月工资 2000元，供求理论会认为这个工资水平反映了农民工的边际价值，但是如果我们从农民工的劳动力价值构成角度去分析会发现，2000 元仅仅是农民工的必要生活资料的价值，农民工孩子受教育的费用，农民工自己接受培训的费用，农民工住房、医疗和社会保障，可能都没有包含在由市场决定的 2000 元工资中。马克思认为劳动力价值至少由三个部分组成：劳动力的生存资料、劳动力的发展资料及劳动力家属所需要的生活资料。如果我们相信市场供求决定的工资价格反映了劳动力价值，那么请问，农民工如何共享发展成果呢？实际上，我们国家的政策是要在教育、医疗、社会保障等方面逐渐实现城乡统筹，而且以公共产品的方式进行供应，从而在宏观层面为农民工提供共享发展成果的机会，其依据不是市场供求理论，而是马克思的劳动力价值构成理论。

　　基于马克思关于劳动力生活资料的层次性思想所作的拓展具有重要的政策意义，这一点也得到了后凯恩斯主义者们的肯定。他们认为，"政府应当控制和补贴生活必需品的价格来满足人们最根本的需求。这种干预政策也同样可以用于控制房租和公共房价。通过降低这些生活必需品的价格，更多的人可以追求更高的需求层次"①。基于此，劳动力商品的使用价值和价值的拓展，是研究共享发展问题的切入点。

劳动力商品的二因素包括使用价值和价值，对劳动力使用价值的拓展及其与共享发展问题之间的关系，可以从劳动力的技能特征和劳动力的两权分离特征来考察。从劳动力的技能水平看，一般说来，劳动者技能水平越高，在企业中越容易获得共享的地位，反之亦然。从劳动力所有权与使用权的分离程度看，一般说来，劳动力所有权与使用权分离程度越低，劳动者与企业的共享程度越高。比如公有制企业，劳动者既是企业劳动力，又是所有者，劳动者既可以获得工资，又可以获得剩余分享。相反，私有制企业的劳动者由于劳动力所有权与使用权分离程度高，共享没有所有制的基础，只能通过斗争来争取。

劳动力价值是用生活资料价值体现的。我们将生活资料拓展为由"一篮子"消费品组成，这些消费品具有层次性：有些是"必要生活资料"，属于劳动者的生存之需，如衣、食、行等；有些是"发展资料"，属于劳动者自我发展之需，如教育、医疗保健、社会保障、住房等。劳动者获得这些资料是通过工资形式购买，还是一部分通过工资形式购买，另外一部分通过"社会工资"形式提供即政府提供，在现实中会形成不同的共享模式。共享成分究竟由哪些内容组成，与一个国家的社会性质、制度体系、发展目标等密切相关。由此可见，劳动力价值构成的层次性，为微观层次和宏观层次的共享制度与机制提供了理论基础。

关于劳动力再生产的性质，在西方经济学和马克思主义政治经济学的理论中有不同认识。在西方经济学理论中，劳动力再生产纯粹属于劳动者个人的事情，是用工资购买生活资料，补偿体力和脑力的消耗，因而，劳动者的消费只是"经济人"的孤立行为。而在马克思主义政治经济学看来，社会再生产是物质资料再生产和生产关系再生产的统一。劳动力的再生产同样具有双重属性：一方面是再生产出劳动者自己的劳动力；另一方面，再生产出一定社会生产关系的必要条件。因此，认识到劳动力再生产的社会属性，是马克思主义政治经济学的深刻性之所在。比如在资本雇佣劳动的关系中，如果没有雇佣劳动力，货币就不能转化为资本；从消费的角度看，工人消费是社会总资本再生产的重要条件，如果工人工资水平低、消费不足，就会造成生产的相对过剩。马克思主义政治经济学这一基本原理和方法，为我们研究劳动者在公共领域参与"共享"提供了依据。②

---

① 马克·拉沃：《后凯恩斯主义经济学》，王鹏译，山东大学出版社 2009 年版，第 43 页。

② 关于劳动力商品理论的拓展问题，参见刘凤义《劳动力商品理论与资本主义多样性研究论纲》，《政治经济学评论》2016 年第 1 期。

（二）"共享发展"的稳定性和可持续性：在生产、分配和消费的有机统一中研究共享问题

如前所述，若将共享发展问题局限在分配领域，则范围过于狭窄，导致推论出的对策建议有所偏颇且不具有可持续性，也不符合中共中央"十三五"规划建议的精神。正确的分析方向是既包括分配领域的共享问题，也包括生产和消费领域的共享问题（此处不赘述）。因此，我们要建立的社会主义市场经济共享发展问题的分析框架，必须是生产、分配、消费等各个环节的有机统一，这才符合马克思主义经济学的基本原理。

西方经济学，无论是凯恩斯经济学还是新古典经济学，本质上都是市场交换层面的理论。相应地，价格、需求、供给、总需求、总供给等概念都是市场经济运行层面的范畴。虽然西方经济学也有生产、消费、分配范畴和理论，但由于都不涉及马克思所说的社会生产关系，因而这几个概念在西方经济学里都被表象化为某种平等交换。西方经济学的消费理论以效用价值论为基础：消费者的消费选择，都是孤立地以个人效用最大化为目标，不涉及生产关系问题，不涉及消费行为背后的社会意义，不理解劳动者的消费过程是维持一定社会生产关系的必要条件，这显然没有给研究劳动者参与生产成果"共享"问题留下空间。西方经济学的分配理论本质是要素边际贡献论，各种要素所有者的收入由市场价格度量的边际贡献决定。西方经济学者认为这种分配准则很客观、很公平，但是这种理论对劳动者来说其实就是一种宿命论——劳动者工资之所以低，就是因为边际贡献小，因而也不可能为劳动者共享经济成果提供理论基础。

西方经济学的生产函数，只是各种要素的投入产出关系，实质上反映的是一种技术上的平等替换，因而，在消费理论那里还能理性地追求个人效用最大化的劳动者，其主观能动性在生产函数这里却不被考虑，劳动力与资本、土地一样都只是没有主观能动性的生产要素而没有本质上的区别。在分析生产行为时，传统的新古典经济学不仅没有劳动过程理论，而且没有企业理论。以科斯为代表的新制度经济学者，用产权、契约和交易费用理论打开了新古典经济学的企业"黑箱"，认为市场交换和企业内部交换都是产权的某种契约关系，两者的区别只在于市场交换是短期契约关系而企业内部交换是长期契约关系，两者的边界取决于交易费用的高低。但是显然，新制度经济学只不过是把市场交换关系移植到企业内部，没有具体分析劳动过程，没有将市场交换过程中横向水平的自由交换关系与企业内部纵向垂直的控制和被控制关系区别开来。因此，对新制度经济学来说，"分享"问题只与作为"剩余索取权"的资本所有权相关，而与劳动者无关。

马克思主义政治经济学则不同，其研究方法比西方经济学更为深刻和科学。马克思主义政治经济学的基本原理告诉我们，社会生产总过程包括生产、分配、

交换、消费四个环节，这四个环节之间是相互作用、相互依赖的关系。其中，生产关系（狭义）起决定作用，其他三方面的关系对生产关系（狭义）有反作用。因此，脱离开生产关系和消费关系单独研究分配领域的共享关系，这种共享具有狭隘性和不可持续性。

马克思主义政治经济学从生产、分配和消费相结合的角度研究共享问题，是以劳动力商品理论为基础的。马克思是经济学说史上对资本主义生产过程和劳动过程进行科学研究的第一人。马克思早在《资本论》第一卷关于资本主义直接生产过程的研究中，就打开了西方经济学关于企业理论的"黑箱"，科学揭示了企业内部经济关系与市场关系的本质区别。在马克思看来，在出卖劳动力之前，劳动者与资本家的讨价还价是一种平等的、边沁主义的市场交换关系，交换双方都是按照"经济人"原则讨价还价。而一旦劳动者出卖了自己的劳动力，进入企业内部参与到劳动过程和生产过程中，劳动力的使用权就交给了资本家，劳动者和资本家之间的关系就转换为控制与被控制的关系，市场交换过程中平等的契约"权利"关系转化为企业内部不平等的"权力"关系。这样一来，工人和资本家之间的关系就具有了双重属性，即经济"权力"上的不平等性和法律"权利"上的可谈判性。经济权力的不平等性表现为工人必须服从资本家的生产目的，劳动成果必须归资本家所有。法律权利的可谈判性表现为工人出卖给资本家的仅仅是劳动力的使用权，而不是所有权，工人虽然没有不受雇佣的自由，但却有选择去哪个企业受雇佣的自由。因此，对于企业内部的劳动条件、劳动时间、劳动强度、劳动福利等，工人都有权利去谈判和争取。马克思关于资本主义生产过程和劳动过程的分析方法，为我们研究社会主义市场经济中各种所有制企业在生产领域如何共享提供了科学方法论。

马克思主义经济学关于消费的分析也不同于西方经济学。首先，从一般意义上说，马克思认为消费与生产密切相关，生产是消费的前提，消费是生产的目的。其次，在资本主义生产关系中，消费是从属于生产的。因此，马克思把资本主义经济危机的性质归结为"生产相对过剩的危机"，而凯恩斯则把经济危机的性质归结为"有效需求不足"。有人看到了马克思和凯恩斯关于资本主义经济危机分析的表面联系，认为生产和需求是一枚硬币的两面，马克思说的生产相对过剩，从另一个方面看，就是凯恩斯说的有效需求不足。但实质上，二者有本质区别。马克思之所以这样认识资本主义经济危机的性质，是因为在马克思看来，从生产和消费角度看，生产是矛盾的主要方面，消费从属于生产；在资本主义生产关系中，资本为了追求剩余价值，有无限的投资（资本积累）的内在冲动性，它主导着资本主义消费关系，也就是说生产是"主动轮"，而消费是"从动轮"。更为重要的是，资本主义消费是有结构的，劳动者的消费跟不上资本家的扩大再生产的内在冲动，必然导致生产的相对过剩。因此，要解决资本主义经济危机，只能从生产关系入手，增加消费仅仅是权宜之计。凯恩斯没有区分工人消费和资本家消费的不同性质，而是用"有效需求"这个笼统的概念分析市场层面的过剩问题，因此，他认为资本主义经济危机仅仅是市场运行中的小问题，只要政府增加有效需求就可以解决。然而在资本主义制度中，没有国有企业作为经济基础，政府增加需求往往导致财政赤字，这又会进一步引起通货膨胀等问题，因此凯恩斯主义在 20 世纪 70 年代陷入滞涨的挑战也就成为必然。最后，马克思主义经济学认为工人的消费不单纯是工人自己的事情，而是具有社会性质，劳动力的再生产是维系资本主义生产关系的必要条件。马克思通过社会资本再生产过程中的两大部类再生产原理，揭示了这个规律。马克思的这一思想非常深刻且有启发意义。就研究共享发展问题而言，既然劳动力的消费具有社会属性，那么劳动力价值的组成部分，哪些由劳动者自己承担，哪些以"共享"的方式由社会提供，如住房、医疗、教育、社会保障等，在不同生产关系和社会发展目标下，就有不同的制度安排。

马克思主义经济学的分配关系与生产关系密切相连,生产关系决定分配关系。分配既有微观领域的企业内部分配，也有宏观领域的社会范围内的再分配，不同领域的分配对共享机制的要求是不同的。企业内部共享性质的分配，要求在劳动生产率提高的基础上，工资增长机制符合共享原则；同时，企业的所有权性质、企业内部经济民主等，都会影响共享制度的构建。在宏观领域，关于住房、教育、医疗、社会保障等产品，在何种范围、使用何种机制进行再分配，是共享程度的重要体现。再者，分配的前提是有更多剩余被创造出来。在中国特色社会主义经济中，要保证公共领域共享的可持续性，必须依靠做强做优做大国有企业，这是非常重要的经济基础。正如中共中央在《关于深化国有企业改革指导意见》中所指出的，"国有企业是保障人民共同利益的重要力量。"

另外，互联网技术的兴起，给交换、消费带来了很大的影响，出现了"不为我所有，但为我所用"等分享经济模式，这种模式对深层的共享发展关系产生何种深刻影响，也应该作为研究内容深入探讨。

综上，本文认为，对社会主义市场经济的共享发展问题的研究，不能仅仅局限在分配领域，必须运用马克思主义政治经济学的原理和方法，在生产、分配、消费等社会生产总过程的各个环节的有机结合中展开，唯有如此才能构建"稳定的、可持续发展的"共享制度、机制和模式。

（三）"共享发展"的互补性和协调性：在企业与政府、微观与宏观有机结合中研究共享问题

现有的关于共享问题的经济学理论研究基本停留在企业微观层面，本文依据马克思主义政治经济学的原理和方法认为：

第一，经济活动的微观领域与宏观领域是辩证统一关系。当代西方经济学分为微观经济学和宏观经济学，而且二者是相对独立的关系，所以我们学习西方经济学，先学习微观经济学，还是先学习宏观经济学都不受影响。西方经济学微观和宏观的相对独立性，充分说明西方经济学的形而上学思维。然而，现实中的经济活动不可能是微观活动与宏观活动截然分开的；同时，也不可能是微观活动的机械加总构成了宏观活动，因为这两个领域的经济活动所反映的经济关系和经济性质都是不同的。马克思主义经济学对资本主义经济关系的剖析，始终是在微观和宏观有机统一中进行的，因此在方法论上克服了西方经济学的这种困境和局限性。最为经典和精彩的内容就是《资本论》第二卷关于个别资本运动和社会总资本运动的分析，其中既涉及生产、交换、消费，也涉及微观与宏观之间的内在联系。马克思这种辩证法的运用，为我们提供了方法论指南。

第二，劳动力的价值构成即生活资料的组成具有层次性。这就决定了劳动力的共享内容可以在微观领域，也可以在宏观领域，或者部分在微观领域，部分在宏观领域，或者既在微观领域，又在宏观领域。马克思主义政治经济学的劳动力价值理论表明，劳动力的价值构成包括劳动者本人和家属的生存资料，如衣、食、行等日常生活资料，还包括劳动者本人和家属的发展资料，如住房、教育、医疗、社会保障等。这些内容是由企业工资直接包含，还是部分由企业工资包含，部分由政府社会提供，显然是不同的发展模式。从微观企业角度看，可以出现以下三种情况。第一种情况，是企业的工资仅能够维持劳动力和家属所需要的生存资料，而政府又没有把教育、医疗和社会保障当作公共产品来提供，那么劳动者就没有共享可言。第二种情况，是企业的工资仅能够维持生活资料，而政府把教育、医疗和社会保障当作公共产品来提供，这种情况下劳动者在宏观公共领域有共享成分。第三种情况，是企业不仅以工资来维持劳动者的生活资料，而且还分享企业剩余，同时政府把教育、医疗和社会保障当作公共产品来提供，这种情况下劳动者在企业微观领域和社会宏观领域都有共享成分。

为什么劳动者在现实中的共享可以在微观领域和宏观领域之间转化或者并存？其理论依据是什么？西方经济学的观点认为这缘于工会的力量过于强大，其后果必然是市场效率的损失，因而不赞成共享的理念。马克思主义政治经济学则不同。

首先，马克思主义政治经济学认为，人类社会的经济活动本来应该是为人自身服务的，是以人的自我发展为目标的；而以价值增殖为目标的资本主义生产关系本身就是人类经济活动的一种异化。

其次，从生产力的角度看，劳动者是生产力中最活跃、最积极、最富有主观能动性的因素。因此，劳动成果由劳动者共享，更有利于调动劳动者的积极性、创造性，创造更多财富。

最后，从生产关系角度看，劳动力的再生产不仅仅是劳动者自己的事情，更是维持一定社会生产关系的必要条件。因此，劳动力需要的教育、医疗、社会保障等应由政府以公共产品的形式提供，这相当于给工人的"社会工资"，也意味着企业和社会共同来再生产劳动者的劳动力。这不仅是在生产社会生产关系的需要，也是生产和消费良性循环的必要条件。当然，在不同性质的生产关系中，人们对再生产劳动力的认识是不同的。在资本主义生产关系中，资本追求剩余价值最大化，再生产劳动力被限制在最低水平，劳动力获得一定程度共享权利的原因是劳动者阶级的斗争或者资本之间的竞争、国家之间的竞争迫使资本或者国家必须这样做。而在社会主义生产关系中，生产的目的是劳动者的自由全面发展。因此，国家和社会会积极主动地在微观领域和宏观领域设计共享制度、机制和模式，使之协调发展。

要从微观与宏观的有机结合中研究社会主义市场经济共享发展的协调性问题，还需要进一步深入研究两个相关问题：一是国有企业的发展问题；二是社会主义市场经济中的政府与市场关系问题。我们的基本观点是，从共享发展的角度看，国有企业有两个方面的重要作用。其一，在国有企业内部建立和谐共享的经济关系，可以作为"普照的光"，引领其他性质企业朝着和谐共享的方向发展。其二，国有企业的发展壮大，是政府提供宏观社会领域的共享的重要物质基础。西方发达国家在宏观社会领域的共享成分之所以低，一个很重要的原因是资本主义生产关系不能容忍国有企业的发展壮大。在垄断资本所有者看来，资本主义国有企业的壮大，就意味着"与民争利"，其实质是与资本争利，这是私人垄断资本所有者不能忍受的，他们会通过所谓的"民主"投票方式，迫使国家减少国有企业比例。因此，发达资本主义国家社会范围内的共享，只能依靠国家税收，而一旦税收减少，就会导致政府负债或者削减百姓共享的内容。因此，没有强大的国有企业和国有经济支撑的共享发展是不可持续的。

与社会主义市场经济直接相关的共享发展问题，除了上述微观和宏观的关系问题，还涉及政府在市场经济中的定位问题，也就是政府与市场的关系问题。这是一个世界性难题。西方发达资本主义发展了三百多年，无论是在理论上还是实践上，都没有解决这个问题。从实践上看，发达资本主义国家在1929—1933年经济危机以前，基本上信奉"看不见的手"原理，政府充当"守夜人"角色；而在1929—1933年经济危机以后，基本上承认了国家这只"看得见的手"的重要作用；从第二次世界大战后到20世纪80年代初期，发达资本主义国家强调"大政府小市场"的发展模式；20世纪80年代初期，英国的撒切尔夫人和美国的里根上台执政，西方资本主义国家出现了"小政府大市场"方向的改革；直至2008年，以美国为首的发达国家爆发了金融危机，发达资本主义国家又开始向"大政府小市场"方向回归。当然，从实践上看，资本主义国家大政府与小政府之间的更替，并非简单的轮回，而是在政府规模不断扩大基础上的螺旋式轮回过程。从理论上看，这些更替和轮回是在凯恩斯主义和自由主义之间交替进行的。凯恩斯主义经济学与自由主义经济学二者表面看来在政府与市场的关系上是对立的，但实质上它们有相通之处。其一，它们都以承认私有制市场经济是最有效率的经济为前提。其二，它们对市场和政府关系的认识都是形而上学思维，认为二者是非此即彼的关系，大市场必然是小政府，或者小市场必然是大政府。这种认识导致发达资本主义国家在宏观公共领域的劳动者共享成分充满不确定性，因为这种共享并非基于人的全面发展，而是出于调节经济活动的需要。

马克思主义政治经济学认为，在现代市场经济中，政府与市场的关系不是非此即彼的对立关系，而是一种"共生关系"。这一点从马克思的价值理论中可以看出。马克思的劳动价值论一方面揭示了市场经济条件下生产者必须遵循社会必要劳动时间的要求；另一方面，从更深层次上揭示了社会资源配置必须遵循客观比例关系的规律。这两方面思想分别在马克思《资本论》第一卷分析劳动价值论和商品拜物教时有所揭示，同时在《资本论》第二卷分析社会资本再生产的两大部类交换关系时有所体现。既然市场经济中资源配置必须遵循按比例分配劳动的规律，而市场的自发配置又难以实现，那么政府的干预和提供相应的助力也就成为必然。因此，在市场经济中，政府与市场是"共生关系"，政府为劳动者提供共享内容也就存在必然性；而社会主义市场经济的共享发展，要求政府和市场、国有企业协调发展。

从研究框架的完整性来看，中国特色社会主义政治经济学研究共享发展问题，还包括对西方共享模式发展经验的借鉴问题，限于篇幅，在此不再赘述。

第三章　中国最低工资与外商投资

李　磊

一、引言

改革开放以来，凭借低廉的劳动力、广阔的市场需求，中国吸引了大批外国企业来华投资，并连续多年成为吸引外资最多的发展中国家。然而，近年来中国外商直接投资规模增速减缓，外资企业撤离中国的新闻也时常见诸报端。商务部外商投资报告（2004 年、2012 年）显示，2004 年新设立外资企业数为 43664 家，其中外资企业净增加 15 911 家；2012 年新设立外资企业数仅为 24925 家，其中外资企业净减少 5878 家。自 2004 年起外资企业撤出的新闻偶尔出现，而在 2012 年之后此类新闻的密集程度大幅增加。此外，国家统计局的数据表明，外商投资企业（包括中国港澳台企业）吸收城镇就业人口的规模自 2013 年高点之后开始回落。2013 年外资企业吸收的城镇就业人数达到 2963 万人，2017 年仅为 2581 万人，4 年间减少了 382 万人，年均下降速度达 4%左右，这也侧面反映出外资企业可能在撤离中国市场。

同时，在过去的 20 年间，中国的劳动力成本呈现大幅上涨趋势。国家统计局的相关数据显示，1998—2016 年中国城市的平均工资水平上升了近 5 倍。其中，最低工资政策的不断调整和变化是其中极为重要的因素之一（Belman 和 Wolfson，1997；Flinn，2006；Bosch 和 Manacorda，2010；马双等，2012）。最低工资作为国家规定的企业必须支付给劳动者的基本工资报酬，反映了企业在某一地区经营的最低劳动力成本，其上升可能增加企业的生产成本、压缩企业利润空间，导致外资企业所看重的原有的区位投资优势消失。因此，最低工资的上升可能会迫使逐利的外资企业减少对本国的投资，甚至转移到其他国家或地区。①然而，关于最低工资调整是否会导致外资企业撤离中国这一问题，目前还少有文献进行研究。现有大部分文献主要集中考察最低工资上升对企业生产经营活动、出口贸易等方面的影响（孙楚仁等，2013；马双和邱光前，2016；Long 和 Yang，2016；Gan 等，2016；Mayneris 等，2018），仅有少量文献研究了最低工资上升对跨国企业对外直接投资的影响（Head 和 Mayer，2018；Fan 等，2018）。

基于中国城市最低工资标准的变化，本文试图对外资企业撤离中国的动因问题进行解答。本文可能有以下贡献：第一，本文利用中国工业企业数据库与地区最低工资数据库的微观匹配数据，对最低工资上升与外资企业撤离中国之间的关系进行了更准确的解读，发现最低工资上升确实会导致外资企业退出中国，减少在中国的投资。本文通过变换外资退出指标、变换样本范围、构造"准自然实验"，进一步验证了结论的稳健性。第二，本文分析了最低工资上升导致外资企业退出中国的内在传递机制。中介效应检验发现，最低工资上升对外资企业的利润、产出、固定资产投资及就业规模的变化产生显著的负向影响，这从机制上进一步佐证了本文的核心结论。第三，在外资撤离的研究背景下，本文的分样本差异性分析对"外资撤离潮"的相关言论做出了一定的回应，指出撤离中国的外资企业大部分是低效率、低端制造企业，这一类企业退出中国市场符合企业更替规律，最低工资政策的调整有助于筛选出生产率较高、位于高端制造行业的外资企业。以上结论为政府应对与外资撤离中国相伴而生的产业升级、劳动力就业等问题提供了重要参考。

本文其余研究内容如下：第二部分是相关文献回顾，第三部分是数据来源与经验研究设计，第四部分是计量结果分析，第五部分是异质性分析，最后是结论与建议。

二、文献综述

外资企业退出东道国市场本质上依然为企业退出市场。根据微观经济学的厂商理论，竞争程度更为激烈的市场组织中，生产成本上升、利润空间下降的企业

---

① 现实中一些案例也从侧面反映出最低工资上涨与外资企业撤离之间的关系。例如，阿迪达斯全球首席执行官赫伯特·海纳表示，由于中国政府制定的工资标准逐渐变高，阿迪达斯公司希望将生产线部分地撤出中国，转移至劳动力更便宜的地区。2012 年 4 月全球第二大光器件供应商 Oclaro 将在深圳的生产基地奥兰若（深圳）科技有限公司关闭，生产设备全部撤往马来西亚。尽管这些事实暗示着最低工资上升与外资退出之间存在一定的联系，但是仍需要正式的、规范的经济学经验研究对该问题加以验证。

更有可能退出市场。然而，相比于内资企业，外资企业退出东道国市场的动因更为复杂，其退出东道市场的决策体现了其在全球范围内投资区位的重新选择。邓宁（Dunning，1980）的经典的国际生产折中理论（OLI 理论）指出，跨国企业是否进行国际生产经营取决于 3 个条件，即其是否具有所有权优势，是否能将其优势内部化，以及外部区位是否比母国生产基地更具吸引力。最早研究外资撤离现象的博迪温（Boddewyn，1983）以 OLI 理论为基础，认为决定外资流入的因素恰恰是导致外资流出的动因，当企业不再具有竞争优势，或内部化优势不如外部交易，或在母国之外的其他区位进行生产不再具有优势条件时，跨国企业将退出东道国市场。邓宁认为须同时满足以上 3 个条件才会导致外资流入，而博迪温认为只要不满足其中一个条件，跨国企业的分支机构就会退出东道国市场。

近年来，已有部分文献基于劳动成本角度研究外商直接投资的区位选择问题，但基于这些研究成果尚无法断定劳动成本与外资退出之间存在必然的因果关系，所得结论也并不一致。例如，黑德和迈耶（Head 和 Mayer，2018）发现 2000—2016 年汽车行业的离岸生产规模不断上升，其中占据一半产值的前五名汽车跨国生产企业选择了低工资国家进行离岸的汽车组装生产，东道国比母国更低的劳动力成本成为一种比较优势，极大地影响了跨国企业全球生产的区位选址决策。有些学者综述了 1980—2016 年研究跨国企业区位选址的 84 篇文献，他们发现以发达国家跨国企业为研究对象的文献更关注东道国经济层面的因素，供给层面的劳动力成本成为跨国企业区位选择的决定因素之一，而市场或消费者需求等层面的其他因素可能削弱劳动力成本因素的重要性（Li 等，2018）。关于中国的研究文献也没有取得一致共识。一方面，部分文献肯定了劳动力成本对跨国企业区位选址变化的影响，但仍认为劳动力成本上升并没有导致中国引资优势的下降，中国相对于发达国家或周边发展中国家依然具备劳动力成本的优势。与此同时，他们的研究也表明除劳动力成本因素之外，市场和政策的稳定性是影响外资企业区位转移的重要因素（刘厚俊和王丹利，2011；马飒和黄建锋，2014）。另一方面，一些文献的研究结论表明劳动力成本的上升确实带来了外资撤离的风险。例如，冯伟等（2015）基于 1993—2012 年省级面板数据的研究表明，中国在吸引外资的过程中存在劳动力成本的阈值，当劳动力成本超过这一阈值时，中国将丧失引资优势，增加外资撤离的风险。李玉梅等（2016）基于中国东部沿海 10 个城市问卷调查数据的分析表明，2013—2014 年中国沿海外商投资撤资比例约为 22%，成本和政策寻求型外资企业是此次撤资的主体。刘振林和李任（2016）基于 1998—2013 年时间序列数据的研究结论指出，不断上涨的工资支出增加了外资企业撤离的概率。

特别是，一些研究表明部分外资企业退出可能并不是由东道国整体劳动成本上升所致，而是低技能、低学历工人工资上升所导致的。例如，在区分劳动技能的基础上，布拉科尼尔等（Braconier 等，2005）研究了东道国高技能和低技能劳动成本对美国和瑞典跨国企业经营活动的影响，他们发现低技能劳动工资上涨将带来跨国企业分支机构经营绩效的下降，甚至退出；而高技能劳动工资上涨的作用则相反。类似的结论也体现在拉斯裘德和唐沃德（Rasciute 和 Downward，2017）基于 1997—2013 年欧盟 25 国微观企业数据的研究中，他们发现在传统行业（纺织等轻工业）或规模密集行业（高资本密集度、高集中度行业），高工资将减少跨国企业在东道国的投资；而在一些高技能劳动密集的行业，高工资的影响不明显，甚至会增加跨国企业的投资，因为工资越高也意味着生产率水平越高。

现有文献发现，最低工资标准的实施是导致低技能工人工资水平上升的重要原因（邸俊鹏和韩清，2015；Aaronson 和 Phelan，2019），因为低技能、低教育水平的工人工资低于最低工资标准的比重更高，其受最低工资标准实施与调整的影响也更大（叶林祥等，2015）。因此，基于最低工资这一外生政策冲击视角探讨劳动成本与外资撤离之间的关系有其必要性和可能性。

首先，已有文献从最低工资角度考察企业退出等问题，这为本文研究提供了可能。最低工资是国家为保护劳动者的基本生活，强制规定用人单位必须支付给劳动者的最低工资报酬，是东道国政府对劳动力市场施加的一种价格管制政策。当最低工资高于劳动力市场均衡工资时，这种管制政策会增加生产成本，降低企业生产率，压缩企业利润空间，增大市场中边际企业退出的概率（马双等，2012；刘贯春等，2017；Alvarez 和 Fuentes，2018；Mayneris 等，2018）。

其次，根据笔者掌握的文献，目前还没有学者考察最低工资标准调整和外资撤离中国之间的关系，本文弥补了这一领域的文献空白。有学者基于制造业企业层面数据的研究发现，最低工资的不断上升会提高中国企业进行对外投资活动的概率，但他们的研究视角是以中国为母国市场的（Fan 等，2018）。张先锋和陈婉雪（2017）利用 2000—2014 年的省级面板数据研究发现，最低工资上升对外商直接投资进入存在"U"型影响，然而他们研究的是外资进入而非外资撤离。与本文最为接近的是林灵和阎世平（2017）的研究，他们分析了最低工资标准向上调整对外资持股比例的影响，发现最低工资上升将显著降低外资持股比例，且这一影响在劳动密集型行业和低工资水平企业中更为明显。然而，外资持股比例的降低仅是外资退出的一种表现，其对东道国的影响远不如跨国企业分支机构退出市场的影响大。

综上所述，在中国最低工资标准不断调整的背景下，本文分析了最低工资上升和外资企业退出中国之间的关系，不仅对部分外资企业撤出中国的动因展开了深入分析，回应了当下媒体关注的"外资撤离潮"，还进一步考察了背后的传导机制。本文的研究对中国"稳就业、促增长"宏观目标的实现具有重要的理论和政策意义。

三、数据来源与研究设计

（一）数据来源与处理

本文的数据来源主要有 3 个：中国国家统计局的中国工业企业数据库、作者手工搜集的地级市最低工资数据、国泰安数据库，数据样本区间为 1998—2012 年。

企业层面变量数据来源于中国工业企业数据库，该数据库的调查对象为全部国有企业和规模以上非国有工业企业[①]。中国工业企业数据库提供的企业信息包括企业的基本特征（如企业名称、注册类型、成立时间、职工人数等）、企业财务信息（如实收资本、资产、负债、经营利润、职工工资等）和企业的产出信息等。其中，该数据库对企业的实收资本进行了详细的划分和列示，包括国有资本、集体资本、法人资本、个人资本、外商资本（非港澳台资本）、港澳台资本，这为本文外资企业退出指标的构建奠定了数据基础。此外，勃兰特等（Brandt 等，2012）将中国工业企业数据库和 2004 年中国工业普查数据进行匹配发现，工业企业数据的企业总产出占整个制造业产出的 90%以上，就业人数超过整个工业部门就业人数的 71%。由此可见，中国工业企业数据库涵盖了中国工业行业中的大部分企业，为本文提供了一个统计全面、指标丰富、时间跨度长的大样本面板数据库。

最低工资标准数据从各个省份、城市的统计局官方网站收集，其他城市层面的指标数据来源于国泰安数据库，按照城市名称和年份与中国工业企业数据库进行匹配。至此，本文构建了一个满足问题研究所需的包含企业微观数据、企业所在城市最低工资及经济发展数据等信息的综合数据库。

以往研究发现，中国工业企业数据库可能存在样本匹配混乱、相关统计指标缺失、指标数值大小异常、测度误差明显等问题。因此，本文对工业企业数据库数据进行了以下基本处理：①参照勃兰特等（2012）和聂辉华等（2012）的方法对数据库中同一家企业进行识别；②剔除样本中重复记录及成立时间不合理的企业；③剔除明显不符合会计记账规则的企业，包括资产合计小于流动资产合计企业、资产合计小于固定资产净值企业及累计折旧小于本年折旧企业等（Cai 和 Liu，2009）；④为避免数据极端值对估计结果的影响，本文对固定资产净值年平均余额和工业总产值进行双侧 1%的缩尾处理。

[①] 规模以上工业企业在 2011 年之前指年主营业务收入在 500 万元及以上的法人工业企业，2011 年开始指年主营业务收入在 2000 万元及以上的法人工业企业。

（二）计量模型构建

为从微观企业层面研究最低工资上升对外资企业撤离中国的影响，在考虑模型可能存在的遗漏变量和企业异质性问题之后，结合样本数据中实际信息的可得性，本文建立如下模型：

$$EFDI_{icjt} = \alpha_0 + \alpha_1 \ln mw_{ct} + \boldsymbol{\beta X}_{icjt} + \boldsymbol{\rho Z}_{ct} + \gamma_c + \delta_j + \theta_t + \tau_{jt} + \varepsilon_{icjt} \qquad （1）$$

其中，下标 i、c、j、t 分别代表企业、城市、行业和时间。被解释变量 $EFDI_{icjt}$ 表示 t 年 c 城市 j 行业中外资企业 i 的退出状态，若 t 期该外资企业退出市场则取 1，否则取 0；核心解释变量 $\ln mw_{ct}$ 表示城市 c 的最低工资标准，是对城市劳动力成本水平的基本反映。$\boldsymbol{X}_{icjt}$、$\boldsymbol{Z}_{ct}$ 分别表示企业和城市层面的控制变量，γ_c、δ_j、θ_t 分别代表城市、行业、年份层面的固定效应，τ_{jt} 表示行业－年份层面的固定效应，ε_{icjt} 为误差项。

（三）变量说明

1. 最低工资

该指标是企业所在地级市的最低工资标准，其确定和调整由省级政府实施，目的是保障地区内部低收入人群的基本生活水平。最低工资随时间变化存在较大的差异。例如，1998 年大部分城市的平均最低工资在 300 元以下，而 2013 年大多数城市的最低工资均值在 1000 元以上。从不同地区来看，1998 年最低工资最高的城市为广东省深圳市，每月 430 元，最低的城市为云南省和四川省的一些城市，每月 140 元；而 2013 年最低工资最高的城市是上海市，每月 1620 元，最低的城市是辽宁省朝阳市，每月 780 元。由此可见，地区之间的最低工资存在较大差距，并且这一差距也在随时间不断扩大。

2. 外资企业退出的识别

（1）外资企业类型的界定。参考路江涌（2008）、聂辉华等（2012）的方法，依据实收资本金额中外商及港澳台资本金占比不低于 25% 的原则来界定外资企业。其中，将港澳台资本金占比不低于 25% 的企业认定为港澳台资企业，外商资本金占比不低于 25% 的企业认定为非港澳台外资企业。此外，外资企业类型的定义也可根据中国工业企业数据库提供的详细的企业登记注册类型来确定。为保证结果的稳健性，本文也采用后一种方法界定外资企业识别最低工资上升对外资企业撤离的影响。

（2）企业退出指标的构建。借鉴邓恩等（Dunne 等，1988）、勃兰特等（2012、2014）、毛其淋和盛斌（2013）、马光荣和李力行（2014）等学者的做法，本文的企业退出指标根据企业是否进入退出数据库、是否在调查范围内来识别：若企业

在第 t 年存在，而第 $t+1$ 年不在工业企业数据库内，则认为企业在第 t 年退出市场。由于中国工业企业数据库存在一定的统计门槛，一些企业会因为销售收入的变化而多次进入或退出数据库，为尽可能降低这种变动带来的测量误差，本文仅将在调查区间内退出后不再进入的企业定义为退出企业。尽管本文定义的企业退出指标与现实社会中企业退出市场存在一定的差距，但在一定程度上该指标可以反映最低工资上升对外资企业经营的影响。[1]

（3）外资企业退出（*fdie*）的定义。外资企业撤离意味着外资企业结束在中国的经营，转移到中国以外的其他地区。基于企业退出指标的定义，本文主要采用外商投资企业退出工业企业数据库来近似界定外资企业的撤离，外资撤离的时间为企业以外资企业身份存在于工业企业数据库的最后一年。除此之外，诸如向内资企业出售股份或被内资企业并购等外资企业内资化现象也可能导致企业外资身份的改变，对这种以出售方式逐渐退出中国市场的外资企业，本文也进行了稳健性检验。[2]

基于中国工业企业数据库对外资退出变量进行的统计分析表明，1998—2012年[3]的样本期间内，整体企业的年平均退出率达到 12.69%，非港澳台外资企业的平均退出率为 8.16%，而港澳台资企业的平均退出率为 9.25%。

3. 控制变量的选取

综合已有的相关文献研究，本文选取的企业层面控制变量主要包括：①企业平均工资水平（ln *avewage*），用企业应付职工工资总额除以就业人员总数表示。该指标主要反映企业人力资本水平的高低。一个企业的高技能工人相比低技能工人越多，企业的平均工资水平就越高。因此，我们预期平均工资水平越高的外资企业，人力资本水平越高，其退出中国市场的概率越低。[4]②企业资本密集度（ln *kl*），以企业的固定资产净值与年末企业就业总人数之比表示。安特拉斯（Antràs，2003）认为，在实物投资上最终产品生产商较容易同中间品供应商实现合作，但是在员工雇佣上较难做到这一点，因此最终产品生产商通过资产获得的剩余权益

---

① 将企业退出工业企业数据库作为企业退出指标可能会高估了现实社会中的企业退出水平，毕竟只有符合一定经营规模的企业才会被持续调查。

② 外资内资化指标根据企业以外资企业身份存在于中国工业企业数据库的最后一年来识别，若企业在第 t 年为外资企业，而第 $t+1$ 年为内资企业，则认为企业在第 t 年被内资化了。

③ 由于 2013 年是工业企业数据库样本期的最后一年，无法计算这一年的企业退出率，因此本文企业退出指标的样本期间是 1998—2012 年。

④ 平均工资与最低工资对外资退出中国的影响不同。最低工资主要反映低技能、低学历工人工资的冲击（邸俊鹏和韩清，2015；叶林祥等，2015；Aaronson 和 Phelan，2019），而研究表明低技能工人工资越高，跨国公司对东道国的投资越少（Braconier 等，2005；Rasciute 和 Downward，2017）。因此，预期最低工资标准越高，外资企业退出中国的可能性越大。

和中间产品的资本密集度呈一定程度的正向相关关系，资本密集度越高的外资企业撤离的可能性越低。③就业规模（$\ln emp$），即企业年末的从业人数。该指标用来反映企业的规模大小。规模越大的企业，规模效应越突出，市场竞争力越强，退出市场的概率越小（Agarwal，1997）。④企业年龄（$\ln age$），以数据调查年份与企业注册成立年份相减得到。通过对企业的生命周期进行分析，本文预测外资企业的退出风险会随企业年龄呈现"U"型的特点，即处于成长期、扩张期的企业，盈利空间较大，企业退出市场的风险较低；而成熟后期的企业往往受到行业竞争压力等的影响，盈利空间大大缩减，从而退出的风险会上升，因此模型中同时加入了企业年龄的一次项和平方项。⑤企业利润债务比（$\ln profit\_debt$），以企业营业利润与利息支出的比值衡量，反映在债务规模一定的情况下，企业持续获取长期优质资本的能力。该指标越高的企业能够更好地保障外资资本所有者的收益，其退出市场的可能性越小。⑥企业流动资产周转率（$\ln flow$），用企业的主营业务收入与流动资产的比值来表示，反映企业的变现能力和获利能力。⑦企业是否出口（$export$）。该指标是二值变量，如果企业出口交货值大于0，该指标为1，否则为0。

城市层面的控制变量主要包括：①城市人均GDP（$\ln gdpper$），用于反映该地区的市场潜力。②城市人口数（$\ln pop$），用于反映地区的市场规模。邓宁（1988）的国际生产折中理论表明，外商直接投资的区位决定因素包括市场规模、市场潜力等，这是本文以上城市层面控制变量选择的理论依据。③城市平均出口规模（$\ln exp$），以地区平均出口贸易金额来表示，用于体现城市的对外开放程度。一个地区对外贸易的限制越少，其对外资的吸引力会相应增大。④城市年外资企业进入比例（$entry\_fdi$），利用一个地区每年的外资企业进入数量占外资企业总量的比重构建。城市外资企业进入比例越高，表明城市在吸引外资上具有区位优势，但同时外资相互之间的竞争也越激烈。表3.1报告了本文主要变量的描述性统计结果。

表 3.1 描述性统计结果

变量	中文名称	样本量	均值	标准差
$\ln mw$	城市最低工资（元）	311931	6.3070	0.3626
$EFDI$（$fdie$）	外资企业退出	311931	0.0617	0.2407
$EFDI$（$fies$）	非港澳台外资企业退出	117951	0.0497	0.2174
$EFDI$（$hmtie$）	中国港澳台资企业退出	137844	0.0615	0.2402
$\ln gdpper$	城市人均GDP（元）	311931	8.1389	0.9020
$\ln pop$	城市人口数（人）	311931	15.2880	0.5566

续表

变量	中文名称	样本量	均值	标准差
ln exp	城市平均出口规模（元）	311931	16.6492	1.0184
entry_fdi	城市年外企业资进入比例	311931	0.2402	0.1932
ln avewage	企业平均工资水平（元）	311931	9.6324	0.6630
ln kl	企业资本密集度	311931	10.5838	1.4449
ln emp	企业从业人数（人）	311931	5.0142	1.1590
ln age	企业年龄（年）	311931	1.8852	0.6733
ln profit_debt	企业利润债务比	311931	3.6907	3.0813
ln flow	企业流动资产周转率	311931	0.9924	0.9522
export	企业是否出口	311931	0.5487	0.4976

四、计量结果分析

（一）基准结果

本部分主要分析最低工资上升对外资企业退出的基准影响。由于被解释变量为二元选择变量，本文主要采用线性概率模型方法对方程（1）进行估计，结果参见表 3.2。其中，列（1）为全部样本的估计结果，在控制其他影响企业退出的因素之后[①]，最低工资每上升 1%，外资企业退出的概率将平均上升 0.0743%。为保证结论的稳健性，本文还采用 Probit 模型进行估计，结果见表 3.2 列（4）。列（5）针对列（4）的估计结果提供了各个解释变量的平均边际效应值。此时，最低工资每上升 1%，外资企业退出的概率将平均上升 0.0702%，结论与线性概率模型方法相差不大。可见，最低工资上升显著提高了外资企业撤离中国的概率。本文接下来主要对线性概率模型的估计结果进行汇报。

将外资企业根据来源地区分为非港澳台外资企业和中国港澳台资企业后，表 3.2 列（2）、（3）的估计结果显示，最低工资上升导致的外资撤离效应对中国港澳台资企业的影响更大。相对于看重中国巨大市场潜力的发达国家跨国企业而言，港澳台资企业来华的目的在于利用内地更为廉价的劳动力资源，采用标准化的技术和工业设计流程生产劳动密集型产品或嵌入到简单的加工生产环节，其主要分布在出口导向的劳动密集型加工行业中（Liu 等，2010；毛日昇和魏浩，2007）。

---

① 为节省篇幅，本文对逐步加入控制变量的回归结果未予汇报，感兴趣的读者可向作者索取。

因此，最低工资上升很可能对该类外资企业产生更大冲击。

本文还报告了其他企业与城市层面变量对外资退出的影响。具体来说，资本密集度越高、规模越大、资产变现能力越强、越倾向于出口的企业，其退出的可能性越低；企业经营时间与企业退出之间存在 U 型的非线性关系，意味着处于成长期的外资企业退出的可能性更小。外资企业所在城市的人均 GDP 会显著增加其退出的概率，尤其是中国港澳台资企业，这从侧面反映了外资企业对中国投资的区位选择因素中劳动力成本的重要性；外资进入率越高的地区，外资企业退出的概率也将随之变大，这也体现了进入中国内地的外资企业之间存在较为激烈的竞争。

表 3.2　基准回归结果

变量	（1）	（2）	（3）	（4）	（5）
	线性概率模型			Probit 模型	
	外资企业	非港澳台企业	港澳台企业	外资企业	边际效应
ln *mw*	0.0743***	0.0538***	0.0939***	0.6239***	0.0702***
	（0.0154）	（0.0158）	（0.0187）	（0.1177）	（0.0132）
ln *avewage*	-0.0158***	-0.0129***	-0.0150***	-0.1458***	-0.0164***
	（0.0017）	（0.0017）	（0.0024）	（0.0131）	（0.0015）
ln *kl*	-0.0088***	-0.0075***	-0.0084***	-0.0789***	-0.0089***
	（0.0011）	（0.0008）	（0.0009）	（0.0082）	（0.0009）
ln *emp*	-0.0275***	-0.0217***	-0.0298***	-0.2637***	-0.0297***
	（0.0023）	（0.0009）	（0.0018）	（0.0149）	（0.0016）
export	-0.0121***	-0.0124***	-0.0125***	-0.1099***	-0.0124***
	（0.0015）	（0.0017）	（0.0024）	（0.0129）	（0.0015）
ln *profit_debt*	-0.0003	-0.0003	-0.0007**	-0.0021	-0.0002
	（0.0003）	（0.0002）	（0.0003）	（0.0021）	（0.0002）
ln *flow*	-0.0053***	-0.0065***	-0.0061***	-0.0454***	-0.0051***
	（0.0013）	（0.0010）	（0.0023）	（0.0104）	（0.0012）
ln *age*	-0.0098***	-0.0087**	-0.0107**	-0.0733***	-0.0082***
	（0.0033）	（0.0042）	（0.0049）	（0.0257）	（0.0029）
ln *age2*	0.0039***	0.0032***	0.0044***	0.0275***	0.0031***
	（0.0010）	（0.0012）	（0.0015）	（0.0082）	（0.0009）
ln *gdpper*	0.0171*	0.0084	0.0188**	0.1264*	0.0142*
	（0.0088）	（0.0073）	（0.0084）	（0.0667）	（0.0075）

续表

变量	（1）	（2）	（3）	（4）	（5）
	线性概率模型			Probit 模型	
	外资企业	非港澳台企业	港澳台企业	外资企业	边际效应
ln exp	-0.0098**	-0.0052	-0.0138**	-0.0673**	-0.0076**
	（0.0039）	（0.0040）	（0.0056）	（0.0300）	（0.0034）
ln pop	0.0174*	0.0053	0.0226	0.1319*	0.0148*
	（0.0102）	（0.0060）	（0.0145）	（0.0764）	（0.0086）
$entry\_fdi$	0.0724**	0.0787***	0.0163	0.5843***	0.0657***
	（0.0313）	（0.0191）	（0.0189）	（0.2043）	（0.0229）
地区/行业/年份	控制	控制	控制	控制	控制
行业-年份	控制	控制	控制	控制	控制
观测值	311931	116282	136075	311406	311406
R^2	0.0427	0.0332	0.0383	0.0871	0.1704

注：以上报告了城市层面聚类的稳健标准误，***、**、*分别表示 1%、5%及 10%的显著性水平；为了节省篇幅，未报告地区、行业、年份、行业-年份的固定效应。下表同，不再一一标注。

（二）稳健性检验

模型（1）的基准回归结果表明，最低工资上升显著提高了外资企业撤离中国内地的概率。为保证这一因果关系识别的稳健性，表 3.3 报告了本文在 6 个方面做出的进一步检验。第一，外资企业界定标准。我们按照企业的登记注册类型来判断其是否为外资企业，表 3.3 列（1）显示，在更换了外资企业界定标准之后，估计结果与基准模型并无显著差异。第二，外资退出范围的变化。外资企业退出除了表现为退出东道国市场，还表现为通过股权出售方式的内资化退出模式。表3.3 列（2）的估计结果表明，最低工资标准提高对外资企业以内资化方式退出的影响并不明显。第三，样本区间设定的影响。基准模型的估计期间包括 2008 年爆发的全球金融危机，为避免这种宏观经济波动给企业经营行为带来的巨大外部冲击，本文进一步对 1998—2007 年进行估计，最低工资标准提高对外资撤离的正向影响依然显著。第四，统计门槛变化的影响。2011 年中国工业企业数据库对企业规模进行了重新界定，将规模以上企业的界定标准从原有的主营业务收入 500 万元以上调整到了 2000 万元以上，为避免这一变化带来的非国有企业退出概率的上升，降低数据测量误差，参照津盖尔斯（Zingales，1998）、马光荣和李力行（2014）的做法，我们只对 2000 万元以上的外资企业进行回归。估计结果显示，最低工资的影响依然显著，但程度有所下降。第五，样本选择偏误的考虑。本文的研究对象仅设定为中国工业企业数据库中的外资企业，虽然是否为外资企业相对外生，存在样本选择偏误的可能性较小，但我们仍然将这一可能性纳入考虑，并采用赫克曼（Heckman）两阶段方法进行估计。列（5）的估计结果显示，考虑样本选择偏误后，本文的核心结论依然是稳健的。第六，遗漏变量的影响。为了降低遗漏企业层面变量带来的估计偏差，参考现有文献，我们进一步将企业全要素生产率[①]（ln $tfplp$）、工业销售总产值（ln $sale$）、市场竞争强度（hhi）等指标引入基准模型当中，列（6）的结果显示核心解释变量的估计系数依然为正。

表 3.3 稳健性检验

变量	(1) 登记注册 类型	(2) 外资内 资化	(3) 1998—2007 年	(4) 主营业务收 入≥2000万	(5) 考虑样本 选择偏误	(6) 遗漏变量
ln mw	0.0816***	0.0066	0.0844***	0.0402***	0.0453**	0.0778***
	(0.0141)	(0.0350)	(0.0162)	(0.0112)	(0.0184)	(0.0151)
ln $avewage$	−0.0165***	−0.0348***	−0.0176***	−0.0039**	−0.0074*	−0.0116***
	(0.0016)	(0.0034)	(0.0019)	(0.0016)	(0.0038)	(0.0017)
ln kl	−0.0072***	−0.0131***	−0.0091***	−0.0048***	−0.0056***	−0.0060***
	(0.0007)	(0.0014)	(0.0007)	(0.0008)	(0.0020)	(0.0008)
ln emp	−0.0263***	−0.0304***	−0.0288***	−0.0091***	−0.0239***	−0.0167***
	(0.0013)	(0.0022)	(0.0013)	(0.0010)	(0.0029)	(0.0016)
$export$	−0.0132***	−0.0504***	−0.0161***	−0.0088***	0.0133	−0.0132***
	(0.0016)	(0.0048)	(0.0021)	(0.0014)	(0.0091)	(0.0020)
ln $profit\_debt$	−0.0004	−0.0024***	−0.0006**	−0.0003*	0.0014**	−0.0005*
	(0.0002)	(0.0004)	(0.0002)	(0.0002)	(0.0006)	(0.0002)
ln $flow$	−0.0063***	0.0061***	−0.0060***	0.0029***	−0.0110***	−0.0031*
	(0.0014)	(0.0019)	(0.0016)	(0.0009)	(0.0027)	(0.0018)
ln age	−0.0090**	−0.0542***	−0.0128***	−0.0213***	0.0054	−0.0099***
	(0.0036)	(0.0056)	(0.0035)	(0.0042)	(0.0062)	(0.0033)
ln $age2$	0.0034***	0.0193***	0.0053***	0.0049***	−0.0017	0.0035***
	(0.0011)	(0.0017)	(0.0010)	(0.0010)	(0.0022)	(0.0009)
ln $gdpper$	0.0167*	0.0178***	0.0183**	0.0126**	0.0161	0.0181**
	(0.0092)	(0.0067)	(0.0092)	(0.0060)	(0.0087)	(0.0089)
ln exp	−0.0072*	−0.0170**	−0.0089*	−0.0065	−0.0086**	−0.0083*
	(0.0037)	(0.0077)	(0.0047)	(0.0042)	(0.0040)	(0.0044)

---

① 采用 LP 方法（Levinsohn 和 Petrin，2003）计算全要素生产率。

续表

变量	（1）登记注册类型	（2）外资内资化	（3）1998—2007年	（4）主营业务收入≥2000万	（5）考虑样本选择偏误	（6）遗漏变量
ln pop	0.0150	0.0223	0.0186	0.0144*	0.0062	0.0187*
	（0.0106）	（0.0148）	（0.0115）	（0.0077）	（0.0075）	（0.0107）
$entry\_fdi$	0.0513***	0.0820**	0.0291*	0.0253*	0.0733**	0.0289*
	（0.0186）	（0.0400）	（0.0169）	（0.0149）	（0.0310）	（0.0172）
$invmills$					0.0467***	
					（0.0162）	
ln $tfplp$						−0.0015
						（0.0013）
ln $sale$						−0.0076***
						（0.0022）
hhi						−0.0085
						（0.0052）
地区/行业/年份	控制	控制	控制	控制	控制	控制
行业−年份	控制	控制	控制	控制	控制	控制
观测值	277434	311931	222193	196281	311931	203775
R^2	0.0330	0.0888	0.0367	0.0226	0.0429	0.0304

（三）内生性问题——双重差分法

最低工资标准虽然由省级政府层面制定，但其受到地区经济发展水平的影响，最终是工会与企业等多方博弈的结果。为更为严谨地探讨最低工资的上升是否会增加外资企业撤出中国的风险，减少模型存在的内生性对估计结果造成的影响，借鉴研究最低工资标准的主流文献，本文采用两种构造"准自然实验"的方法来解决内生性问题。[①]第一，参照梅尼利斯等（Mayneris 等，2018）、蒋灵多和陆毅（2017）的做法，将 2004 年《最低工资规定》的出台作为一次政策冲击，以企业平均工资是否低于最低工资构造实验组和对照组。[②]尽管 1993 年中国就实施了最

[①] 基于"准自然实验"的 DID 方法是较为流行的内生性处理方法，尽管这并不能从根本上解决模型存在的内生性问题。

[②] 最低工资标准并没有高于所有企业的平均工资，存在部分企业的平均工资低于最低工资的现象。关于这一点，有学者认为企业除了给职工发放工资等货币性福利外，可能还会提供一些非货币福利，这些并不能通过平均工资表现出来（Gan 等，2016）。此外，现实中绝大多数劳动者的实际收入都要高于当地的最低工资标准，也正因如此，表面上看最低工资标准的调整对劳动力成本没有直接的影响，但实际上职工的工资及福利待遇水平的确定都以最低工资标准为基准。

低工资制度，但 2004 年 3 月 1 日起施行的《最低工资规定》加入了更多更为严格的管制条件。随着 2004 年最低工资政策的改革，地方政府需要每两年至少调整一次最低工资标准，这使得最低工资的调整越来越频繁。截止到 2004 年末，最低工资制度已经在全国范围内推广，中国 31 个省、自治区、直辖市均推出了月最低工资标准。最低工资标准一般高于劳动力市场出清的工资水平，因此，最低工资上升对平均工资低于最低工资标准的企业影响较大。左卡等（Draca 等，2011）、马双等（2012）的研究表明，工资水平越接近最低工资标准的企业，其对最低工资标准调整的反应越敏感。当最低工资标准提高、政府监管更加严格时，低工资企业的劳动力成本上升幅度会更高，对利润空间的压缩会比较明显。[①]第二，借鉴马双等（2012）的做法构造双重差分模型（Difference-in-Difference，DID）。具体做法为，选择福建省和广东省作为研究对象，检验 2007 年福建省最低工资标准的上调是否会提高外资企业的退出比例。这样设计的原因在于，相比 2006 年，福建省在 2007 年对最低工资标准进行了大范围调整，而其相邻地区广东省（除深圳地区以外）却没有做出调整，这为双重差分模型的构建提供了可能。福建省和广东省不仅地理位置相邻，而且从吸引外资的城市指标来看，两省的经济发展水平、市场规模、贸易开放程度等十分相似。[②]因此，我们把对最低工资进行调整的福建省作为实验组，把最低工资未做出调整的广东省作为对照组，构造双重差分模型。

　　表 3.4 和表 3.5 报告了以上两种双重差分模型的估计结果。其中，treat 是二值虚拟变量，表明企业是属于实验组还是对照组，post 是衡量政策冲击的变量。表 3.4 中，如果外资企业在 2004 年《最低工资规定》实施以前平均工资水平低于最低工资标准，则 treat 值取 1；其余的外资企业，treat 值取 0。2004 年之后，post 值取为 1；2004 年之前，post 值取为 0；政策实施年份即 2004 年当年则取 5/6[③]。表 3.5 中，对于福建省外资企业，treat 值取 1；对于广东省外资企业，treat 值取 0；属于 2007 年取 1，属于 2006 年取 0。以上估计结果中交叉项 treat×post 的系数均显著为正，表明相比对照组，最低工资标准向上调整或实施力度加大以后，实验组外资企业的退出风险明显上升。因此，考虑到可能存在的内生性后，最低工资上升依然显著提高了外资企业退出的可能性，本文的核心结论是稳健的。

---

① 根据本文的样本统计数据，大部分时间内地区最低工资水平的增速高于企业平均工资增速，尤其是在 2004 年《最低工资规定》政策颁布以后，月最低工资水平更是以年平均 14% 的速度增长。

② 这里我们没有列示广东省和福建省的变量特征，留存备索。

③ 2004 年当年则取 5/6 的原因在于，《最低工资规定》2004 年 3 月 1 日起施行。

表 3.4　2004 年双重差分的回归结果

变量	（1） 外资企业	（2） 非港澳台企业	（3） 港澳台企业
treat×post	0.0828***	0.0715***	0.0855***
	(0.0048)	(0.0066)	(0.0061)
treat	-0.0884***	-0.0731***	-0.0893***
	(0.0040)	(0.0038)	(0.0051)
post	0.0637	0.0169	-0.1127
	(0.0803)	(0.0828)	(0.0751)
ln avewage	-0.0188***	-0.0155***	-0.0185***
	(0.0018)	(0.0018)	(0.0024)
ln kl	-0.0087***	-0.0074***	-0.0083***
	(0.0011)	(0.0008)	(0.0009)
ln emp	-0.0273***	-0.0216***	-0.0297***
	(0.0023)	(0.0009)	(0.0018)
export	-0.0118***	-0.0122***	-0.0124***
	(0.0016)	(0.0018)	(0.0024)
ln profit_debt	-0.0002	-0.0002	-0.0007**
	(0.0003)	(0.0003)	(0.0003)
ln flow	-0.0052***	-0.0063***	-0.0059**
	(0.0013)	(0.0011)	(0.0023)
ln age	-0.0094***	-0.0085**	-0.0102**
	(0.0033)	(0.0041)	(0.0049)
ln age2	0.0038***	0.0031***	0.0043***
	(0.0010)	(0.0011)	(0.0015)
ln gdpper	0.0142*	0.0066	0.0149**
	(0.0085)	(0.0077)	(0.0074)
ln exp	-0.0076*	-0.0028	-0.0104*
	(0.0043)	(0.0044)	(0.0059)
ln pop	0.0119	0.0018	0.0151
	(0.0075)	(0.0081)	(0.0100)

续表

变量	（1） 外资企业	（2） 非港澳台企业	（3） 港澳台企业
entry_fdi	0.0695**	0.0791***	0.0208
	（0.0318）	（0.0196）	（0.0203）
地区/行业/年份	控制	控制	控制
行业–年份	控制	控制	控制
观测值	311931	116282	136075
R^2	0.0441	0.0344	0.0398

表 3.5 广东省与福建省双重差分的回归结果

变量	（1） 外资企业	（2） 非港澳台企业	（3） 港澳台企业
treat×post[①]	0.0206***	0.0305***	0.0173**
	（0.0066）	（0.0085）	（0.0070）
ln *avewage*	-0.0129***	-0.0084***	-0.0148***
	（0.0030）	（0.0021）	（0.0035）
ln *kl*	-0.0104***	-0.0090***	-0.0109***
	（0.0009）	（0.0008）	（0.0012）
ln *emp*	-0.0336***	-0.0254***	-0.0366***
	（0.0022）	（0.0019）	（0.0026）
export	-0.0155***	-0.0149***	-0.0150***
	（0.0039）	（0.0043）	（0.0048）
ln *profit_debt*	-0.0017***	-0.0013**	-0.0018***
	（0.0004）	（0.0005）	（0.0005）
ln *flow*	-0.0056*	-0.0071**	-0.0052
	（0.0032）	（0.0027）	（0.0037）
ln *age*	-0.0138*	-0.0172*	-0.0127*
	（0.0072）	（0.0090）	（0.0069）
ln *age2*	0.0055**	0.0049*	0.0057**
	（0.0022）	（0.0028）	（0.0021）

① 由于 *treat* 与 *post* 的信息已包含在地区和年份固定效应中，因此表中并没有列示。

变量	（1） 外资企业	（2） 非港澳台企业	（3） 港澳台企业
ln *gdpper*	0.0183***	0.0103**	0.0197***
	（0.0061）	（0.0044）	（0.0060）
ln *exp*	−0.0156	−0.0070	−0.0185
	（0.0141）	（0.0159）	（0.0133）
ln *pop*	0.0220*	0.0109	0.0255*
	（0.0120）	（0.0096）	（0.0138）
entry_fdi	0.0081	0.0857*	−0.0192
	（0.0294）	（0.0440）	（0.0288）
地区/行业/年份	控制	控制	控制
行业−年份	控制	控制	控制
观测值	95950	26145	68904
R^2	0.0420	0.0445	0.0451

（四）最低工资影响外资企业撤离中国的内在机制

以上分析结论表明,最低工资上升增加了外资企业退出中国大陆市场的风险。这中间的影响机制是什么呢？表 3.6 和表 3.7 把企业经营的利润（ln *profit*）、产出（ln *output*）、固定资产投资（ln *investment*）及就业（ln *emp*）作为中介变量,分析了最低工资上升影响外资退出的可能传导途径。表 3.6 的估计结果显示,最低工资上升将会显著降低外资企业的利润、产出、固定资产投资及就业水平。表 3.7 的估计结果则显示利润、产出、固定资产投资及就业水平在最低工资上升和外资企业撤离之间的显著的中介效应。与表 3.7 列（1）中最低工资影响外资企业退出中国的系数（总效应）相比,列（2）至列（5）中最低工资影响外资企业撤离的系数（直接效应）显著变小,而利润、产出、投资和就业规模对企业退出的影响均显著为负。这表明,最低工资上升会通过降低企业利润,缩减产出、投资和就业规模,导致外资企业关闭工厂、退出中国市场。根据厂商理论,如果企业的长期经营利润为负,企业将减少对劳动和资本要素的投入,进一步缩减产出规模,最终选择退出市场。因此,当最低工资标准提高时,由于其对外资企业盈利空间的侵蚀,企业退出市场的概率会上升。

表 3.6 最低工资对企业利润、产出、投资和就业规模的影响

变量	（1） 利润	（2） 产出	（3） 投资	（4） 就业
ln mw	−0.1664***	−0.1001***	−0.0364*	−0.0401***
	（0.0599）	（0.0197）	（0.0208）	（0.0140）
ln $avewage$	0.0826***	0.0535***	−0.0526***	−0.1538***
	（0.0119）	（0.0039）	（0.0044）	（0.0037）
ln kl	−0.0146*	−0.0257***	0.3099***	−0.1823***
	（0.0078）	（0.0028）	（0.0055）	（0.0028）
$export$	0.2734***	0.2273***	0.0405***	0.0557***
	（0.0101）	（0.0048）	（0.0032）	（0.0023）
ln $flow$	0.0211	0.0326***	0.0071	0.0215***
	（0.0171）	（0.0058）	（0.0064）	（0.0044）
ln age	−0.7494***	−0.5410***	−0.3865***	−0.0727***
	（0.0549）	（0.0190）	（0.0223）	（0.0127）
ln $age2$	0.1596***	0.1114***	0.0799***	0.0018
	（0.0145）	（0.0050）	（0.0057）	（0.0034）
ln $gdpper$	−0.0428	−0.0179**	0.0720***	−0.0199***
	（0.0339）	（0.0080）	（0.0090）	（0.0074）
ln exp	0.0365*	−0.0032	0.0035	0.0158***
	（0.0218）	（0.0070）	（0.0071）	（0.0049）
ln pop	−0.0402	−0.0933***	0.0558***	−0.0470***
	（0.0468）	（0.0122）	（0.0147）	（0.0094）
$entry\_fdi$	0.0223	0.0070	−0.0118	0.0296**
	（0.0593）	（0.0190）	（0.0203）	（0.0136）
企业/行业/地区/年份	控制	控制	控制	控制
行业–年份	控制	控制	控制	控制
观测值	219205	327772	326228	327772
R^2	0.4084	0.4690	0.4728	0.4566

表 3.7 最低工资影响外资企业退出的中间传导机制

变量	（1）	（2）	（3）	（4）	（5）
			外资退出		
ln mw	0.0657***	0.0315***	0.0217**	0.0253**	0.0236**
	（0.0153）	（0.0106）	（0.0108）	（0.0117）	（0.0116）
ln $profit$		−0.0068***			

变量	（1）	（2）	（3）	（4）	（5）
			外资退出		
		（0.0007）			
ln *output*			-0.0479***		
			（0.0025）		
ln *investment*				-0.0094***	
				（0.0025）	
ln *emp*					-0.0461***
					（0.0030）
ln *avewage*	-0.0212***	-0.0173***	-0.0214***	-0.0252***	-0.0269***
	（0.0022）	（0.0020）	（0.0021）	（0.0024）	（0.0023）
ln *kl*	-0.0086***	-0.0052***	-0.0056***	-0.0055***	-0.0076***
	（0.0011）	（0.0008）	（0.0008）	（0.0007）	（0.0008）
export	-0.0163***	-0.0037***	-0.0120***	-0.0190***	-0.0172***
	（0.0013）	（0.0014）	（0.0011）	（0.0013）	（0.0013）
ln *flow*	-0.0312***	-0.0213***	-0.0275***	-0.0282***	-0.0276***
	（0.0024）	（0.0016）	（0.0019）	（0.0020）	（0.0020）
ln *age*	0.0029	-0.0125**	-0.0246***	-0.0053	-0.0078*
	（0.0033）	（0.0051）	（0.0047）	（0.0047）	（0.0045）
ln *age2*	-0.0007	0.0025**	0.0050***	0.0014	0.0015
	（0.0010）	（0.0012）	（0.0011）	（0.0011）	（0.0011）
ln *gdpper*	0.0142*	0.0172*	0.0093*	0.0113**	0.0100*
	（0.0077）	（0.0095）	（0.0052）	（0.0057）	（0.0051）
ln *exp*	-0.0105**	-0.0100**	-0.0099**	-0.0101**	-0.0094**
	（0.0041）	（0.0041）	（0.0042）	（0.0044）	（0.0043）
ln *pop*	0.0131	0.0168	0.0089	0.0149**	0.0115**
	（0.0086）	（0.0102）	（0.0064）	（0.0071）	（0.0057）
entry_fdi	0.0955***	-0.0188	-0.0205	-0.0191	-0.0170
	（0.0332）	（0.0169）	（0.0150）	（0.0156）	（0.0150）
行业/地区/年份	控制	控制	控制	控制	控制
行业-年份	控制	控制	控制	控制	控制
观测值	446592	219205	327772	326228	327772
R²	0.0328	0.0254	0.0439	0.0316	0.0381

注：列（1）是没有引入中介变量时的基准估计。

五、最低工资上升影响外资企业退出的异质性分析

近年来，撤离中国的跨国公司呈现出地区集中、行业集中等特征，我们接下来将利用中国工业企业数据库丰富的微观企业样本，研究最低工资上升影响外资退出的异质性特征。

（一）生产率差异

同一行业内不同企业的生产率水平存在较大差异，沉没成本和固定成本的存在导致只有生产率水平较高的企业才会有较大的生存可能性与更长的存活时间。因此，相比高生产率的外资企业，东道国提高最低工资标准对低生产率外资企业的冲击更大，这会使得原本利润空间薄弱、经营风险较高的低效率企业缩减市场规模，甚至直接关闭工厂，转移到别的地区进行生产。为了验证这一点，本文采取 LP 方法（Levinsohn 和 Petrin，2003）估计了企业的全要素生产率[①]，并依据企业生产率的均值将外资企业区分为高生产率企业和低生产率企业两个子样本，分别估计最低工资上升对外资企业退出的影响。表 3.8 的估计结果表明，最低工资上升更有可能导致低生产率外资企业退出中国，最低工资标准的调整能够在一定程度上淘汰部分低效率外资企业，优化资源配置，提高中国利用外资的质量。

表 3.8　不同生产率的估计结果

变量	（1） 生产率>均值	（2） 生产率<均值
ln *mw*	0.1252***	0.0679***
	（0.0249）	（0.0144）
企业/地区控制变量	控制	控制
地区/行业/年份	控制	控制
行业-年份	控制	控制
观测值	70230	151936
R²	0.0416	0.0401

[①] 本文还利用 OP 方法（Olley 和 Pakes，1996）估算了全要素生产率，OP 法的检验结果与 LP 法相似，不再赘述，有需要的可向作者索取。由于 2007 年以后我们无法获取企业增加值等变量信息，因此此处分析的样本为 2007 年及以前。

（二）资本劳动密集度差异

部分学者的调查研究发现，撤离中国的外资企业主要以劳动密集型制造业为主，集中分布在服装、制鞋、玩具等行业，且大部分转移到了东南亚等低劳动力成本的国家或地区（桑百川和王拾，2007）。随着中国劳动力成本的上升，尤其是最低工资政策的实施与频繁调整，中国吸引外资的低劳动成本比较优势逐渐消失，这可能是引起部分外资撤离中国的一个重要原因。基于以上事实，本文参考现有文献（马双等，2012；蒋灵多和陆毅，2017），将样本分为劳动密集型行业和非劳动密集型行业两个子样本，分别对其进行估计，结果见表3.9。不管是劳动密集型还是非劳动密集型的外资企业，其生存均会受到最低工资标准的影响，但是劳动密集型的外资企业相对更为敏感。

表 3.9　不同劳动密集度的估计结果

变量	（1）劳动密集型行业	（2）非劳动密集型行业
ln mw	0.0891***	0.0627***
	(0.0240)	(0.0131)
企业/地区控制变量	控制	控制
地区/行业/年份	控制	控制
行业-年份	控制	控制
观测值	121250	190681
R^2	0.0415	0.0466

（三）行业技术水平差异

根据以往文献，最低工资政策的实施主要影响低技能工人的工资水平（邸俊鹏和韩清，2015；Aaronson 和 Phelan，2019），而高新技术行业雇用了大量高技能劳动力，这部分人群较少受到最低工资调整的影响。因此，最低工资标准上调导致的外资撤离效应，在不同技术水平的行业中应该存在差异。为了检验这一点，我们根据《中国高新技术产品目录》将样本分为非高新技术行业和高新技术行业，并进行分组回归。表3.10的估计结果显示，最低工资上升对外资退出的影响在非高新技术行业显著，在高新技术行业不显著，这也证实了我们之前的推测，最低工资上升时低技术行业中外资企业的退出概率相对更大。

表 3.10 不同技术水平行业的估计结果

变量	（1）非高新技术行业	（2）高新技术行业
ln *mw*	0.0773***	0.0355
	(0.0162)	(0.0282)
企业/地区控制变量	控制	控制
地区/行业/年份	控制	控制
行业-年份	控制	控制
观测值	285735	26196
R²	0.0443	0.0431

（四）是否为加工贸易外资企业

以上分析表明，最低工资上升对劳动密集型及低技术水平外资企业退出的影响较大。考虑到很多外资加工贸易企业雇用了大量低技能劳动力，对劳动力工资的变化非常敏感。因此，我们将外资企业分成两类：将那些进口中间品并出口大部分产品（超过 50%）的企业归类为外资加工贸易企业，将其他企业归类为外资非加工贸易企业，并进行分组回归。表 3.11 的估计结果发现，最低工资上升对两类外资企业退出均具有显著正向的影响，不过与预期一致，最低工资上升对外资加工贸易企业退出的影响较大。

表 3.11 是否为加工贸易企业

变量	（1）非加工贸易企业	（2）加工贸易企业
ln *mw*	0.0429**	0.0470***
	(0.0173)	(0.0175)
企业/地区控制变量	控制	控制
地区/行业/年份	控制	控制
行业-年份	控制	控制
观测值	265 037	46 868
R²	0.0445	0.0327

（五）地区差异

中国的经济发展水平存在地域上的不平衡，东部沿海地区经济发展水平较高，而中西部地区由于地理位置、制度、文化、人口等方面的因素，其经济发展水平相对落后，这不仅在一定程度上造成了最低工资的区域性差异，还会对外资企业的进入和退出产生不同影响。本文的样本数据显示，撤离的外资企业大部分位于珠三角、长三角、环渤海湾等东部地区（占撤离外资企业总数的90%）。由于东部地区的最低工资标准普遍较高，因此我们推测最低工资上升对东部地区外资企业退出的影响较大。接下来，我们将总体划分为东部、中西部两个子样本来考察最低工资上升对外资企业退出影响的地区异质性。表3.12的结果表明，对于东部地区的样本，最低工资的系数在1%的水平上显著为正。然而，在中西部地区，最低工资的影响并不显著。这表明，最低工资上升主要影响东部地区的外资企业，而在劳动成本相对较低的中西部地区，其吸引外资企业的劳动比较优势依然存在。此外，考虑到可能存在部分外资企业退出本地区而转移到中国境内的其他地区进行生产，我们只对注册经营地没有发生转移的东部地区样本进行考察。表 3.12列（3）估计结果显示，最低工资上升对这部分外资企业退出的正向效应依然显著存在。[①]

表 3.12　不同地区的估计结果

变量	（1） 东部地区	（2） 中西部地区	（3） 东部地区（注册地未变）
ln mw	0.0908***	0.0142	0.0908***
	（0.0171）	（0.0246）	（0.0171）
企业/地区控制变量	控制	控制	控制
地区/行业/年份	控制	控制	控制
行业-年份	控制	控制	控制
观测值	276028	35903	276016
R^2	0.0421	0.0652	0.0421

（六）不同政策区间特征

中国的最低工资标准经历了两次大的调整，一是 2004 年劳动和社会保障部出台了《最低工资规定》，二是 2008 年新的《劳动合同法》的颁布进一步在法律层面加强了最低工资标准实施的力度。1998 年，平均工资低于最低工资的企业比例为 18%，而到了 2007 年这一比例大幅度降低，仅为 6%左右。尤其是 2004 年最低工资标准在全国范围内推广以后，政府对最低工资的实施要求越来越严格，

[①] 尽管本文难以区分外资企业是撤往其他国家还是转移到国内其他地区，但对东部地区注册经营地未发生变更的再次检验一定程度上可以佐证本文核心结论的稳健性，排除部分外资企业进行国内转移对估计结果造成的影响。在未来的研究中，我们将进一步寻求识别外资退出的准确方法。

从 2003 年到 2005 年,平均工资低于最低工资标准的企业比例从 12%下降到了 8%（见图 3.1）[①]。

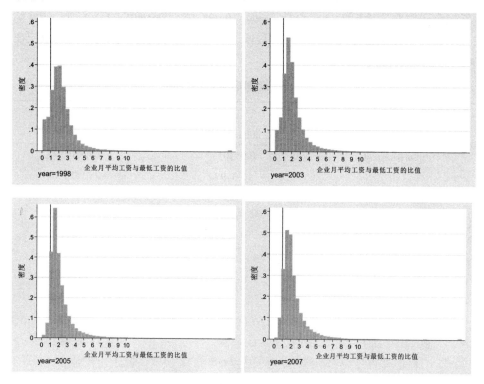

图 3.1　企业平均工资与城市最低工资比在被选择年份的分布

如图 3.1 所示,图形表示平均工资与最低工资比值的核密度估计。图中竖线代表二者的比值为 1,竖线左边为比值小于 1 的样本,竖线右边为比值大于 1 的样本。此外,我们对样本按比值大小进行了双侧 5‰的缩尾。

我们以 2004 年和 2008 年为间隔点,生成代表区间的时间虚拟变量,并将其与最低工资变量相乘,作为交叉项引入到模型（1）中,以分析不同区间最低工资标准的调整对外资企业退出概率的影响。表 3.13 中列（1）引入了最低工资标准与年份虚拟变量 *pre04*（2004 年之前为 1,2004 年及之后为 0）和 *post04*（2004 年及之后为 1,之前为 0）的交叉项,结果发现最低工资上升对外资退出概率的影响在 2004 年之后扩大了约 1 倍。随后,进一步将 2004 年以后划分为两个区间,分

[①] 有学者（Fang 和 Lin,2013）利用 2004—2009 年中国城镇住户调查数据,发现仅有 5.6%的工人的月平均工资水平在最低工资标准以下;叶林祥等（2015）利用 2009 年 6 个省份的企业-工人匹配数据,发现在控制了工人工资津贴之后,3.4%的工人的月平均工资低于最低工资标准。

别是 2004—2008 年和 2008 年之后，并生成年份虚拟变量 *bw04_08*（2004—2008 年为 1，其他为 0）及 *post08*（2008 年及之后为 1，之前为 0）。列（2）中包括了最低工资分别与 3 个时间虚拟变量 *pre04*、*bw04_08* 及 *post08* 的交叉项，估计结果显示交叉项的系数均显著为正，且最低工资上升对外资企业撤离中国的效应在 2008 年之后更大。

表 3.13 不同政策区间的估计结果

变量	（1） 2004 年为界	（2） 2008 年为界
ln *mw*×*pre04*	0.0530***	0.0295*
	（0.0199）	（0.0155）
ln *mw*×*post04*	0.0885***	
	（0.0141）	
ln *mw*×*bw04_08*		0.0711***
		（0.0104）
ln *mw*×*post08*		0.0752***
		（0.0246）
企业/地区控制变量	控制	控制
地区/行业/年份	控制	控制
行业-年份	控制	控制
观测值	311931	311931
R^2	0.0429	0.0427

六、结论与建议

改革开放以来，中国连续多年成为吸引外资最多的发展中国家，也成为继美国之后全球第二大外资流入国。然而，在跨国公司陆续来华投资的同时，外商投资企业撤离中国的现象时有发生。在此背景下，本文采用 1998—2012 年中国工业企业数据和地区最低工资数据匹配而成的综合数据库，研究了最低工资上升对外资企业退出中国的影响。研究结论显示，最低工资标准的不断调整会显著提高外资企业撤出中国的可能性，最低工资每上升 1%，外资企业退出中国的概率将随之提高 0.0743%。除此之外，本文的异质性研究还发现，最低工资上升导致外资企业退出中国的效应主要集中在低生产率、劳动密集型、非高新技术行业及主要从事出口加工贸易的外资企业中。在区分东、中西地区进行考察时发现，由最低工资上升引起的外资退出效应主要发生在东部地区，中西部地区并不明显。

本文研究回应了经常见诸媒体的"外资撤离潮"言论。随着中国经济日益强大，人口红利消失、劳动成本上升已经成为伴随中国经济发展的新常态，以往吸引外资企业来华投资的劳动力比较优势逐步消失，这必然要求中国探寻吸引外资的新渠道。虽然劳动力成本的上升会导致外资撤离中国，但是本文发现，该效应主要集中在低生产率、劳动密集型、低技术及加工贸易行业。在新一轮产业结构调整和转型的背景下，这部分低效率、低端制造的外资企业退出属于正常现象，是符合经济发展规律的。我们更应该看到中国正在吸引大量的高端制造业流入，最低工资政策有助于提高中国利用外资的质量和水平，推动产业结构的进一步优化升级。我们需要做的是尽可能地减少优质外资的撤出，降低外资撤出给中国产业、就业及经济发展带来的影响；着眼于如何提高中国外资引入质量，更好地利用外资进入带来的优势发展中国经济，实现中国经济的下一个飞跃。

与此同时，本文研究结论在以下方面提出了可供参考的建议：第一，优化利用外资的行业结构，实现部分外资企业的转型。政府基于加快产业结构的优化升级来调整最低工资标准时，应该展开实地调查，了解外资企业尤其是劳动密集型外资的需求，在资金、技术、人员培训等层面协助、引导并鼓励这部分企业尽早实现转型；最低工资标准调整之后应切实关注外资企业生产经营动态，了解该调整给其带来的实际影响。第二，积极引导外商企业到中西部地区进行投资，充分挖掘中国市场的投资潜力。中国东部地区的经济发展与需求变化十分迅速，一些外资企业因跟不上发展节奏的步伐而选择退出属于正常现象，但中国的市场远远不止东部地区，广阔的中西部地区正在成为人口和政策红利的宝地。一方面，东部地区政府在调整最低工资标准、转变自身的引资优势、加大技术密集型外资企业落户的同时，应该调查了解现有外资企业的经营状况，对于有关闭工厂、转移生产意向的外资企业积极加以引导，并鼓励其转移到中西部地区进行生产；另一方面，与中西部地区政府做好对接与协调工作，积极配合"一带一路"建设，建立中西部地区的外商投资产业园区，降低这些企业的进入成本，以充分利用中西部地区的人口和政策优势。第三，实时了解撤离外资的动向，提前做好相应的善后工作。最低工资的调整势必会淘汰掉部分低效率企业，挤出部分外资企业。因此，政府在完善最低工资制度的同时，应密切关注这一调整带来的影响，提前做好相关的产业对接工作，以便更好地解决职工的就业安置问题，尽可能地发挥最低工资制度实施带来的积极效应。

参考文献：

[1] 邱俊鹏、韩清：《最低工资标准提升的收入效应研究》，《数量经济技术经济研究》2015 年第 7 期。

[2] 冯伟、浦正宁、徐康宁：《中国吸引外资的劳动力优势是否可以持续》，《国际贸易问题》2015 年第 11 期。

[3] 蒋灵多、陆毅：《最低工资标准能否抑制新僵尸企业的形成》，《中国工业经济》2017 年第 11 期。

[4] 林灵、阎世平：《最低工资标准调整与企业外资持股行为》，《中南财经政法大学学报》2017 年第 2 期。

[5] 刘贯春、陈登科、丰超：《最低工资标准的资源错配效应及其作用机制分析》，《中国工业经济》2017 年第 7 期。

[6] 刘厚俊、王丹利：《劳动力成本上升对中国国际竞争比较优势的影响》，《世界经济研究》2011 年第 3 期。

[7] 刘振林、李任：《跨国公司撤出中国的动因分析——基于跨国公司经营的视角》，《经济经纬》2016 年第 2 期。

[8] 李玉梅、刘雪娇、杨立卓：《外商投资企业撤资：动因与影响机理——基于东部沿海 10 个城市问卷调查的实证分析》，《管理世界》2016 年第 4 期。

[9] 路江涌：《外商直接投资对内资企业效率的影响和渠道》，《经济研究》2008 年第 6 期。

[10] 马飒、黄建锋：《劳动力成本上升削弱了中国的引资优势吗——基于跨国面板数据的经验分析》，《国际贸易问题》2014 年第 10 期。

[11] 毛其淋、盛斌：《贸易自由化、企业异质性与出口动态——来自中国微观企业数据的证据》，《管理世界》2013 年第 3 期。

[12] 毛日昇、魏浩：《所有权特征、技术密集度与 FDI 技术效率外溢》，《管理世界》2007 年第 10 期。

[13] 马双、张劼、朱喜：《最低工资对中国就业和工资水平的影响》，《经济研究》2012 年第 5 期。

[14] 马双、邱光前：《最低工资对中国劳动密集型出口产品价格的影响》，《世界经济》2016 年第 11 期。

[15] 马光荣、李力行：《金融契约效率、企业退出与资源误置》，《世界经济》2014 年第 10 期。

[16] 聂辉华、江艇、杨汝岱：《中国工业企业数据库的使用现状和潜在问题》，《世界经济》2012 年第 5 期。

[17] 孙楚仁、田国强、章韬：《最低工资标准与中国企业的出口行为》，《经济研究》2013 年第 2 期。

[18] 孙楚仁、张卡、章韬：《最低工资一定会减少企业的出口吗》，《世界经济》2013 年第 8 期。

［19］ 桑百川、王拾：《外商撤资的原因与演变趋势》，《国际经济合作》2007 年第 11 期。

［20］ 叶林祥等：《中国企业对最低工资政策的遵守——基于中国六省市企业与员工匹配数据的经验研究》，《经济研究》2015 年第 6 期。

［21］ 张先锋、陈婉雪：《最低工资标准、劳动力素质与 FDI》，《工业技术经济》2017 年第 2 期。

［22］ Aaronson D. and Phelan B. "Wage Shocks and the Technological Substitution of Low-wage Jobs." *The Economic Journal*, 2019, 129(617).

［23］ Agarwal. R. N. "Foreign Portfolio Investment in Some Developing Countries: A Study of Determinants and Macroeconomic Impact." *Indian Economic Review*, 1997, 32(7).

［24］ Antràs P. "Firms, Contracts, and Trade Structure." *The Quarterly Journal of Economics*, 2003, 118(4).

［25］ Alvarez R. and Fuentes R. "Minimum Wage and Productivity: Evidence from Chilean Manufacturing Plants." *Economic Development and Cultural Change*, 2018.

［26］ Belman D. and Wolfson P. "A Time-series Analysis of Employment, Wages and the Minimum Wage." Unpublished paper, 1997.

［27］ Bosch M. and Manacorda M. "Minimum Wages and Earnings Inequality in Urban Mexico." *American Economic Journal: Applied Economics*, 2010, 2(4).

［28］ Boddewyn J. J. "Foreign Direct Divestment Theory: Is It the Reverse of FDI Theory?" *WeltwirtschaftlichesArchiv*, 1983, 119(2).

［29］ Braconier H., Norback P. and Urban D. "Multinational Enterprises and Wage Costs: Vertical FDI Revisited." *Journal of International Economics*, 2005, 67.

［30］ Brandt L., Biesebroeck J. V. and Zhang Y. F. "Creative Accounting or Creative Destruction? Firm-Level Productivity Growth in Chinese Manufacturing." *Journal of Development Economics*, 2012, 97.

［31］ Brandt L., Van Biesebroeck J. and Zhang Y. F. "Challenges of Working with the Chinese NBS Firm-level Data." *China Economic Review*, 2014, 30.

［32］ Cai H. and Liu Q. "Competition and Corporate Tax Avoidance: Evidence from Chinese Industrial Firms." *The Economic Journal*, 2009, 119.

［33］ Draca M., Machin S. and Van Reenen J. "Minimum Wages and Firm Profitability." *American Economic Journal: Applied Economics*, 2011, 3(1).

［34］ Dunne T., Roberts M. J. and Samuelson L. "Patterns of Firm Entry and Exit inU.S. Manufacturing Industries." *The RAND Journal of Economics*, 1988, 19(4).

［35］ Dunning H.J. "Toward an Eclectic Theory of International Production: Some Empirical Tests." *Journal of International Business Studies*, 1980, 11(1).

［36］ Dunning H.J. "The Eclectic Paradigm of International Production: A Restatement and Some

Possible Extensions." *Journal of International Business Studies*, 1988, 19(1).

［37］Fang T. and Lin C. "Minimum Wages and Employment in China." *IZA Journal of Labor Policy*, 2015, 4(1).

［38］Flinn C. J. "Minimum Wage Effects on Labor Market Outcomes under Search, Matching, and Endogenous Contact Rates." *Econometrica*, 2006, 74 (4).

［39］Fan H., Lin F. and Tang L. "Minimum Wage and Outward FDI from China." *Journal of Development Economics,* 2018, 135.

［40］Gan L., Hernandez M. A. and Ma S. "The Higher Costs of Doing Business in China: Minimum Wages and Firms' Export Behavior." *Journal of International Economics*, 2016, 100.

［41］Head K. and Mayer T. "Misfits in the Car Industry: Offshore Assembly Decisions at the Variety Level." *CEPR Discussion Papers*, No. 12940, 2018.

［42］Levinsohn J. and Petrin A. "Estimating Production Functions Using Inputs to Control for Unobservables." *The Review of Economic Studies*, 2003,70(2).

［43］Li X., Quan R., Stoian M. and Azar G. "Do MNEs from Developed and Emerging Economies Differ in Their Location Choice of FDI? A 36-Year Review." *International Business Review*, 2018, 27.

［44］Liu X., Lovely M. E. and Ondrich J. "The Location Decisions of Foreign Investors in China: Untangling the Effect of Wages Using a Control Function Approach." *The Review of Economic and Statistics*, 2010, 92(1).

［45］Long C. and Yang J. "How do Firms Respond to Minimum Wage Regulation in China? Evidence from Chinese Private Firms." *China Economic Review*, 2016, 38.

［46］Mayneris F., Poncet S. and Zhang T. "Improving or Disappearing: Firm-Level Adjustments to Minimum Wages in China." *Journal of Development Economics*, 2018, 135.

［47］Olley G. S. and Pakes A. "The Dynamics of Productivity in the Telecommunications Equipment Industry." *Econometrica*, 1996, 64.

［48］Rasciute S. and Downward P. "Explaining Variability in the Investment Location Choices of MNEs: An Exploration of Country, Industry and Firm Effects." *International Business Review*, 2017, 26.

［49］Zingales L. "Survival of the Fittest or the Fattest? Exit and Financing in the Trucking Industry." *The Journal of Finance*, 1998, 53(3).

第四章 新中国 70 年探索：学习和借鉴国外经济学理论的经验与启示

王 璐

一个国家、一个民族的建设和发展离不开世界，各国文明成果总是可以相互借鉴、相互学习的。新中国成立 70 年以来，中国共产党领导中国人民在将马克思主义与中国实际相结合，独立自主地进行社会主义经济建设和改革的过程中，非常注意学习和借鉴国外经济学的理论成果并为我所用。从总体上看，新中国 70 年理论发展可以分为改革开放前（1949—1978 年）、改革开放新时期（1978—2012 年）和中国特色社会主义新时代（2012 年至今）三个阶段，其中每个阶段学习和借鉴国外经济学理论的探索历程都呈现出不同特点。总结这方面的经验教训，对新时代的社会主义现代化建设和经济学理论的发展研究都是有益的。

一、改革开放前对国外经济学理论的学习和借鉴

（一）引进概况

从新中国建立到改革开放前，对外国实践经验和经济理论的学习借鉴，主要是学习苏联社会主义经济建设经验和经济理论，而对西方经济理论的引入和研究十分有限。胡寄窗在《一八七〇年以来的西方经济学说》序言中指出：新中国成立 30 余年来基于种种原因，我们对西方经济学的了解十分有限，除对马克思分析过的古典经济学和早期庸俗经济学尚能基本掌握外，对 19 世纪末期以来大量涌现的西方经济学理论几乎全无所知，即使有少数涉及它们的著作问世，大都语焉不详并持全盘否定态度。这一评论基本上说明了 20 世纪 70 年代末以前我国关于

西方经济理论引入和研究的总体状况。①

　　有关社会主义政治经济学的研究，除了在马克思、恩格斯的著作中对未来社会作过原则性预测外，最早出现于苏联十月革命后的社会主义实践。当时已形成体系并具有典型意义的著作，是在斯大林指导下由苏联科学院集体编写的《政治经济学教科书》。② 作为第一部比较系统地阐述社会主义经济问题的著作，该书第1版于1954年在苏联出版，其中译本于1955年由我国人民出版社引进并正式出版。此后相当长一段时期，该部著作一直被认为是马克思主义关于社会主义经济问题研究的经典作品。直到改革开放以前，我国政治经济学的教学都是以它为主要参考书，无论是理论观点、分析模式，还是框架结构，对我国影响甚大。

　　新中国成立初期，苏联和东欧经济学都是我国经济理论界学习和研究的重点，那时我国翻译出版了一批苏联和东欧经济学家的著作，而有关资本主义国家经济学研究在我国增多和繁荣主要出现于改革开放以后。当然，早在20世纪60年代初期，我国一些大学经济系已经开始引入"当代资产阶级经济学说"课程，并出版相关教材；不过，其当时在我国理论界处于非主流地位，相关课程始终处于受抑制状态。后来，"西方经济学"这一名称于70年代末期在我国出现，逐渐被用来代替内涵相同的"当代资产阶级经济学说"。这个新的名称很快得到国内经济学界的普遍认同和广泛接受，并逐步成为教育部和国务院学位委员会规定的高等学校本科与研究生课程的正式名称。③目前，我国高等学校理论经济学的课程主要有"政治经济学"和"西方经济学"，前者讲授马克思经济学和马克思主义学的相关理论④，后者论述流行于西方国家的各种经济理论。⑤ 因此，通常我们所说的"政治经济学"在资本主义国家一般被称为"马克思经济学"，而通常所说的"西方经济学"在资本主义国家被称为"经济学"。

　　改革开放以前，我国对西方经济学的引进和研究工作主要围绕资产阶级古典政治经济学和庸俗经济学展开，而对西方经济学其他流派的理论较少涉及。其中，新中国成立以后中国较早引进的西方古典政治经济学是王亚南主编的《资产阶级古典政治经济学选辑》（商务印书馆1965年版），该书系统介绍了资产阶级古典政治经济学的产生、发展及主要理论观点，使中国经济学界对西方古典政治经济学

---

① 转引自赵晓雷《新中国经济理论史》，上海财经大学出版社1999年版，第93页。

② 参见《苏联社会主义经济问题》，《斯大林选集》下卷，人民出版社1979年版。

③ 吴易风：《关于西方经济学的几个问题》，《经济学动态》1999年第2期。

④"马克思经济学"主要是指以马克思《资本论》为蓝本的马克思的经济理论，"马克思主义经济学"或"马克思主义政治经济学"是指马克思之后西方国家致力于研究马克思经济学的学者（即马克思主义学者）进行的相关经济理论研究。

⑤ 改革开放以来，在我国的经济学学科门类中，一级学科被划分为理论经济学和应用经济学两种。其中，政治经济学和西方经济学为理论经济学科（专业）下并列的两个二级学科。

的理论体系有了较为全面的了解。

（二）学习和借鉴

1. 苏联政治经济学教科书

通常认为，"苏联范式"主要指以苏联 1954 年版《政治经济学教科书》和多种中国社会主义政治经济学教科书为代表的马克思主义政治经济学研究体系。在此范式指导下，研究经济学理论、讨论中国经济问题所采用的范畴术语、分析方法和理论依据均有一定的特征。樊纲指出，"中国经济学在 1979 年以前'社会主义政治经济学'的主流范式，应该说就是 50 年代初在斯大林主持下写成的《政治经济学教科书（社会主义部分）》的那个范式"①。简单来说，"苏联范式"指导下的苏联社会主义政治经济学理论体系大体有三个基本特点：一是生产资料公有制；二是优先发展重工业为特征的社会主义工业化；三是高度集中的计划管理体制，贯穿其中的是斯大林定义的社会主义基本经济规律。这一理论体系不仅对我国经济学界产生了较大影响，而且对我国的社会主义建设也产生了广泛影响。

从新中国成立到改革开放以前，我国也有不少从中国实际出发进行研究而提出的独特经济理论，如毛泽东的《论十大关系》《关于正确处理人民内部矛盾的问题》，以及其他理论工作者提出的具有真知灼见的理论观点。尽管我国经济学界对苏联教科书的观点进行过质疑和批评，但那时苏联政治经济学的理论体系一直是我国社会主义政治经济学的主流范式，直到 1978 年改革开放后国内学者着手编写自己的政治经济学教材，由此揭开了改革社会主义经济学理论研究的序幕。但实际上，我国学者在 1958 年后即开始自己编写政治经济学教科书，但由于当时特定的政治背景与理论发展水平，人们对于社会主义的本质、原则等重大问题的认识并不清楚；加之在意识形态领域人们依然存在着"宁左勿右"的错误观念，极大地影响了经济理论的研究。在这种情况下，我国政治经济学的研究与教学几乎很难形成自主创新的发展。只有到了 1978 年党的十一届三中全会召开、实行改革开放以后，我国经济学界在思想解放与百家争鸣的背景下才真正在政治经济学研究方面逐步取得重大进展。

2. 西方古典政治经济学

新中国成立以来，我国经济学界以马克思主义为指导思想，对西方经济学说进行了批判性研究。其中，英国古典政治经济学被认为是马克思主义政治经济学的重要来源之一，因此中国经济学界对这部分经济学说相对持有较为客观和中肯的评价，其目的是更好地理解马克思主义政治经济学的相关论点和原理。根据季陶达编著的《英国古典政治经济学》（三联书店 1960 年版），国内经济学界对古典

---

① 樊纲：《"苏联范式"批判》，《经济研究》1995 年第 10 期。

政治经济学的产生、发展乃至逐渐走向破产的演变过程进行了历史的和经济的全面分析。古典政治经济学的演变发展反映的正是当时资本主义经济的演变与发展。①

除了对古典政治经济学的发展过程进行历史考察之外，当时中国经济学界的研究还十分关注马克思主义政治经济学与古典政治经济学之间的关系。根据王亚南主编的《资产阶级古典政治经济学选辑》（商务印书馆 1965 年版）可知，古典政治经济学具有奠定劳动价值论基础、初步提出阶级分配理论等学术贡献，学习它，可以更好地了解马克思是如何对古典政治经济学合理成分进行批判性继承的。总之，当时的中国经济学界已经开始从马克思主义政治经济学的观点、立场、方法出发，在价值理论、剩余价值理论、资本主义社会再生产理论及分配理论等各个方面对西方古典政治经济学作了初步研究，形成了基本的理论观点和认识。

3. 西方庸俗经济学

马克思将西方经济学区分为"古典政治经济学"和"庸俗经济学"。其中，所谓西方庸俗经济学，是指为资本主义制度作辩护的经济学。这一学说将资本主义制度看作是合乎人的本性、合乎自然、绝对和永恒的社会生产形式，并对资本主义经济的表象进行研究。对于西方庸俗经济学，当时的中国经济学界都是持批判态度的，评价基本是否定的。

根据季陶达编纂的《资产阶级庸俗政治经济学选辑》（商务印书馆 1964 年版），中国经济学界对李嘉图学派以后的西方经济理论作了一定范围的研究和评述，特别是对"边际革命"以后的新古典经济学和"凯恩斯革命"以后的凯恩斯主义经济学有了一定的理论发展。同时，其他学派和理论，如不完全竞争理论、福利经济学、新自由主义经济学、货币学派、经济增长理论、发展经济学等，也有不同程度的发展。

与单纯介绍西方古典政治经济学理论相比，中国经济学界对庸俗经济学的引进更注重对其理论的批判性研究，可以说，当时研究这些西方经济理论正是为了进行批判。但是，由于未能从分析方法（如实证分析）、基本假设条件（如理性人假设）、基本概念（如马歇尔需求定律）等方面去理解西方经济理论，因此对其进行的批判存在一定的不当之处。②

（三）认识与评价

回顾新中国成立以来我国经济学界对国外经济学理论的研究，实际上是伴随着社会主义政治经济学理论的发展历程而不断深化的。其间，马克思主义政治经

---

① 柳欣、秦海英主编：《新中国经济学 60 年》，中国财政经济出版社 2010 年版，第 95 页。
② 赵晓雷：《新中国经济理论史》，上海财经大学出版社 1999 年版，第 103 页。

济学在中国的每一步前进，都是由于社会主义经济建设和改革的实践提出了需要解决的新问题。经济理论发展方向的变化往往是由现实的需要促成的，因为一种理论一旦被群众所接受进而成为社会观念后，是不会被轻易改变的，只有在按照原有思路发展的实践已经无法继续下去时，人们才会转而接受新的理念。事实上，社会主义政治经济学理论的发展包括研究范式的变革，在很大程度上都是在与传统理论、各种西方经济学观点的争论中实现的。

从新中国成立初期到 1978 年改革开放以前，我国社会主义政治经济学的主流范式是 20 世纪 50 年代初在斯大林主持下的《政治经济学教科书》范式，即"苏联范式"。在此影响下，我国的社会主义政治经济学的体系基本是照搬苏联的，出现了对马克思主义政治经济学的理论教条式地叙述和社会主义部分僵化式地套用等问题。理论研究也存在泛政治化倾向、学术性不强、规范分析有余而实证分析不足等问题，这造成理论与实际相脱节，使理论难以起到指导实践的作用。

需要指出的是，1958 年，毛泽东在研读斯大林《苏联社会主义经济问题》和苏联《政治经济学教科书》时，对苏联政治经济学中有关理论和观点进行了批判性研究，提出了许多有意义的观点，这为后来中国社会主义经济建设理论和中国特色社会主义经济理论形成奠定了思想基础。与此同时，新中国成立后至改革开放前的 30 年间，我国对待西方经济学特别是 19 世纪以来的西方经济学理论几乎采取了全盘否定、全面批判的态度。但是，由于受到各种条件的限制，当时批判分析的角度还不够客观，内容也不全面。

二、改革开放新时期对国外经济学理论的学习和借鉴

（一）引进概况

1978 年党的十一届三中全会召开，开启了我国改革开放的新时期。各种国外经济学理论被大量引入和介绍到我国，并对我国的经济学理论研究产生了一定影响。在改革开放新时期，即从 1978 年实行改革开放到 2012 年党的十八大召开之前，我国对于国外经济学理论的引进大致可分为三个阶段，即 20 世纪 80 年代、20 世纪 90 年代和 21 世纪开端。

1. 20 世纪 80 年代

20 世纪 80 年代正值改革开放初期，在解放思想的大背景下，中国经济学界开始更多地引进、学习、借鉴国外实践经验和经济理论。其主要包括两个方向：一是学习苏联、东欧的改革理论；二是重新认识资本主义国家及其发展经验，并开始逐渐理性客观地认识西方经济学。

苏联、东欧国家先于中国进行改革，形成了一些理论成果，如奥斯卡·兰格

的《社会主义经济理论》、布鲁斯的《社会主义的政治与经济》、科尔奈的《短缺经济学》，以及奥塔·锡克的《第三条道路》等。当时引进、学习这些理论和经验的历史原因在于，这些国家都曾经学习苏联实行过计划经济。这种情况与中国相似，加上我国理论界急于借鉴别国改革经验，所以这一时期对有关苏联、东欧改革的著作引进比较集中。但随着我国改革的深入，特别是随着 20 世纪八九十年代苏联解体、东欧剧变，学习苏联、东欧改革理论基本成为历史，更多的则是吸取教训。

同时，为了大规模地介绍和研究西方经济学，1979 年，我国老一辈经济学家发起、筹备并成立了外国经济学学说研究会。在研究会的推动下，1980 年前后，我国经济学界通过邀请西方经济学家访华交流、举办经济学讲座、译介出版西方经济学著作，以及派遣留学生出国学习和进修等途径，开始将西方经济学大量引入中国。所谓西方经济学，是指西方国家所流行的宏观经济学、微观经济学及其他经济学分支（如货币金融学、财政学、国际经济学、发展经济学、计量经济学等）的统称。其实，用地区概念来区分经济学并不合适也不科学。西方经济学，就其本质来讲，就是研究市场经济的经济学。[①]

20 世纪 80 年代上半期，西方经济学的引进和研究主要以古典和新古典经济理论为主，其中大多是对凯恩斯主流学派重要著作的介绍和研究，如萨缪尔森的《经济学》、阿克利的《宏观经济学》、马歇尔的《经济学原理》等。同时，对其他非主流经济理论，如货币学派、供给学派的著作也进行了翻译并展开研究。[②] 80 年代下半期，对西方经济学的引入和研究转变为以经济增长理论和发展经济学为主，同时对经济管理、企业管理理论的介绍和研究成为重点。在这一时期，翻译论著有库兹涅茨的《现代经济增长》、罗斯托的《从起飞进入持续增长的经济学》、钱纳里等人的《工业化和经济增长的比较研究》，以及舒尔茨的《改造传统农业》等。

整个 80 年代，除了翻译西方经济学名著外，我国经济学工作者通过对西方经济理论进行研究，也出版了不少相关著作。例如，张培刚和厉以宁合著的《宏观经济学和微观经济学》、刘涤源和谭崇台合著的《当代西方经济学说》、胡代光和厉以宁合著的《当代资产阶级经济学主要流派》等。此外，还有教材类书籍，如宋承先编著的《现代西方经济学》、高鸿业和吴易风合著的《现代经济学》等。同时，国内重要经济学报刊如《经济研究》《经济学家》《经济学动态》《经济学消

---

① 张卓元：《当代中国经济学理论研究（1949—2009）》，中国社会科学出版社 2009 年版，第 639 页。
② 赵晓雷：《新中国经济理论史》，上海财经大学出版社 1999 年版，第 291 页。

息报》《经济学观察报》等，也发表了大量我国经济学家的相关研究成果。①

2. 20 世纪 90 年代

1992 年，党的十四大确立了社会主义市场经济体制的改革目标，我国的改革开放事业开启了新的篇章。20 世纪 90 年代，我国经济学界对西方经济学的研究和应用进一步发展，引进理论不再是零散的，而是对整个理论体系、整个学派的介绍；对基本理论的把握更为准确，对基本分析工具运用得也比较娴熟，同时对现代经济学发展的新学科也有了更多介绍和了解。

与 20 世纪 80 年代相比，自 90 年代初起，我国引入西方经济学的特征开始发生变化，主要表现为以介绍和研究西方新制度经济学、产权经济学理论为重点，科斯、德姆塞茨、阿尔钦、诺思、布坎南、威廉姆森、耐特等经济学家的著作被大量翻译出版，如科斯的《企业、市场与法律》、诺思的《经济史中的结构与变迁》、威廉姆森的《反托拉斯经济学：兼并、协约和策略行为》等。在学习新制度经济学体系和方法的同时，我国学者借鉴新制度经济学理论解释中国经济体制转轨过程中的经济现象也取得了一定成果。比如，在 20 世纪 90 年代，"当代经济学系列丛书"推出了一批新制度经济学相关领域著作，包括樊纲和张曙光合著的《公有制宏观经济理论大纲》、林毅夫的《中国的奇迹：发展战略与经济改革》、张维迎的《企业的企业家：契约理论》、刘世锦的《经济体制效率分析导论》等著作。此外，大量西方经济学教科书在 90 年代被引进翻译，在国内学术界逐步形成不同体系、不同层次的西方经济学教科书体系。其中，初级教程如曼昆的《经济学原理》（1999）、斯蒂格利茨的《经济学》（1997）等；中级教程如平狄克的《微观经济学》（1999）、多恩布什的《宏观经济学》（1997）等；高级教程如瓦里安的《微观经济学（高级教程）》（1997）、布兰查德的《宏观经济学（高级教程）》（1998）等。

总的来说，整个 20 世纪 90 年代，我国经济学界对西方经济学的研究态度发生了大的转变，由过去的全面否定转变为借鉴和吸收，并积极地运用西方经济学，尤其是新制度经济学的相关理论研究我国经济转型过程中出现的各种实际问题，形成了一系列研究成果。

3. 21 世纪开端

20 世纪中后期，西方经济学演化出若干新的理论分支，这些分支在一定程度上弥补了原来主流经济学理论的不足，也对西方经济学理论起到了完善和发展的作用。尤其是进入 21 世纪以来，随着学术界对西方经济学理论学习和研究的不断深入，我国学者对新政治经济学的引进和研究迅速升温，其成为 21 世纪开端我国经济学理论引进和研究的重点领域。

---

① 张卓元：《当代中国经济学理论研究（1949—2009）》，中国社会科学出版社 2009 年版，第 651 页。

新政治经济学是以政治和经济、社会和个人、国家和市场之间的相互关系为研究内容的社会科学，其研究内容主要包括社会和公共选择、制度和组织经济学，以及法律和规制经济学等。[①] 21 世纪伊始，我国经济学界翻译出版了一批新政治经济学著作，如克拉克的《政治经济学——比较的观点》（2001）、伊藤·诚等的《货币金融政治经济学》（2001）、赫希曼的《退出、呼吁与忠诚：对企业、组织和国家衰退的回应》（2001）以及德雷泽的《宏观经济学中的政治经济学》（2003）等。

一方面，新政治经济学在我国学术界方兴未艾；另一方面，西方经济学新的分支理论在我国的引进和研究也取得了一定成果。这些新的分支包括：行为经济学和实验经济学的发展、演化经济学的演化与发展、法经济学的兴起与发展，以及以克鲁格曼为代表的新经济地理学的发展与推广等。总的来说，21 世纪以来，我国学术界对于西方经济理论的引入和研究呈现出多样化的发展格局，在逐步掌握传统主流经济学理论体系的同时，也在不断追踪和了解国外新的理论发展与新兴分支理论，而且看待西方经济学的态度更加客观化和科学化，并通过借鉴西方经济学的合理成分深入研究中国经济现实问题，不断丰富和发展我国的理论经济学。

（二）学习和借鉴

1. 经济学的学科定位

在改革开放新时期，中国经济学界对经济学学科定位的认识，不再局限于传统政治经济学规定的生产关系研究，而有了很大扩展。一般认为，经济学分为以下三个部分：经济理论研究、经济政策研究和经济应用研究。其中，经济理论研究包括纯理论研究和现实经济研究，经济政策研究主要指社会经济的公共政策研究，经济应用研究即通常所说的应用经济学。可以说，这种经济学研究的分类和分工与世界发展趋势是相符合的，也是中国经济学研究向现代化发展的一个表现。[②]

这一时期，我国经济学研究一方面坚持和发展马克思主义政治经济学基本原理，另一方面开始对政治经济学学科的内容体系进行改革探索，形成了不同主张。大体分为三类：一是沿用传统的政治经济学理论框架，按照资本主义和社会主义的分割组合而成；二是从研究内容入手，打通资本主义和社会主义两部分，为解释经济实践中存在的问题而引入西方经济学的范畴、方法和理论，试图以西方经济学改造政治经济学；三是以社会主义市场经济学取代社会主义政治经济学，改版为"中国的社会主义经济学"。根据这些争论，从 20 世纪 80 年代末期开始，我

---

① 白永秀、任保平：《新中国经济学 60 年（1949—2009）》，高等教育出版社 2010 年版，第 108 页。

② 赵晓雷：《新中国经济理论史》，上海财经大学出版社 1999 年版，第 306 页。

国出现了一批有代表性的著作和教科书，如谷书堂的《政治经济学（社会主义部分）》（1988 年第 4 版、1992 年第 5 版）和《社会主义经济学通论》（1989）、宋则行的《社会主义宏观经济学》（1989）、雍文远的《社会主义政治经济学再探索》（1990），以及吴树青、谷书堂和吴宣恭主编的《政治经济学（社会主义部分）》（1993）等。

　　从一定程度上说，政治经济学教科书的不断革新，体现出我国经济学理论研究与社会主义市场经济改革实践的逐步融合，但这一时期马克思经济学主流地位的逐步弱化却是不争的事实。比如，在大学课堂教学上，西方经济学成为中国理论经济学科目录中与政治经济学并列的二级学科（专业），即在学科划分上，西方经济学与政治经济学取得了形式上的平等地位。而且，传统的马克思经济学在研究对象、方法、体系及教学上越来越多地融入现代西方主流经济学的内容。一方面，在各种新编政治经济学教科书和著作中大量借鉴西方经济学方法，不仅研究制度或生产关系，同时也把资源配置、经济运行和经济发展纳入研究范围。另一方面，在政治经济学专业的硕士生和博士生课程中，西方经济学（包括中高级微观经济学和中高级宏观经济学、发展经济学、国际经济学、货币银行学、计量经济学等）被列入学位课或必修课，而政治经济学失去应有地位。其实，政治经济学作为一门理论经济学，其主要功能并不是直接用来解释具体经济问题，而是为各种应用经济学提供理论和方法论基础。但自改革开放以来，诸多高等院校的经济学（本科）和政治经济学专业（硕士和博士研究生教育）设置了很多如企业管理、市场营销、房地产经济等研究方向，政治经济学理论研究的范围却不断缩小，甚至变成专题研究，如当代资本主义经济问题研究、社会主义经济问题研究、经济体制改革研究等。① 由此导致的一个严重后果是，政治经济学基础理论的教学与研究被削弱。与之相对应的是，西方经济学主流地位日益加强，特别是新古典经济学、新制度经济学、后凯恩斯经济学等各种西方理论和研究方法的应用，使得我国改革开放新时期的经济学理论研究表现出浓厚的综合色彩。

2. 经济学方法论

　　马克思主义政治经济学首要的或基本的研究方法是辩证唯物主义和历史唯物主义的方法论。在此基础上，还有作为分析方法和论述方法的具体形式，包括科学抽象的方法、研究方法与叙述方法的统一、逻辑与历史相统一的方法等。但是，马克思主义不是教条，它所提供的是观察与分析经济现象的基本原理和方法；而且马克思主义政治经济学不是静止的、停滞的，而是不断前进和发展的。因此，我国的经济学理论工作者既要传授马克思主义政治经济学的基本原理和方法，也

---

　　① 蔡继明：《转型期的中国理论经济学》，《经济学动态》2003 年第 4 期。

要运用马克思主义的立场、观点与方法研究当代经济的新现象、新问题和新特点。比如，根据社会主义市场经济的实践过程发展和创新马克思主义政治经济学，并在经济学的教学与研究中有选择性地吸收和借鉴西方经济学的研究方法。

我国传统政治经济学的研究体系基本照搬苏联范式，在研究方法上侧重于规范分析。随着 20 世纪 80 年代以来西方经济学的大量引入，经济学的实证分析方法逐渐被推广采用。该方法认为经济学是一种实证科学，在分析过程中假定各人不同的偏好事先给定，即在给定价值标准条件下研究人们的经济行为及其后果，而对分析对象的价值偏好和道德标准忽略不计。在强调实证分析方法基础上，发展经济学的结构分析、新制度经济学的制度分析以及行为经济学与实验经济学的实验方法等在国内经济学界迅速传播和推广。比如，20 世纪 80 年代中后期，中国在经济结构调整和宏观经济分析上产生了由总量分析向结构主义思路的转变，许多学者认为决定经济成长阶段特征的主要是产业结构的不同发展高度，以及与之相联系的结构效益。90 年代以后，西方新制度经济学及制度分析方法开始对中国经济学界产生广泛影响。当时一些经济学家认为，通过将制度纳入新古典模型的约束框架建立制约与个人选择的联系，可分析转型期中国经济发展变化过程中的实际问题。进入 21 世纪，行为经济学与实验经济学的实验方法在国内经济学界流行。其中，行为经济学在心理学的基础上研究经济行为和经济现象，这与西方主流经济学中理性行为人假设存在一定差异，从而对主流经济学进行了修正；同时，实验经济学也否定了主流经济学从经济现象出发的研究思路，其通过观察实验对象在模拟、简化的经济环境中的特定经济行为，检验、比较经济理论或提供决策依据。

3. 创建"中国经济学"的理论探索

学习借鉴的目的是应用。20 世纪 90 年代，随着我国改革开放和现代化建设的发展，国内经济学界展开"如何构建中国经济学"的讨论并形成不同观点。一种观点认为，应在传统政治经济学中吸纳部分西方市场经济理论，并结合我国基本国情建立"具有中国特色的经济学理论"[①]；另一种观点主张，用西方经济学的基本理论取代传统政治经济学，认为"经济的基本理论本身具有普遍的、一般的科学意义，是无国界、无阶级性的"[②]；还有一种观点认为，"经济学的基础理论是无国界的，但在经济学研究领域，人们之间会有内容、方法和观点上的差别，甚至会形成各种流派"，因此主张建立"中国经济学"，并将其作为经济学的一个

---

① 崔之元：《西方经济理论的范式危机》，《中国书评》1995 年第 9 期。

② 樊纲：《"苏联范式"批判》，《经济研究》1995 年第 10 期。

流派①。

在讨论的基础上，学者们进行了建设符合我国国情的经济学的可贵探索，形成了一些有益成果。这些成果大致有几类：一类是坚持马克思经济学理论体系分析框架，加强对中国经济改革发展的分析，如张宇主编的《高级政治经济学》（2000）等。其宗旨为"坚持马克思主义经济学的正统，按其创始人奠定的方向发展、扩大和深化马克思主义政治经济学，创造出适应时代要求的马克思主义经济学的现代形式"②。一类是把传统政治经济学与西方经济学的分支理论相结合，形成各具特色的经济学体系。其中，与新制度经济学理论相结合的，如樊纲的《渐进改革的政治经济学分析》（1996）、林岗和张宇的《马克思主义与制度分析》（2001）等；与发展经济学理论相结合的，如陈宗胜的《新发展经济学：回顾与展望》（1996）等。还有一类是把社会主义政治经济学理论体系与我国现行改革所处转轨阶段相联系，又称为转型经济学或过渡经济学，如厉以宁的《转型发展理论》（1996）、张军的《中国过渡经济导论》（1996）等。

此外，在教科书建设方面，我国也取得了重要成果，其共同特点是坚持马克思主义经济学基本原理，同时大量联系中国实际揭示我国经济改革发展的规律性。例如，伍柏麟的《社会主义市场经济学教程》（1998）、张维达的《政治经济学》（2000）、程恩富的《现代政治经济学》（2006）等。以逄锦聚等主编的《政治经济学》（2002）为例，该著作突破了传统政治经济学分为两部分的结构，在体系上分为三篇：第一篇为政治经济学的一般理论，第二篇为资本主义经济，第三篇为社会主义经济。这一体系从坚持和发展马克思经济学的高度界定一般范畴与特殊范畴，并结合当代资本主义最新发展和我国建设有中国特色社会主义实践对政治经济学相关范畴的含义及其运动进行探索，较好地体现了科学性与实践性的统一。

（三）总结与评论

在改革开放新时期，我国对国外经济理论特别是西方经济学的引入和借鉴，是开放和理论自信的表现。改革开放以来，特别是 20 世纪 90 年代以来，中国经济学理论研究取得了新的进展，一方面是因为中国的改革开放实践为经济学研究提供了肥沃的土壤，同时马克思主义政治经济学的基本原理与中国实际相结合也取得了新的进展；另一方面，这在一定程度上也得益于对西方经济学一些有用方法的借鉴，越来越多的学者立足中国现实经济，吸收和借鉴西方经济学理论的有益成果，对一些重大理论问题和改革实践方案展开了系统而深入的研究。

当然，借鉴并不等于照搬。我国的经济学研究在逐步融入理论背景和市场改

---

① 张仁德：《也谈中国经济学向何处去》，《经济学动态》1999 年第 3 期。
② 林岗、张宇：《探索马克思主义经济学的现代形式》，《教学与研究》2000 年第 5 期。

革的进程中，在借鉴西方经济学理论分析和研究方法的基础上，创造性地将马克思主义政治经济学发扬光大，通过政治经济学理论提升达到指导社会主义市场经济改革实践的目的，从而极大地丰富了我国理论界有关社会主义政治经济学的研究。同时，对西方经济学的研究和应用也对中国经济学产生了一定影响，如为国内经济学界提供了新的分析工具和学术争鸣环境，有利于培养经济理论工作者的科学精神，促成良好的科学研究习惯和研究规范等。但是，中国的经济学理论研究必须具有中国改革实践自身的特色，还要有从理论视野、假设前提、方法论基础到研究范围等一系列逻辑体系的支撑，这样才能真正起到理论对实践的指导作用。

因此，科学的态度是"对一切有益的知识体系和研究方法，我们都要研究借鉴，不能采取不加分析、一概排斥的态度。马克思、恩格斯在建立自己理论体系的过程中就大量吸收借鉴了前人创造的成果。对现代社会科学积累的有益知识体系，运用的模型推演、数量分析等有效手段，我们也可以用，而且应该好好用。需要注意的是，在使用这些知识和方法时不要忘了老祖宗，不要失去了科学判断力。""我们既要立足本国实际，又要开门搞研究。对人类创造的有益的理论观点和学术成果，我们应该吸收借鉴，但不能把一种理论观点和学术成果当成'唯一准则'，不能企图用一种模式来改造整个世界，否则就容易滑入机械论的泥坑。一些理论观点和学术成果可以用来说明一些国家和民族的发展历程，在一定地域和历史文化中具有合理性，但如果硬要把它们套在各国各民族头上、用它们来对人类生活进行格式化，并以此为裁判，那就是荒谬的了。对国外的理论、概念、话语、方法，要有分析、有鉴别，适用的就拿来用，不适用的就不要生搬硬套。哲学社会科学要有批判精神，这是马克思主义最可贵的精神品质。"[①]

三、新时代对国外经济学理论的学习和借鉴

（一）引进概况

2012 年党的十八大以来，中国特色社会主义进入新时代，我国学术界对于国外经济学理论的引进、学习和借鉴有了更新、更具理性的进展。

2008 年，世界金融危机爆发。这场危机引发了其后 10 年间世界各国经济学者对于经济理论变革的反思和探讨，特别是马克思三卷本《资本论》在欧美国家的畅销，带动了一批国外研究马克思主义经济学著述的出版，这些著作在我国也产生了一定影响。其中，当代著名马克思主义学者大卫·哈维撰写的多部著作在

---

① 习近平：《在哲学社会科学工作座谈会上的讲话》，人民出版社 2016 年版，第 22 页。

我国翻译出版，如《资本社会的 17 个矛盾》（2016）、《资本的限度》（2017）、《世界的逻辑》（2017）、《马克思与〈资本论〉》（2018）以及《新帝国主义》（2019）等。此外，还有乔万尼·阿瑞吉的《世界体系的马克思主义研究》（2014）、德赛的《自大：无视危机的经济学家与经济周期探寻》（2016）等。

　　2016 年，中国人民大学出版社翻译出版了"马克思主义研究译丛"系列丛书，包括麦克莱伦的《马克思传》（第四版）和《马克思以后的马克思主义》、埃尔斯特的《理解马克思》、伍德的《资本主义的起源》、卡弗的《马克思与恩格斯：学术思想关系》、布伦纳的《马克思社会发展理论新解》、雷斯尼克的《马克思主义理论的新起点》、莫斯托的《马克思的〈大纲〉》等著作。2017 年，商务印书馆也翻译出版了"国外马克思主义和社会主义研究丛书"，包括保罗·巴兰的《增长的政治经济学》、伊格尔顿的《马克思为什么是对的》、卢卡奇的《历史与阶级意识》、奥斯卡·兰格的《政治经济学（全两卷）》等。此外，西方经济学界各学派学者也出版了多部反思当代发达资本主义国家现实问题和西方主流经济学理论困境的著述，如皮凯蒂的《21 世纪资本论》（2014）和《不平等经济学》（2016）、马丁·沃尔夫的《转型与冲击：马丁·沃尔夫谈未来全球经济》（2015）、兰德尔·雷的《下一场全球金融危机的到来》（2016）、雅各布斯和马祖卡托的《重思资本主义》（2017）等。这些著作丰富了我国国外经济学理论的学术研究。

　　在大量研究国外经济学理论著作的同时，国内学术研究者也相继出版了一批政治经济学领域的相关著作。例如，白暴力的《价值与价格通论（三卷）》（2014）、逄锦聚的《中国经济研究》（2016）、张俊山的《马克思主义的分配理论和我国收入分配制度改革研究》（2017）、邱海平的《〈资本论〉及其当代价值》（2017）、张宇的《资本主义向何处去》（2018）等。其间，中国特色社会主义政治经济学及其理论体系研究也取得丰硕成果，如顾海良的《中国特色社会主义政治经济学读本》（2016）、逄锦聚等的《中国特色社会主义政治经济学通论》（2017）和《中国特色社会主义政治经济学概论》（2019）、洪银兴的《中国特色社会主义政治经济学理论体系构建》（2017）、刘灿等的《中国特色社会主义收入分配制度》（2017）等，极大地推动了中国特色社会主义政治经济学理论体系建设事业的蓬勃发展。

　　此外，国内学者还组织专业人员出版了一批经济学词典和丛书，为我国经济学理论的规范化研究提供了良好的借鉴。比如，2016 年 9 月洪银兴主编的"现代经济学大典丛书"出版，包含经济学方法论、政治经济学、金融经济学、经济统计学、制度经济学、世界经济与国际经济、发展经济学、财政学、区域经济学、转型经济学、国民经济学、资源与环境经济学、计量经济学、产业经济学等分册，几乎涵盖了我国经济学理论研究的各个领域。2016 年 9 月，顾海良总主编的《新编经济思想史》出版，其包括中外早期经济思想发展、古典政治经济学、国外马克思主义经济学发展、西方经济思想发展、中国近代经济思想发展、中国现代经济思想发展等十卷著作，全面回顾了国内外各种经济思想与经济理论的发展演变。2017 年 9 月，"中国道路"系列丛书出版，包括马克思主义基本原理与当代中国、现代政府建设、中国经济国际化、中国金融体制发展与改革、社会主义初级阶段理论与实践、中国新型城镇化道路、中国养老保障制度改革、中国人口发展政策与实施、中国农村劳动力转移、中国制造业发展及中国生态发展等内容，几乎涵盖了我国社会主义市场经济建设各个领域的理论发展。

（二）学习和借鉴

1. 西方马克思主义经济学的新发展与西方主流经济学的多元化发展

进入新的时代，西方马克思主义经济学的发展既延续了 20 世纪 70 年代以来一以贯之的融合性特点，也萌生了 21 世纪以来结合危机理论所发展的批判性特点。一方面，20 世纪 70 年代以来，西方马克思主义经济学在发展和壮大中大量吸收、使用非马克思主义经济学的概念、方法和工具，以实现马克思主义与非马克思主义经济学的融合。当时，这种融合主要表现为两种发展方向：一是通过使用博弈论、数学化建模等主流经济学的框架和方法实现马克思主义经济学的新古典化，这种方向以分析马克思主义为代表；二是在继承传统马克思主义对西方主流经济学批判的同时，加强与非马克思主义的西方异端经济学诸流派的融合，以实现马克思主义经济学的创造性转化，如激进制度主义、生态马克思主义、女性马克思主义、演化经济学等。另一方面，进入 21 世纪尤其是 2008 年美国次贷危机引发全球金融动荡和经济危机之后，越来越多的西方马克思主义经济学家要求重回马克思《资本论》的批判性视角来探讨当代发达资本主义国家出现的各种现实问题。这些西方马克思主义经济学者大多主张，经济关系集中反映了发生在国家、企业、家庭中的人们相互之间的社会关系，因而不能把这些社会关系中的性别歧视、种族歧视、家庭劳动、阶级斗争等问题排除在政治经济学理论研究的范围之外。通常，主流新古典经济学习惯于把环境污染、生态失衡等全球性问题看作是对一个完美世界的偏离；而西方马克思主义经济学家却认为，当代资本主义经济中日益严重的环境污染和生态破坏，完全是由资本主义经济制度及其市场竞争造成的，是这一经济制度中普遍存在的外部经济负效果作用的必然结果。而且重要的是，主流经济学总是从个人主义的观点出发构造经济学理论体系，因而任何经济行为和经济后果如资源配置、市场投入、价格决定等，都只是由个人偏好造成的；相反，西方马克思主义经济学主要从社会制度结构的角度来理解所谓的"个人偏好"，认为任何经济行为和经济后果实际上都是资本主义经济制度本质的外在表现形式。可以说，这些西方马克思主义经济学家针对当代资本主义及其现存制度进行的研究及对主流经济学的批判性研究都是有意义的。

与此同时，西方主流经济学在新的时代也走向了多元化发展的方向，主要表现为金融危机之后主流宏观经济学与金融理论的交叉与融合，也有主流经济学与非主流经济学各流派的共生与多元化发展。一方面，2008 年 11 月全球金融危机持续发酵期间，英国女王伊丽莎白二世在视察伦敦政治经济学院时曾提出"为什么没有人预测到危机"的"女王问题"。该问题引发了西方主流经济学界对自身经济学理论缺少金融危机预警的质疑，并带动了其后主流宏观经济学与金融理论的融合发展，不啻为对主流宏观经济学的严重警醒。另一方面，西方经济学理论本身正在向复杂性科学转变，随着非主流经济学的影响日益增大，西方经济学的整体格局呈现出多元化特征，即西方经济学越来越多地借鉴其他学科的方法和研究成果并表现出跨学科研究的趋势。理论的发展源于实践，危机的出现往往是经济理论发展和创新的转折点；世界的多样化和全球化等也使得经济问题日益复杂，对经济的研究也需要从多学科、多层次角度进行。进入 21 世纪以来，制度经济学、信息经济学、心理经济学、行为经济学、实验经济学、演化经济学等非主流经济学研究都取得相关进展，各自从一个或几个特定视角对主流经济学作出修正。因此，主流经济学在不断尝试与其他经济学的融合发展，引入诸如马克思主义经济学、后凯恩斯主义等多种研究范式，并在研究中借鉴政治学、伦理学、思想史等人文社会科学知识，或在原有理论基础上加入当下经济社会发展的新特征，使其研究更符合经济发展的内在要求和现实经济社会状况，由此呈现出西方主流经济学与各非主流经济学派共生与多元化发展的态势。其中，除了西方主流经济学自身理论的拓展外，西方非马克思主义的非主流经济学包括老制度主义经济学、后凯恩斯主义经济学、新熊彼特经济学、女性主义经济学、社会政治经济学及生态经济学等，均取得了进一步的发展。[①]

2. 构建中国特色社会主义政治经济学

学习和研究国外经济理论的目的是借鉴其合理成分，为我所用。党的十八大以来，习近平多次强调要构建中国特色社会主义政治经济学。2014 年，习近平提出，各级党委和政府要学用好政治经济学。2015 年，在主持政治局第二十八次集体学习时，习近平强调，要立足我国国情和我国发展实践，揭示新特点新规律，提炼和总结我国经济发展实践的规律性成果，把实践经验上升为系统化经济学说，不断开拓当代中国马克思主义政治经济学新境界。2015 年，在中央经济工作会议上，他进一步强调要坚持中国特色社会主义政治经济学重大原则。在 2016 年 5 月 17 日全国哲学社会科学工作座谈会上，习近平强调要构建中国特色社会主义哲学社会科学。在习近平总书记的倡导下，中国特色社会主义政治经济学呈现出繁荣

---

① 贾根良：《中国经济学教育改革建议书》，《政治经济学评论》第 11 卷，上海人民出版社 2018 年版。

发展的新局面。作为指导新时代经济建设的理论基础，其建设和发展受到了国内经济学界的高度重视和热烈讨论。

2017 年党的十九大报告提出，中国特色社会主义进入新时代。新时代的总目标是，继续夺取中国特色社会主义伟大胜利，决胜全面建成小康社会，进而全面建设社会主义现代化强国，逐步实现全体人民共同富裕，实现中华民族伟大复兴的中国梦。总目标对我国理论经济学的创新发展提出了全新要求，我国经济学界必须立足于新时代中国特色社会主义实践需要，在马克思主义基本原理指引下开创中国经济学发展创新的新时代。在深刻总结改革开放以来我国发展实践的成功经验的基础上，习近平创造性地提出坚持和发展中国特色社会主义政治经济学，并形成了中国特色社会主义经济思想，这是经济学理论的重大创新，在我国经济学教育和科研中具有指导地位。[①]

党的十九大以来，围绕中国特色社会主义政治经济学理论体系构建，我国学术界集中讨论了以下几个方面的重大问题：①对中国特色社会主义政治经济学科学内涵的界定。②对《资本论》与中国特色社会主义政治经济学在研究目的、研究对象、研究方法与体系结构等方面关系的研究。③关于中国特色社会主义政治经济学学科体系的研究。④关于构建中国特色社会主义政治经济学理论体系的不同基本框架。⑤关于构建中国特色社会主义政治经济学理论体系必须坚持的重要原则，即必须坚持以马克思主义经济学为指导，批判性地借鉴和利用当代西方经济学的一些方法、概念和理论，吸收和弘扬中国优秀传统文化。[②] 在习近平新时代中国特色社会主义思想的指引下，在这些学术理论的讨论和推动下，一批反映中国实践、中国经验、中国理论的经济学成果纷纷涌现。例如，由南开大学逄锦聚等编写完成的《中国特色社会主义政治经济学通论》（2017）和《中国特色社会主义政治经济学概论》（2019）就是其中的代表性论著。这两部著作坚持以习近平新时代中国特色社会主义经济思想为指导，回应时代和实践发展的要求，力求在理论发展和实践指导上做到科学性、人民性、实践性、开放性和发展性，为进一步构建、发展和完善中国特色社会主义政治经济学理论体系作出了基础研究的探索性工作。[③]

中国特色社会主义政治经济学的思想内涵和理论体系，包含三个方面的思想和八个方面的基本理论。其中，三个方面的思想包括：一是坚持以人民为中心的发展思想，这是核心立场；二是坚持和完善社会主义基本制度；三是坚持和完善

① 顾海良：《中国特色社会主义政治经济学史纲》，高等教育出版社 2019 年版，第 476 页。

② 光明日报理论部：《2017 年度中国十大学术热点》，《光明日报》2018 年 1 月 17 日。

③ 逄锦聚：《以习近平经济思想为指导构建中国特色社会主义政治经济学》，摘自"在习近平新时代中国特色社会主义经济思想研讨会暨《中国特色社会主义政治经济学概论》首发式上的发言"，2019 年 7 月 18 日。

社会主义分配制度。八个方面的基本理论包括：一是新发展理念；二是深化社会主义市场经济体制改革理论；三是新常态理论；四是供给侧结构性改革理论；五是新型工业化、信息化、城镇化、农业现代化协调发展理论；六是金融制度和金融体制改革与创新理论；七是坚持对外开放基本国策理论；八是坚持稳中求进的工作总基调的理论。① 这些思想和基本理论共同构成了完整的理论体系，该体系集中体现了习近平新时代中国特色社会主义政治经济学的核心内容，是中国化的马克思主义政治经济学在新时代的理论创新。

（三）指导思想、发展与超越

党的十八大以来，我国的经济改革和发展实践有了新的突破，同时我国对国外经济学理论的研究和借鉴也有了新的进展。进入新的时代，我们必须坚持以马克思主义为指导思想，紧跟改革实践发展经济学理论，并在推进理论创新中实现对西方经济学理论的超越。

1. 坚持以马克思主义为指导思想

对国外经济学理论的研究和借鉴，首先要旗帜鲜明地坚持以马克思主义为指导，运用马克思主义的立场观点和方法，去分析、去借鉴。习近平鲜明地指出："坚持以马克思主义为指导，是当代中国哲学社会科学区别于其他哲学社会科学的根本标志，必须旗帜鲜明加以坚持。"②

马克思主义经济学的创立和发展过程客观反映了人类社会经济发展的规律，体现了世界经济发展的内在要求。改革开放 40 多年来，马克思主义为中国特色社会主义经济理论的产生与发展，提供了科学的世界观和方法论、正确的立场和价值观、完整的理论体系和分析框架及基本的制度规范。因此，研究和借鉴国外经济理论，发展中国特色社会主义政治经济学，首先必须坚持以马克思主义为指导思想。

当今世界正处在大发展、大变革、大调整时期，世界经济格局正在发生深刻变化。"尽管我们所处的时代同马克思所处的时代相比发生了巨大而深刻的变化，但从世界社会主义 500 年的大视野来看，我们依然处在马克思主义所指明的历史时代。这是我们对马克思主义保持坚定信心、对社会主义保持必胜信念的科学根据。"③有人认为马克思主义经济学过时的说法是武断的。从 2008 年金融危机看，许多西方国家经济持续低迷、两极分化加剧、社会矛盾加深，这说明资本主义固有的生产社会化和生产资料私人占有之间的矛盾依然存在，但表现形式和存在特

---

① 逄锦聚：《深刻认识和把握新时代我国社会主要矛盾》，《经济研究》2017 年第 11 期。
② 习近平：《在哲学社会科学工作座谈会上的讲话》，人民出版社 2016 年版，第 12 页。
③《习近平谈治国理政》第 2 卷，外文出版社 2017 年版，第 66 页。

点有所不同。金融危机的爆发让世界上越来越多的人相信，马克思主义经济学对于预测和判断当代世界经济发展趋势具有重要解释力。危机不但动摇了资本主义世界的经济金融秩序，也引起了中西方无数学者对西方主流经济学的深刻反思和重新认识。反思的一个重要结果是：背离或放弃马克思主义就会迷失方向，在坚持以马克思主义为指导这一根本问题上必须坚定不移，任何时候、任何情况都不能动摇。金融危机发生后，不少西方学者也在重新研究马克思主义经济学、研究《资本论》，马克思主义经济学再次成为人们理解资本主义经济发生发展及周期运行规律的重要理论。当前，我们正确认识现代资本主义经济，正确分析和认识中国的社会主义经济，仍然需要以马克思主义经济学为指导。实践证明，中国经济改革和发展是在中国化马克思主义、中国特色社会主义政治经济学指导下取得巨大成就的，而并非在西方经济理论指导下取得成就的，全面深化改革、加快经济发展更需要马克思主义、中国特色社会主义政治经济学的指导。

毫无疑问，坚持以马克思主义为指导思想是中国特色社会主义政治经济学区别于西方经济学的根本标志。马克思主义是认识世界、改造世界的科学理论，是人类文明的结晶。中国革命和社会主义建设是在马克思主义指导下取得成功的，我们党历来重视对马克思主义政治经济学的学习、研究、运用，并不断提出独创性观点，开辟了马克思主义政治经济学的新境界。马克思主义已经融入中国经济理论的肌体，成为中国经济理论的血脉和灵魂。只有坚持以马克思主义为指导，发展中国特色社会主义政治经济学才有正确的方向和科学的分析方法，才能更好地回答我国经济发展的理论和实践问题，提高引领我国经济发展的能力和水平。坚持以马克思主义为指导，既包括坚持以马克思主义政治经济学基本原理为指导，也包括以中国化的马克思主义为指导，特别是坚持以人民为中心的导向，反映人民的根本利益，才能使中国特色社会主义政治经济学的发展同国家和民族的前途命运紧紧联系在一起。[①]

2. 紧跟改革实践发展经济学理论

中国特色社会主义政治经济学是随着时代的发展而不断发展的理论体系，也是随着实践的深化而不断创新的理论体系。发展和创新是中国特色社会主义政治经济学的鲜明特征，更是其生命力所在。新中国成立70年特别是改革开放40多年来，中国经济社会快速发展，创造了人类历史上少有的发展奇迹，为世界发展作出了历史性贡献。面对中国特色社会主义经济的生动实践，发展具有中国特色、中国风格、中国气派的经济理论和话语体系，把中国的实践经验上升为系统化的经济学说，比任何时候都更加迫切，也更加重要。没有这样一种科学的理论，就

[①] 逄锦聚：《在实践创新中丰富和发展中国特色社会主义政治经济学》，《求是》2016年第11期。

不可能真正树立道路自信、理论自信、制度自信、文化自信。

　　长期以来，指导中国特色社会主义经济建设取得巨大成就的不是西方经济学理论，而是当代中国马克思主义政治经济学，即中国特色社会主义政治经济学。中国特色社会主义政治经济学来源于实践，又经受实践检验，为我们正确认识经济现象、指导经济实践提供了科学的理论指南。党的十八大以来，我们把马克思主义政治经济学基本原理同改革开放的具体实践结合起来，坚持和发展几十年实践中形成的关于社会主义本质的理论，关于社会主义初级阶段基本经济制度的理论，关于社会主义市场经济的理论，关于经济发展新常态的理论，关于新发展理念的理论，关于推动新型工业化、信息化、城镇化、农业现代化协调发展的理论，关于坚持以人民为中心的发展思想和逐步实现全体人民共同富裕的理论等。这些理论成果有力指导了我国经济发展实践，是反映当代中国国情和时代特点的马克思主义政治经济学。[①]

　　党的十八大以来，国内外形势发生深刻复杂的变化，中国特色社会主义建设进入新的时代。世界经济复苏乏力，局部冲突和动荡频发，全球性问题加剧，这是我国社会经济发展面临的外部环境；与此同时，经济发展进入新常态，转向高质量发展阶段，这是我国国内经济发展的总体环境和基本特征。面对新的时代及其变化特征，中国特色社会主义政治经济学必须在实践中丰富和发展，并且要经受实践的检验进而指导实践。发展中国特色社会主义政治经济学，就是要不断总结和提炼我国改革开放与社会主义现代化建设的实践经验，这是中国特色社会主义政治经济学的主体内容，也是中国特色社会主义政治经济学对马克思主义政治经济学发展的最大增量。当前，我国正在进行的改革开放和社会主义现代化建设事业，是史无前例的人类发展实践。在实践基础上取得的伟大成就，积累的丰富经验，形成的中国特色社会主义道路、理论、制度和文化，都为中国特色社会主义政治经济学的发展提供了宝贵材料。因此，发展中国特色社会主义政治经济学必须坚持从我国实际出发，从我国改革发展的实践中挖掘新材料、发现新问题、提出新观点、构建新理论，加强对改革开放和社会主义现代化建设实践经验的系统总结，加强对社会主义市场经济改革与发展的分析研究，揭示经济发展的内在规律，提炼出有学理性的新理论总结上升为系统化的经济学说，为中国特色社会主义建设事业提供理论支持和服务。

3. 在推进理论创新中超越西方经济学理论

　　回顾 40 年来我国经济学理论的发展历程，新中国成立初期，我国经济学的教学和研究均以苏联教科书为蓝本，因而对西方经济学理论往往持全盘否定态度。

---

① 张宇：《发展中国特色社会主义政治经济学》，《求是》2016 年第 11 期。

1978 年，党的十一届三中全会明确了经济改革和对外开放的任务，理论界对待西方经济学的态度有了明显改变。特别是 20 世纪 80 年代以来，我国开始介绍和大量引进西方经济学理论。20 世纪 90 年代中期以后，马克思主义政治经济学在我国高校的经济学教育和科研中逐渐被边缘化，西方经济学话语的影响越来越大，这种状况与中国特色社会主义实践发展需要很不相称。

党的十八大以来，中国经济学的西方化现象得到了扭转。2017 年，中央经济工作会议在认真总结我国经济发展取得的成就和发生的变革基础上，首次提出习近平新时代中国特色社会主义经济思想，这意味着中国经济学理论的巨大进步。从世界和全球角度看，习近平新时代中国特色社会主义经济思想，在经济学上为发展中国家的现代化发展、为解决全人类命运问题提供了中国理论和中国贡献。正是在推进中国特色社会主义的伟大实践中，习近平提出"中国特色社会主义政治经济学"这一重要理论范畴，并阐明了构建中国特色社会主义政治经济学理论体系的方法论原则，指明了中国经济学发展的根本方向。在坚持和发展中国特色社会主义政治经济学的影响下，我国马克思主义政治经济学的理论研究空前活跃，越来越多从事西方主流经济学研究的学者开始认识到西方经济学的局限性，许多高校也开始重新重视马克思主义政治经济学的教学工作。这种经济学理论教学和研究的转变趋向，在一定程度上反映了新时代我国经济学界跟随实践变化来发展和变革经济学理论的需要，这也是时代发展赋予我国经济理论工作者的重要责任和历史担当。

西方经济学无疑是现代经济学的重要组成部分，但其理论本身存在许多逻辑缺陷且长期得不到讨论，其霸权地位也已对学术自由造成了严重威胁，这是战后美欧经济学发展的重要教训。我国经济改革的目标是建立完善的社会主义市场经济体制，体制转变时期面临的许多问题既不同于市场经济发达国家，也有别于其他体制转轨国家。因此，中国经济改革是参考借鉴而不是以西方经济学为指导，中国经济改革和发展中遇到的许多问题在西方经济学中找不到答案，以西方经济学为指导可能使中国经济改革和发展误入歧途。特别是当前世界经济形势、世界格局正在发生重要的新变化，中国的理论经济学者更需要进一步强化实践意识、时代意识、问题意识、创新意识、主体意识和世界意识。因此，我国的经济学理论研究应当以中国的经济体制改革和经济发展为主题，全面研究中国和世界的突出经济问题，从中总结和抽象出一般规律，用于指导经济实践并预测发展趋势和动向，才会有强大的生命力和牢固的基础地位，并在理论创新中实现对西方经济学理论的超越。

四、新中国 70 年理论探索的经验总结

（一）在学习和借鉴中坚持以我为主

新中国成立 70 年来，我国经济学理论研究妥善处理坚持马克思主义、借鉴国外理论与从中国实际出发的关系，走出了一条坚持马克思主义为指导，以我为主、借鉴国外实践和理论，立足中国实际的创新发展之路。

在学习和借鉴国外经济学理论中坚持以我为主，就要坚持中国化马克思主义的指导地位。中国化马克思主义是马克思主义基本原理与中国实际相结合的产物，是指导我国社会主义革命、建设、改革、发展的根本思想。毛泽东思想、中国特色社会主义理论体系都是中国化的马克思主义，习近平新时代中国特色社会主义思想是马克思主义中国化的最新成果，是 21 世纪的马克思主义。在学习借鉴国外经济学中，要以中国化马克思主义为思想武器，对其加以分析和鉴别，对其中科学的成分予以吸收，对其中的糟粕就抛弃，反对照抄照搬。

在学习和借鉴国外经济学理论中坚持以我为主，就要坚持从中国的实际需要出发，从解决建设、改革、发展中突出的重大问题的需要出发，对国外经济理论进行检验和筛选。1944 年，毛泽东同志说过：我们既反对盲目接受任何思想也反对盲目抵制任何思想。我们中国人必须用我们自己的头脑进行思考，并决定什么东西能在我们自己的土壤里生长起来。习近平指出："对人类创造的有益的理论观点和学术成果，我们应该吸收借鉴，但不能把一种理论观点和学术成果当成'唯一准则'，不能企图用一种模式来改造整个世界，否则就容易滑入机械论的泥坑。一些理论观点和学术成果可以用来说明一些国家和民族的发展历程，在一定地域和历史文化中具有合理性，但如果硬要把它们套在各国各民族头上、用它们来对人类生活进行格式化，并以此为裁判，那就是荒谬的了。"[①]

（二）有分析地对待国外经济学理论

要正确对待国外经济学理论，首先要掌握国外经济学理论的内容并对其理论进行深入剖析。不论是苏联和东欧的社会主义政治经济学理论，还是西方主流经济学和非主流经济学派的各种西方经济学理论，对国外理论似懂非懂，不加分析就全盘否定，或者照抄照搬，都不是科学的态度。新中国成立初期，我们照搬苏联范式，在较长时间内实行计划经济体制，造成了理论与实际的脱节；改革开放以来的一段时间，在有的领域对西方现代主流经济学盲目照抄照搬，也是教训深刻的。因此，在学习和借鉴国外经济理论时，特别需要客观地分析和判断国外经

[①] 习近平：《在哲学社会科学工作座谈会上的讲话》，人民出版社 2016 年版，第 22 页。

济学理论。

西方经济学理论中的有些内容，在一定程度上反映了现代化大生产和市场经济的规律，体现了资源配置的一般要求。对于作为人类文明成果的部分，我们需要认真借鉴和吸收，这对于我国建立社会主义市场经济体制和进行经济体制改革都具有重要意义。但是必须看到，西方经济学作为来自西方发达资本主义市场经济国家的经济理论，是根据西方发达国家的制度背景和经济条件得出来的。它将西方发达国家的市场经济作为研究对象，分析建立在私有产权基础上的市场运行机制及其作用规律。我国是一个发展中国家，建立的是以公有制为基础的社会主义市场经济体制，与西方发达国家的市场经济体制具有本质区别，因而对于我国社会主义市场经济体制建设和改革时期所出现的问题与面临的困难，西方经济学并不能真正给出合理的解释和有效的治理对策。而且，当代西方经济学的不同流派各自有不同的理论，只有全面深入地了解西方各个学派的理论体系、主要思想和政策主张，了解其理论的差异、争论的交锋及政策实施的效果，才能在借鉴和运用西方经济理论时少犯片面性错误。

此外，西方经济学的基本原理是以一定的假设为前提，运用各种抽象方法推导出来的。这些假设前提往往不具有现实性，或者即使具有现实性也会随着时间变化而发生改变，因而随着经济全球化的不断深入，市场经济中的各种新情况和新问题也会不断涌现。当现实与理论假设之间存在巨大差距时，如果继续将未经重构的西方理论直接套用于社会主义市场经济改革，很容易导致结论上的谬误和政策上的误导。由此，我们运用西方经济学理论研究中国经济问题时，必须从实际出发，切忌乱搬照套；如果脱离实际而照搬西方的经济理论并以此解决实际问题，必然会对社会稳定和经济发展造成危害。因此，我们要以正确的态度对待国外经济学理论，有分析地借鉴和吸收世界各国经济学的有益成分。

（三）创建具有中国特色的经济学理论体系

新中国成立70年以来的理论探索证明，学习和借鉴国外经济理论并非目的，真正的目的在于：要在学习和借鉴的基础上，努力构建适应我国经济发展要求的、具有中国特色的经济学理论体系和话语体系，以指导中国的改革开放和社会主义现代化建设。

当前，我国处在建设社会主义现代化强国的关键时期，立足于时代和实践发展的需要，要在学习和借鉴国外理论的基础上，创建能够服务和助推中国特色社会主义的发展与民族复兴的新的经济学理论体系，这是当代中国经济学界的重大任务。

首先，要注意多方面吸收前人成果。联系中国市场经济改革的实践需要和国外经济理论的发展趋向，构建和发展中国特色社会主义政治经济学需要多方面吸收前人的成果。通常，任何理论都不可能在没有前人理论研究成果的基础上构筑起来。因此，构建适应中国发展需要的具有中国特色的经济学理论体系，应该有自己的理论渊源并不断地发展完善，从而更好地推动中国特色社会主义经济学理论的发展与创新。习近平指出："我们要善于融通古今中外各种资源，特别是要把握好三方面资源。一是马克思主义的资源，包括马克思主义基本原理，马克思主义中国化形成的成果及其文化形态，如党的理论和路线方针政策，中国特色社会主义道路、理论体系、制度，我国经济、政治、法律、文化、社会、生态、外交、国防、党建等领域形成的哲学社会科学思想和成果。这是中国特色哲学社会科学的主体内容，也是中国特色哲学社会科学发展的最大增量。二是中华优秀传统文化的资源，这是中国特色哲学社会科学发展十分宝贵、不可多得的资源。三是国外哲学社会科学的资源，包括世界所有国家哲学社会科学取得的积极成果，这可以成为中国特色哲学社会科学的有益滋养。要坚持古为今用、洋为中用，融通各种资源，不断推进知识创新、理论创新、方法创新。我们要坚持不忘本来、吸收外来、面向未来，既向内看、深入研究关系国计民生的重大课题，又向外看、积极探索关系人类前途命运的重大问题；既向前看、准确判断中国特色社会主义发展趋势，又向后看、善于继承和弘扬中华优秀传统文化精华。"[1]

其次，要采取科学的研究方法。构建中国特色社会主义政治经济学，一定要坚持辩证唯物主义和历史唯物主义的方法论，同时要汲取国外经济学的有益方法。例如，采取理论假定的方法，在具体理论构建的基础上通过前提假设的进一步梳理和整合、对变量进行相应设置和调整，创立适应中国实践需要的经济学。同时也可以借鉴现代社会科学的研究方法，如法学的案例分析法、史学的归纳法、现代科学哲学的系统论，以及控制论、信息论中的有关方法等，并将各种方法交互使用、有机结合，从而使政治经济学不仅具有科学的理论结构，而且具有解释现实经济问题的能力。经济学相比自然科学最显著的特点在于它是一门非实验科学，在理论被正式用于指导实践之前不可能像自然科学一样通过设立实验室来提前进行精确的检验，而模拟实际的案例研究便是对实验室实验的替代。比如，在对案例进行讲解和分析的基础上，通过对理论进行证实或证伪并逐步修正和完善理论，将能够为理论应用于社会经济实践提供典范。此外，还有数学工具的合理运用。辩证唯物主义和历史唯物主义是马克思经济学坚持的根本研究方法，放弃了这个方法论基础，也就意味着丢弃了其学科特色。但是，正如马克思在创立政治经济学过程中开放地吸收当时社会科学乃至自然科学的一切先进的、合理的具体分析方法，政治经济学改革的一个重要内容就是科学而合理地运用分析工具，特别是

---

[1] 习近平：《在哲学社会科学工作座谈会上的讲话》，人民出版社 2016 年版，第 20 页。

在研究方法上解决正确处理辩证唯物主义和历史唯物主义方法论基础与数学、统计等具体分析工具的关系。既不能因为坚持辩证唯物主义与历史唯物主义而排斥和影响其他具体分析工具的运用，也不能因为使用数学或统计学方法而取消了辩证唯物主义和历史唯物主义的基础地位。辩证唯物主义和历史唯物主义是认识人类社会本质的最为有效的方法，是经济学深入认识到经济现象最本质层次不可或缺的手段，但它缺乏量的、分析性的范式或工具，在研究精度上有所欠缺；而数学的或统计的方法虽然难以揭示社会现象的本质，但是在描述经济现象的量的特征方面具有特殊的功能，对于研究短期的、简单的、静态的现象或提高研究精度非常有力。因此，在运用经济理论研究现实问题时，可以在分析方法上有所侧重，如政治经济学在揭示经济社会发展的本质问题、长期问题、动态问题时应该坚持运用辩证唯物主义和历史唯物主义方法论，但是在描述经济生活的现象形态、短期与静态特征时也可以引进和运用数学的、统计分析的工具。这样既可以保证政治经济学对经济社会本质问题的洞察力，又能够保证其认识的精确性。

最后，要坚持从中国实际出发、以我为主，同时面向世界。经济学首先要研究各个国家的特殊规律，在此基础上才可以揭示为数不多的人类经济发展的一般规律。中国的特殊国情，决定了必须在汲取国外经济学长处的基础上建立适应中国国情的经济学。与自然科学不同，任何一种经济理论都是对特定的、具体的、历史的社会经济实践活动的概括和总结，并为特定的具体的社会经济服务。西方经济学是在西方社会经济制度与历史文化背景下发生和发展起来的，是对西方资本主义经济发展实践的概括和总结，并为资本主义经济制度服务。但中国现实的经济制度、基本国情、文化传统等都与西方国家存在根本不同，这就决定了必须对中国社会经济活动的实践进行概括和总结，努力创建具有中国特色的经济学理论体系，以指导中国的改革开放和社会主义经济建设实践。今天，中国经济发展已经进入新时代。随着经济全球化的发展，中国经济与世界经济已高度融合在一起。因此，中国特色社会主义政治经济学也要关注世界经济的发展，研究经济全球化发展中突出的新问题，提出解决问题的中国理论和中国方案，为世界为人类的共同发展贡献中国智慧和中国力量。

总的来说，新中国成立70年特别是改革开放40多年来，中国的经济理论在与中国社会主义市场经济体制建设和改革开放实践的互动中获得了很大发展。市场经济体制建设和改革开放的伟大实践为中国的经济学研究提供了丰富的内容，不同历史时期对各种国外经济学理论的学习和借鉴则为中国的经济学发展带来了新鲜的理论素材与研究方法，这些实践和理论共同促使中国的理论经济学不断得到创新和发展。在习近平新时代中国特色社会主义经济思想的指引下，伴随着中国改革开放的历史进程和社会主义市场经济建设事业的伟大实践，中国的理论经济学必将迎来更大的发展和更加辉煌的成就！

参考文献：

[1]《马克思恩格斯文集》第 1—10 卷，人民出版社 2009 年版。

[2]《列宁专题文集（论社会主义）》，人民出版社 2009 年版。

[3]《斯大林选集》（上下），人民出版社 1975 年版。

[4] 中共中央宣传部：《习近平总书记系列重要讲话读本（2016 年版）》，人民出版社 2016 年版。

[5] 中共中央文献研究室：《习近平关于社会主义经济建设论述摘编》，中央文献出版社 2017 年版。

[6] 赵晓雷：《新中国经济理论史》，上海财经大学出版社 1999 年版。

[7] 张卓元：《当代中国经济学理论研究（1949—2009）》，中国社会科学出版社 2009 年版。

[8] 柳欣、刘刚：《中国经济学三十年》，中国财政经济出版社 2008 年版。

[9] 柳欣、秦海英：《新中国经济学 60 年》，中国财政经济出版社 2010 年版。

[10] 白永秀、任保平：《新中国经济学 60 年（1949—2009）》，高等教育出版社 2010 年版。

[11] 张宇：《中国特色社会主义政治经济学》，中国人民大学出版社 2016 年版。

[12] 逄锦聚等：《中国特色社会主义政治经济学通论》（修订版），经济科学出版社 2018 年版。

[13] 顾海良：《中国特色社会主义政治经济学史纲》，高等教育出版社 2019 年版。

第五章 中等收入陷阱有关争论及其对中国经济的启示

郭金兴

一、引言

现有发展理论更关注低收入国家的贫困陷阱和经济起飞，暗示落后国家一旦实现经济起飞，将顺利实现向现代经济增长模式的转变，收入水平也将向发达国家收敛。但是，始料未及的是，这些国家在实现经济起飞之后，通常难以实现由中等收入向高收入水平的跨越。基于东南亚和拉美地区经济增长的长期经验，世界银行在 2006 年的研究报告中提出"中等收入陷阱"这一概念，意指中等收入国家的制造业面临低收入国家的竞争，丧失了低成本优势，且缺乏发达国家的创新能力，难以在知识密集型产品和产业方面与之竞争。因此，其原来的增长方式和增长速度难以为继，从而失去发展的动力，导致经济停滞不前。2010 年之后，随着中国迈入中高收入阶段，经济增速出现了持续下滑，这引发了对中国未来经济增长的担忧，中国是否可能落入"中等收入陷阱"成为国内外研究关注的焦点问题。

但是，作为一个新提出的概念，应当如何准确地界定"中等收入陷阱"？从各国长期发展的经验来看，这一陷阱是否真的存在？如果存在的话，其形成的原因与机制是什么？针对这些关键问题，学术界展开了激烈的争论。本文基于现有文献，试图厘清"中等收入陷阱"的研究现状，归纳主要的研究结论。在此基础上，本文展望了中国经济跨越中等收入陷阱的前景，并提出了相应的政策建议。

除引言外，本文第二部分考察了有关收入组别和陷阱界定标准的争论，分析以绝对收入水平和相对收入水平划分组别所依据的经济学理论或逻辑，讨论陷阱的各种可操作性界定；第三部分从实证研究的角度，考察中等收入陷阱是否存在；第四部分从教育、收入分配和制度三个角度，分析中等收入陷阱形成的主要原因和作用机制；第五部分考察以上讨论对于中国经济的启示；最后是本文的小结。

二、什么是中等收入陷阱?

（一）中等收入的界定

界定中等收入陷阱，首先需要明确划分收入水平的依据，具体而言，主要包括绝对收入水平和相对收入水平两种方法。按照绝对收入水平划分收入组别，最典型的是世界银行划分标准，即采用阿特拉斯（Atlas）汇率方法按当年价格计算人均国民总收入（GNI），这是目前应用最为广泛的界定标准。该方法以 1987 年收入水平为基准，将低于 480 美元的国家划为低收入国家，481—1940 美元的为中低收入国家，1941—6000 美元的为中高收入国家，6000 美元以上的为高收入国家，此后收入门槛根据通货膨胀率和汇率逐年调整，如图 5.1 所示。在此基础上，我们对 1987—2017 年处于不同收入组别的国家数量进行了统计。如图 5.2 所示，高收入国家数量的上升趋势十分明显，1987 年只有 40 个左右，到 2017 年翻了接近一倍。低收入国家数量在 2000 年后迅速下降，从 1987 年的 49 个减少至 34 个。中高收入国家不断增多，与中低收入国家数量的差距在不断减小。根据世界银行最新数据显示，2017 年统计的 217 个国家中有 80 个高收入国家，34 个低收入国家，103 个中等收入国家，其中 47 个下中等收入国家，56 个上中等收入国家。为了将数据的时间范围扩展至 1987 年之前，菲利佩（Felipe，2012）将世界银行的分组标准与麦迪逊（Maddison）数据库相结合，将人均 GDP 处于 2000—7250 国际元[①]定义为中低收入阶段，7250—11750 国际元定义为中高收入阶段，分类的结果与前者相似。[②]

---

① 国际元是采用购买力平价方法将不同国家货币转化而成的统一货币计量单位。

② Felipe J. "Tracking the Middle-income Trap: What is It, Who is in It, and Why?" *Levy Economics Institute of Bard College Working Paper*, 2012(715).

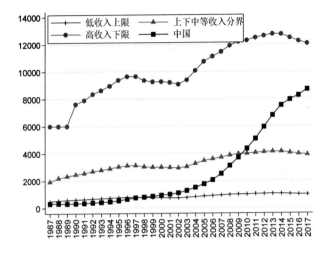

图 5.1　1987—2017 年世界银行收入组别划分标准

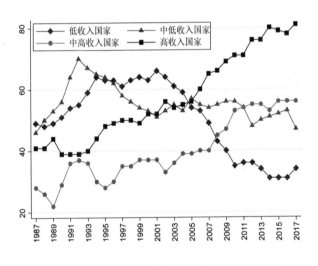

图 5.2　1987—2017 年不同收入组的国家数目

数据来源：世界发展指数（World Development Indictors，WDI），http://www.worldbank.org.cn/。

相对收入法是以高收入国家的人均收入水平为标准参照组，根据各个国家的人均收入水平占参照组国家人均收入水平的比例来划定不同的收入组别。吴（Woo）考虑到科技进步与创新使国家发展潜力不断增长，因此认为收入分类不应建立在绝对水平的基础上。①他将美国作为世界发展的前沿，将其他国家的人均 GDP 占同期美国人均 GDP 的比例定义为"追赶指数"（Catch-UP Index，CUI），将赶超指数处于 20%—55% 的国家定义为中等收入国家。克雷默（Kremer）等、艾姆（Im）和罗森布拉特（Rosenblatt）将收入组别进一步细分，前者将美国人均收入的 1/16、1/8、1/2 分别作为低、中低、中中、中高和高收入组的分界值②，后者将这一门槛值定为 15%、30%、45% 和 60%③。参照上述文献，我们将低收入门槛和高收入门槛分别定为美国人均 GDP 的 10% 和 50%，利用宾夕法尼亚大学国际比较中心提供的世界表数据，将各国 1960 年和 2014 年的数据制成散点图，如图 5.3 所示。在 111 个经济体中，1960 年低、中、高经济体的数量分别为 42 个、50 个和 19 个，2014 年分别为 37 个、45 个和 29 个。在过去的半个多世纪中，1960 年的 50 个中等收入经济体有 30 个仍停留在这一组别，有 11 个跃升至高收入组别，有 9 个降至低收入组别。④

关于两种收入划分标准，存在以下三点评论。一是绝对收入水平与生活标准和福利水平相关，只要长期人均收入保持正增长，不管时期有多长，总可以达到高收入水平。就此而言，陷阱可能并不存在。相对收入代表了由后发优势形成的赶超潜力，相对收入水平越低，距离世界前沿越远，后发优势越明显，增长潜力越大。但很多中等收入国家在距离前沿仍然较远的情况下，收入增速大幅下降，收敛速度明显减慢，在有限的时间内很难实现向高收入经济体的成功跨越。这些国家为何未能将后发优势转变为现实的增长，正是研究中等收入陷阱需要研究的问题。二是就高收入水平而言，相对收入的门槛要远远高于绝对收入。以 2017 年的数值为例，世界银行的高收入门槛值仅相当于同期美国人均收入水平的 20.69%，远低于 50%—60% 的相对收入门槛值。三是从收入转移矩阵的分析结果来看，跨越由相对收入界定的高收入门槛，即可以很高的概率停留在这一组别，这更能代表经济发展的成功。综上所述，研究中等收入陷阱问题时，相对收入更宜作为分组的标准。

---

① Woo W. T. "China Meets the Middle-income Trap: The Large Potholes in the Road to Catching-up." *Journal of Chinese Economic and Business Studie,* 2012, 10(4).

② Kremer M. et al. "Searching for Prosperity." *Carnegie-Rochester Conference Series on Public Policy*, 2001, 55(1).

③ Im F. G., D. Rosenblatt. "Middle-income Traps: A Conceptual and Empirical Survey." *World Bank Policy Research Working Paper*, 2013(6594).

④ 11 个跨越高收入门槛的中等收入经济体分别是葡萄牙、西班牙、爱尔兰、意大利、以色列、日本、赤道几内亚、新加坡、中国香港、中国台湾和韩国，其中前五位在地理和文化上均属于欧洲或欧洲边缘国家，日本在第二次世界大战之前已迈入世界强国行列，新加坡和中国香港为人口数百万的城市经济体，赤道几内亚的人口仅略高于一百万。因此，实际上只有韩国和中国台湾这两个中等规模经济体对亚非拉广大的发展中国家跨越中等收入阶段具有一定的借鉴意义。

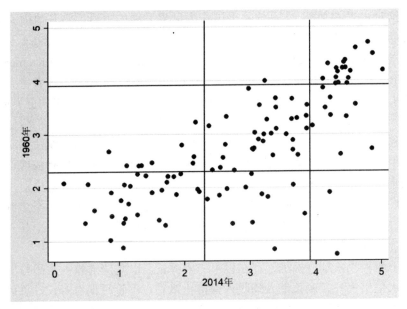

图 5.3　1960 年和 2014 年各国的相对收入

注：纵轴为 1960 年各国按购买力平价法以 2010 年不变价格计算的人均 GDP 与美国之比的百分数的自然对数，横轴为 2014 年数据，纵轴与横轴的两条线分别代表 10%和 50%的水平。根据宾夕法尼亚大学世界表 9.0 版计算而得。

（二）"中等收入陷阱"的界定

目前，对中等收入陷阱的具体界定主要有三个标准，即增速下滑、收敛乏力和增长分化。[1]对于中等收入陷阱最为直观的描述就是，一国进入中等收入阶段之后，增长出现停滞甚至衰退，因而无法跨越高收入门槛，长期停留在中等收入阶段。[2]因此，较长的停留时间和较低的经济增长率成为界定中等收入陷阱的关键指标。[3]一些实证研究正是从这一角度比较不同收入阶段增速下滑发生的概率，进而

① 郭金兴、胡佩选、牛牛：《中等收入陷阱的经验证据、理论逻辑及其对中国经济的启示》，《经济学动态》2014 年第 1 期。

② Gill I. S., Kharas H. J.and Bhattasali D. "An East Asian Renaissance: Ideas for Economic Growth." *World Bank Publications*, 2007；胡鞍钢：《中国会掉进"中等收入陷阱"吗？》，《商周刊》2010 年第 15 期；王一鸣：《"中等收入陷阱"的国际比较和原因分析》，《现代人才》2011 年第 2 期；郑秉文：《"中等收入陷阱"与中国发展道路——基于国际经验教训的视角》，《中国人口科学》2011 年第 1 期；张德荣：《"中等收入陷阱"发生机理与中国经济增长的阶段性动力》，《经济研究》2013 年第 9 期；姚枝仲：《什么是真正的中等收入陷阱？》，《国际经济评论》2014 年第 6 期。

③ 郭熙保、朱兰：《"中等收入陷阱"存在吗？——基于统一增长理论与转移概率矩阵的考察》，《经济学动态》2016 年第 10 期。

说明中等收入陷阱是否存在。①另一些学者则通过考察部分经济体成功跨越中高收入门槛和高收入门槛的经验，推断实现跨越所需达到的增长速度和停留时间。②

收敛乏力是指中等收入经济体长期以来未能显著缩小与发达经济体之间的差距，甚至出现了相对的衰落。比如，罗伯逊（Robertson）和叶（Ye）测量了中等收入经济体与代表性高收入经济体人均收入之比的动态趋势，认为如果某一中等收入经济体的该比值长期趋于平稳，且低于高收入门槛，则有可能落入陷阱。③林志帆从条件收敛的角度，将陷阱界定为连续 5 年以上该中等收入经济体的实际经济增速小于理论预测值。④

增长分化针对的是中等收入经济体跨越高收入门槛的或然性，表现为少数经济体能够成功跨越，而多数则停留在这一水平，甚至还会降至低收入组别。这暗示了中等收入阶段可能会出现一些特殊的困难，各国应对这些困难的能力不同，因此经济增长的绩效出现了明显的分化。相对于低收入和高收入经济体以很高的概率停留在原来的组别，中等收入经济体向其他收入组别跃迁的概率更高。借助于柯（Quah）发展的收入转移矩阵的方法⑤，考察不同收入阶段的经济体在各收入组别的分布与变迁，有助于更深入地了解中等收入陷阱的特征。

中等收入陷阱的三种界定标准实际上是从不同角度描述后发经济体在经济赶超过程中的表现。正是因为增长速度降至与发达经济体相近甚至更低的水平，所以才无法实现向高收入经济体的有效收敛。当多数中等收入经济体都表现出类似的特征时，总体分布上会呈现出大部分经济体滞留在本组、少数跃升至更高收入组别或跌落至更低收入组别的特征。当然，三种标准之间也有一些细微的差别，增速下滑考察的是绝对收入的变化，而收敛乏力考察的是相对收入的变化。前两种方法考察的对象都是经济体个体，而增长分化则是从总体上对中等收入陷阱进行界定。经济赶超本质上是后发经济体对发达经济体的追赶和超越，因此相较而言，收敛乏力可能是一个更为关键的标准。

① Eichengreen B. et al. "When Fast Growing Economies Slow Down: International Evidence and Implications for China." *NBER Working Paper*, 2011(w16919).

② Felipe J. "Tracking the Middle-income Trap: What is It, Who is in It, and Why?" *Levy Economics Institute of Bard College Working Paper*, 2012(715)；韩文龙、李梦凡、谢璐：《"中等收入陷阱"：基于国际经验数据的描述与测度》，《中国人口·资源与环境》2015 年第 25 卷 11 期。

③ Robertson P. E., Ye L. "On the Existence of a Middle Income Trap." *University of Western Australia Economics Discussion Paper*, 2013.

④ 林志帆：《"中等收入陷阱"存在吗?——基于增长收敛模型的识别方法》，《世界经济研究》2014 年第 11 期。

⑤ Quah D. "Galton's Fallacy and Tests of the Convergence Hypothesis." *Scandinavian Journal of Economics*, 1993, 95(4).

三、中等收入陷阱存在吗？

在对中等收入陷阱作出具体的界定之后，通过归纳和比较不同收入水平经济体的程式化事实，可以验证陷阱是否存在。由于数据来源、样本范围、分组界定、判断标准有所区别，不同文献得出的结论并不一致，虽然总体上文献倾向于确认陷阱的存在，但是也有部分学者对此持反对意见。

（一）增速下滑

艾肯格林（Eichengreen）等最早提出了增速下降的可操作的定义，证明以 2005 年不变价格计算的人均 GDP 处于 1 万美元和 1.5 万美元左右时，经济增长出现显著下降的概率更高，从而证实"中等收入陷阱"的存在。[1]这两个数值大约相当于美国 2005 年人均 GDP 的 20% 和 30%，按相对收入标准衡量，正处于中等收入水平。艾亚尔（Aiyar）等发现无论采用何种收入分组标准，中等收入国家出现增速放缓的概率均明显高于低收入和高收入国家。[2]在中等收入陷阱命题提出之前，有文献表明，在全球化时期各国经济增长率按收入排序呈 U 型分布，这意味着中等收入国家的经济增速低于高收入和低收入国家，这可以作为中等收入陷阱存在的一个佐证。[3]但是也有学者发现，如果扩大样本的范围，与低收入或高收入国家相比，中等收入国家增长停滞的概率相当甚至更低[4]；中等收入国家的经济增速也并不低于其他收入水平的国家[5]，因此认为"中等收入陷阱"是一个伪命题，并质疑其研究的意义。

从增速下滑的角度验证中等收入陷阱，有三点需要注意。一是下滑标准的界定带有一定的随意性和主观性，对分析的结果会产生重要的影响。这一标准的设定应考虑到与高收入经济体的比较，因为中等收入经济体只有在增速与高收入经

---

① Eichengreen B. et al. "When Fast Growing Economies Slow Down: International Evidence and Implications for China." *NBER Working Paper*, 2011(w16919); Eichengreen B. et al. "Growth Slowdowns Redux." *Japan and the World Economy*, 2014, 32(11).

② Aiyar, M. S. et al. "Growth Slowdowns and the Middle-income Trap." *International Monetary Fund Working Paper*, 2013(1371).

③ Garrett G. "Globalization's Missing Middle." *Foreign Affairs*, 2004, 83(6); Eeckhout J., B. Jovanovic. "Occupational Sorting and Development." *NBER Working Paper*, 2007(w13686).

④ 徐康宁、陈丰龙：《经济增长的收入"门槛"效应及其阶段特征——兼评"中等收入陷阱"之说》，《东南大学学报（哲学社会科学版）》2013 年第 15 卷 1 期；Pritchett L., L. H. Summers. "Asiaphoria Meets Regression to the Mean." *NBER Working Paper*, 2014(w20573).

⑤ Bulman D. et al. "Transitioning from Low-income Growth to High-income Growth: Is There a Middle Income Trap? " *World Bank Policy Research Working Paper*, 2014(7104)；华生、汲铮：《中等收入陷阱还是中等收入阶段》，《经济学动态》2015 年第 7 期。

济体持平或更低时，才有可能落入陷阱。二是增长速度随收入水平提高而下降可能具有普遍性。这与产业结构的转变有关，因为随着收入水平的提高，服务业在经济中的比重不断增加，由于服务业生产率增长较其他产业更为缓慢，这会导致经济整体增速的下降。[①]三是不同收入阶段可能都存在增速下滑的现象，甚至低收入阶段出现增速下滑的概率可能大于中等收入阶段，但是这并不能否定中等收入陷阱的存在，换言之，低收入陷阱、中等收入陷阱和高收入陷阱可能同时存在。

（二）收敛乏力

研究收敛乏力涉及大量有关经济收敛的实证文献。有经验表明，在控制储蓄率、人口增长、人力资本积累、政府作用等因素的条件下，收入水平较低国家的人均收入大约以每年2%的速度向高收入国家收敛。[②]但是既往文献并没有特别关注不同收入阶段收敛速度的特征与差异。大多数文献均证实，除少数经济体外，中等收入经济体难以在有限的时间内显著缩小与高收入经济体的差距。比如，艾姆和罗森布拉特发现，按照过去25年来各国的实际增速计算，世界主要新兴经济体的人均收入无法在50年内赶上美国或经合组织（Organization for Economic Co-operation and Development，OECD）国家的平均水平，只有中国是唯一的例外。[③]姚枝仲也得出了与之类似的结论，发现中等收入国家在向高收入阶段迈进的过程中，可能有40%以上的时期，不仅不会缩小与美国的收入差距，反而会扩大。[④]艾亚尔等基于条件收敛模型，发现中等收入国家偏离理论预测值的概率是最大的。[⑤]林志帆以同样的方法证实了中等收入陷阱的存在，并发现中低收入国家落入"陷阱"的概率会更高。[⑥]但是，巴罗（Barro）得到的结论与之相反，他并没有发现从中等收入国家收敛到高收入国家，比从低收入国家收敛到中等收入国家的难度更大。[⑦]罗伯逊和叶考察了46个中等收入国家相对收入的变化趋势，发现只有5个国家稳定地缩小了与发达国家的差距，其他国家或者差距有所扩大，或者收敛的

---

① 袁富华：《长期增长过程的"结构性加速"与"结构性减速"：一种解释》，《经济研究》2012年第47卷3期。

② Barro R., X. sala -i- martin. "Convergence across States and Regions." *Brookings Papers on Economic Activity*, 1991 (1); Mankiw N. G. et al. "A Contribution to the Empirics of Economic." *Quarterly of Journal of Economics*, 1992 (5).

③ Im F. G., D. Rosenblatt. "Middle-income Traps: A Conceptual and Empirical Survey." *World Bank Policy Research Working Paper*, 2013(6594).

④ 姚枝仲：《什么是真正的中等收入陷阱?》，《国际经济评论》2014年第6期。

⑤ Aiyar, M. S. et al. "Growth Slowdowns and the Middle-income Trap." *International Monetary Fund Working Paper*, 2013(1371).

⑥ 林志帆：《"中等收入陷阱"存在吗?——基于增长收敛模型的识别方法》，《世界经济研究》2014年第11期。

⑦ Barro R. J. "Economic Growth and Convergence: Applied Especially to China." *NBER Working Paper*, 2016(w21872).

趋势不具有显著性。[①]

从收敛乏力的角度判断"中等收入陷阱"，有三点值得关注。一是这一标准聚焦于落后国家的后发优势与经济赶超，将长期无法实现向高收入水平的收敛作为落入陷阱的判断标准，这有助于甄别落入陷阱的原因，符合直观的经验，即多数中等收入经济体长期无法突破高收入门槛，同时也得到了多数实证文献的支持。二是这一标准将达到发达经济体收入水平的一定比例作为高收入门槛，可能具有重要的现实意义，因为后文增长分化的实证研究表明，当经济体跨越这一门槛后，长期处于高收入组别的概率很高，而不像中等经济体那样容易下滑至低收入水平。这种稳定性正是发达经济体的重要标志。三是采用收入水平的收敛作为判断依据，暗示收入水平是判定经济成功的主要的甚至唯一的标准，这有可能造成对其他发展指标的忽视。[②]第二次世界大战以后，很多中等收入国家虽然没有在收入水平方面缩小与发达经济体的差距，但是健康和教育等社会福利状况有明显的改善。[③]就此而言，"陷阱"一词可能具有一定的误导性，毕竟收入和增长只是发展的手段而并非发展的目的。

（三）增长分化

增长分化作为判断中等收入陷阱的标准，源于柯有关收入水平转移矩阵的开创性研究，即从总体上考察经济体在不同收入组别的跃迁和分布。[④]初步的观察表明，无论是长期还是短期，低收入和高收入经济体都会以很高的概率停留在原来的组别中，而中等收入经济体转移至其他收入组别的概率会很高，停留在原组别的概率远低于低收入和高收入经济体。[⑤]但也有学者指出，这一特征否定了中等收入陷阱的存在，因为按照这一特征，中等收入经济体最终都会跃升至高收入水平，或跌落至低收入水平，但不会滞留在中等收入阶段。[⑥]这表明不同学者对同一现象有着不同的理解。韩（Han）和魏（Wei）的结论与之类似，但是在划分收入组别

① Robertson P. E., Ye L. "On the Existence of a Middle Income Trap ", *University of Western Australia Economics Discussion Paper*, 2013.

② 郭金兴、胡佩选、牛牛：《中等收入陷阱的经验证据、理论逻辑及其对中国经济的启示》，《经济学动态》2014 年第 1 期。

③ Im F. G., D. Rosenblatt. "Middle-income Traps: A Conceptual and Empirical Survey." *World Bank Policy Research Working Paper*, 2013(6594).

④ Quah D. "Galton's Fallacy and Tests of the Convergence Hypothesis." *Scandinavian Journal of Economics*, 1993, 95(4).

⑤ Im F. G., D. Rosenblatt. "Middle-income Traps: A Conceptual and Empirical Survey." *World Bank Policy Research Working Paper*, 2013(6594)；姚洋、柳庆刚：《经济增长差异和外部失衡》，《中国高校社会科学》2013 年第 6 期。

⑥ 郭熙保、朱兰：《"中等收入陷阱"存在吗？——基于统一增长理论与转移概率矩阵的考察》，《经济学动态》2016 年第 10 期。

时实际上采用了绝对收入门槛，这降低了跨越高收入门槛的难度。[①]此外，根据该文的估计，所有国家最终均可达到中高收入和高收入水平，但是完全实现这一点，需要近500年的时间。考虑到出现现代意义上的经济增长至今不过200年的时间，以如此长的时间来反驳陷阱的存在性，显得较为牵强。

从增长分化的角度研究中等收入陷阱，同样有三点值得注意。一是按照相对收入还是绝对收入来划分收入组别，对实证结果会产生一定影响，如果用绝对收入来划分的话，中等收入经济体有更高的概率跃升至高收入组别。二是低收入和中等收入经济体跃升至更高收入组别的概率都较小，这意味着低收入陷阱和中等收入陷阱可能同时存在，即使中等收入经济体实现跨越的概率略高于低收入经济体，也不能否定中等收入陷阱的存在。三是比较低收入与中等收入经济体在不同收入组别的变迁特征，可以发现低收入陷阱与中等收入陷阱存在一点明显的区别，即低收入陷阱往往意味着经济停滞，而中等收入陷阱意味着经济增长的分化，即少数跃迁至更高收入组别，大部分停留在原来的组别中，也有相当数量的经济体会滑落至更低的收入组别。这表明在低收入阶段和中等收入阶段，制约经济增长的因素可能有所不同。

四、中等收入陷阱的关键成因是什么?

与中等收入陷阱的存在性相比，学术界对其成因的争论更大，所有与经济增长有关的因素几乎均被提及，如人口结构、技术进步、发展战略、宏观经济管理、产业结构升级等。[②]按照一般的增长理论，影响长期经济增长的因素可以分为直接因素和根本原因，前者包括要素投入和技术进步等，后者是影响直接因素的经济社会条件。限于篇幅，本文基于目前的文献，主要对教育、收入分配与制度这三个根本原因进行分析。

(一)教育水平与教育结构

新增长理论阐明了人力资本或教育对经济增长的关键作用[③]，对跨越中等收入陷阱而言，教育同样重要。教育促进中等收入经济体成功跨越的机制，可以从教育水平与教育结构两方面进行分析。教育水平的提高对芬兰、韩国、捷克等赶超型经济体成功跨越高收入门槛发挥了重要作用，而教育水平明显滞后的拉美与

[①] Han X., Wei S. "Re-examining the Middle-income Trap Hypothesis (MITH): What to Reject and What to Revive?" *Journal of International Money and Finance*, 2017 (73).

[②] 龚刚等：《建设中国特色国家创新体系　跨越中等收入陷阱》，《中国社会科学》2017年第8期。

[③] Romer P. "Human Capital and Growth: Theory and Evidence." *Carnegie-Rochester Conference Series on Public Policy*, 1990 (32).

东南亚各国则增长缓慢或者停滞。这表明在实现收入收敛之前，需要先实现教育水平的收敛。此外，教育水平的提高还有利于提高民众的社会素质和民主素养，合理表达社会诉求，缓解社会矛盾，促进社会转型，和谐稳定的社会秩序也为经济持续增长创造良好的环境。[①]

教育结构的改变与提升是跨越陷阱的必要条件。中等收入经济体向高收入水平迈进，需要克服收入水平和工资成本上升带来的压力，靠的是增长方式的转变，即经济增长的主要驱动力由要素投入转向创新和技术进步，而且创新模式需要由模仿或适应性创新转向自主创新或破坏性创新，这就对教育结构提出了更高的要求。[②]基础教育和中等教育对低收入和中低收入国家的经济增长更重要，而高等教育对中高收入和高收入国家更重要。[③]高素质、高技能的劳动供给有助于促进技术进步，改善就业结构，实现产业结构的升级。同时，教育结构还指教育资源在不同地区和不同人群之间的分配，更为合理的教育结构可以缩小地区和群体间的教育差距，充分发挥每个人的天赋，有助于进一步缩小收入差距，促进更为平等的收入分配[④]，提高消费需求在总需求中的比重，形成更为合理的需求结构[⑤]。

（二）收入分配

库兹涅茨（Kuznets）的经典研究表明，收入分配随经济发展呈倒 U 型曲线[⑥]，然而，在中等收入阶段收入分配的改善并不会自然而然地实现，只有那些有效实施了各种缓和收入差距的经济政策和社会政策的经济体才有可能实现，进而保障经济增长和社会稳定。更为平均的收入分配有助于中等收入经济体实现跨越，一些国别的和跨国的实证分析均证实了这一点。[⑦]图 5.5 和图 5.6 比较了已跨越和未跨越中等收入陷阱的两组国家的基尼系数。在已跨越组中，多数经济体基尼系数在 40%以下，只有智利高于 45%；而在未跨越组中，多数国家基尼系数在 40%以上，仅有泰国显著低于这一水平。

---

① 张勇、王慧炯、古明明：《发展教育是跨越"中等收入陷阱"的关键——通过发展教育和转型来规避"中等收入陷阱"》，《教育与经济》2012 年第 2 期。

② Vandenbussche J. et al. "Growth, Distance to Frontier and Composition of Human Capital."*Journal of Economic Growth*, 2006(11).

③ Petrakis P. E., D. Stamatakis. "Growth and Educational Levels: A Comparative Analysis." *Economics of Education Review*, 2002, 21(5); Keller, K. "Investment in Primary, Secondary, and Higher Education and the Effects on Economic Growth." *Contemporary Economic Policy*, 2006, 24(1).

④ 姚先国、张海峰：《教育、人力资本与地区经济差异》，《经济研究》2008 年第 5 期。

⑤ 陈磊、张涛、乐文平：《长短期融资对产业选择的影响：中国台湾和韩国的比较》，《上海金融》2012 年第 1 期。

⑥ Kuznets S. "Economic Growth and Income Inequality."*American Economic Review*, 1955, 3(45).

⑦ Barro R. J. "Inequality and Growth in a Panel of Countries." *Journal of Economic Growth*, 2000, 5(1)；乔俊峰：《跨越"中等收入陷阱"的公共政策因应：韩国做法及启示》，《改革》2011 年第 8 期。

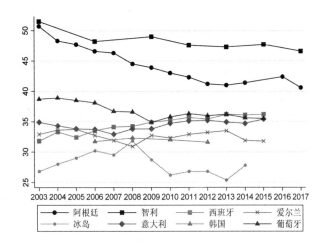

图 5.5　跨越组国家的基尼系数

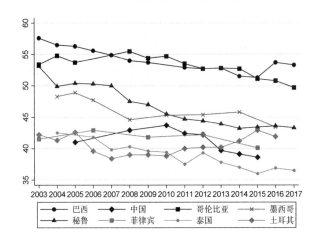

图 5.6　未跨越组国家的基尼系数

数据来源：世界银行 WDI 数据库，基尼系数取值范围为 0—100。

　　收入分配差距过大导致一些国家落入中等收入陷阱，主要作用机制如下。一是收入分配差距越大，消费倾向越低，消费在总需求中的比例越低，经济增长越依赖于投资驱动，最终导致有效需求不足和经济衰退。同时，在达到中高收入水平以后，收入分配差距越大，对本国生产的高质量产品的需求越弱，影响本国企业的自主创新，不利于增长方式的转变。①二是在金融市场不完善的条件下，由于受到信贷约束，不平等的收入分配会阻碍人力资本和物质资本的积累。②三是收入差距过大会使政府出台更多的分配性政策而非生产性政策，扭曲对工作与投资的激励，也会使政府背负更严重的财政赤字，容易引发债务危机或恶性通货膨胀，影响宏观经济的稳定性。③四是收入差距过大容易激发社会冲突，扰乱社会秩序，阻碍经济增长。④实际上，中等收入阶段经济增长停滞和收入分配恶化可能形成循环累积效应，大多数国家难以摆脱这一陷阱。⑤

（三）制度质量

大多数经济学家均认可制度对于长期经济增长的根本性作用⑥，对于跨越中等收入陷阱而言，制度是最关键的因素，因为无论是鼓励创新、促进产业结构升级和经济发展方式的转变，还是提升教育水平、改善教育结构、缩小收入差距、保持宏观经济和社会稳定，都对制度提出了更高的要求。制度质量主要体现为制度的适应性效率，即随着经济条件和内外部环境的变化及时调整制度安排与具体政策，回应和解决新的问题与冲突，实现经济持续稳定增长。因此，在不同收入水平下，对制度的具体要求也有所不同。⑦对低收入和中低收入经济体而言，由于其后发优势比较明显，经济增长的主要动力来自资源的重新配置，强大的国家能力能够更有效地动员各类要素资源，并提供基本的基础设施和公共服务，有利于实现经济较快增长。⑧对高收入和中高收入经济体而言，由于处于或接近生产前沿，无法通过模仿来实现效率的提升，必须以破坏性创新作为增长的主要动力，这时就需要建立更加开放和包容的制度，强调法治，对国家和政府进行有效的约束，允许企业和个人进行自由的探索和尝试。

因此，跨越中等收入陷阱不仅是经济增长方式的转变，也是经济社会制度的改进与完善，但是，对于后发国家而言，这恰恰是其短板。其由于制度质量或适

---

① 程文、张建华：《产业创新升级视角下"中等收入陷阱"的跨越》，《产经评论》2018 年第 9 卷 4 期。

② 贺大兴、姚洋：《不平等、经济增长和中等收入陷阱》，《当代经济科学》2014 年第 36 卷 5 期。

③ Dornbusch R., S. Edwards. "Macroeconomic Populism in Latin America." *NBER Working Paper*, 1989(2986)；樊纲、张晓晶：《"福利赶超"与"增长陷阱"：拉美的教训》，《管理世界》2008 年第 9 期；Edwards S. *Left Behind: Latin America and the False Promise of Populism* . Chicago and London: University of Chicago Press, 2010.

④ Keefer P., S. Knack. "Polarization, Politics and Property Rights: Links between Inequality and Growth." *Public Choice*, 2002 (111).

⑤ 蔡昉、王美艳：《中国面对的收入差距现实与中等收入陷阱风险》，《中国人民大学学报》2014 年 28 卷 3 期。

⑥ Acemoglu D., et al. "Institutions as the Fundamental Cause of Long-run Growth." *NBER Working Papers*, 2004 (10481).

⑦ Huang Y. et al. "Financial Liberalization and the Middle-Income Trap: What can China learn from the Cross-Country Experience." *China Economic Review*, 2014(31).

⑧ 韩其恒、李俊青、刘鹏飞：《要素重新配置型的中国经济增长》，《管理世界》2016 年第 1 期。

应性效率较差，往往难以实现这种转变。从这一角度来看，中等收入陷阱本质上是"制度陷阱"。①难以实现有效的制度变迁，主要包括以下几个原因。一是诺斯提出的"国家悖论"，即长期的经济发展既需要强大的国家，以提供包括社会秩序在内的公共产品和基础设施，又需要对国家进行必要的约束，以避免其侵害个人权利，阻碍经济增长，这两个基本要求存在冲突。②二是制度变迁中集体行动的困难，制度变迁是涉及集体行动的政治过程，在这一过程中存在普遍的搭便车行为，导致制度变迁的动力不足。③三是制度变迁过程中经济因素和政治因素之间复杂的相互影响，即垄断政治权力的集团为在以后的分配中始终处于优势地位，会阻碍削弱其相对力量的制度变迁。④这意味着不仅卡尔多式的制度改进无法实现，帕累托式的制度改进也有可能无法实现。

五、对中国经济的启示

中国自 1978 年和 1987 年以来向高收入经济体迈进的情况如图 5.7 所示。按照相对收入的标准，以美国同期人均 GDP 的 50% 为高收入门槛，1978 年中国的人均 GDP 仅为该门槛的 10.44%，21 世纪初超过 20%，进入中等收入阶段，2014 年达到高收入门槛的 48.17%。假定美国人均 GDP 每年增长 2%，中国未来增速按照近 5 年的平均值来计算，中国将在 2027 年超越这一门槛值，跃升至高收入经济体。按照绝对收入计算，依据世界银行划分的标准，中国在 1997—1999 年由低收入国家跃升至中低收入国家，2010 年成为中高收入国家，2017 年人均 GNI 相当于高收入门槛的 72.09%。假定世界银行划定的高收入门槛保持在 1.2 万美元的水平，中国未来人均 GNI 的增速以近 5 年的平均值来计算，中国将在 2022 年超越这一门槛值，成为高收入经济体。

---

① 白暴力、王潇锐：《中等收入陷阱的产权制度分析》，《学术研究》2016 年第 3 期；郑宇：《中等收入国家的国际制度"陷阱"》，《世界经济与政治》2016 年第 7 期；耿曙、陈玮：《"中等收入陷阱"问题的根源：要素短缺还是制度束缚？》，《天津社会科学》2017 年第 2 期。

② 道格拉斯·诺斯：《制度、制度变迁与经济绩效》，上海三联书店出版社 1994 年版。

③ 曼瑟尔·奥尔森：《集体行动的逻辑》，上海人民出版社 1965 年版。

④ Acemoglu D., et al. "Institutions as the Fundamental Cause of Long-run Growth." *NBER Working Papers*, 2004, (10481).

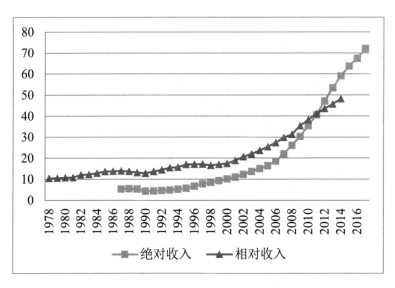

图 5.7　中国人均收入与高收入门槛之比

注：绝对收入是按图集法计算的人均 GNI，以世界银行划定的高收入门槛为 100，数据来自世界银行 WDI 数据库；相对收入是按购买力平价法计算的人均 GDP，同年美国人均 GDP 的 50% 为 100，数据来自宾大世界表 9.0。

由于中国近些年来出现经济增速持续下滑、社会矛盾激化频发、人口红利不断削弱、制度转型滞后等现象，这引发了学术界对中国是否会落入中等收入陷阱的担忧。[①]另有一些学者从社会主义制度优势、统一市场的规模经济、研发投入不断增加等角度入手，并对此持乐观态度。[②]按照上文的分析，本文主要从教育、收入分配和制度三个角度，考察中国跨越中等收入陷阱的前景与挑战。

（一）教育水平与教育结构

良好的基础教育为中国提供了大量合格的劳动力，是顺利实现经济起飞与高速增长的重要条件，这也为大量的实证文献所证实[③]，但是，在进入中高收入阶

① 宋圭武：《谨防"中等收入陷阱"》，《中国发展观察》2010 年第 9 期；田国强、陈旭东：《中国如何跨越"中等收入陷阱"——基于制度转型和国家治理的视角》，《学术月刊》2015 年第 47 卷 5 期。

② 杨承训、张新宁：《制度优势：破解"中等收入陷阱"之本》，《思想理论教育导刊》2011 年第 8 期；胡鞍钢等：《中国跨越中等收入陷阱：基于五大发展理念视角》，《清华大学学报（哲学社会科学版）》2016 年第 31 卷 5 期；陈虎、王一鸣：《企业创新主体建设与跨越"中等收入陷阱"》，《中国发展》2017 年第 17 卷 2 期。

③ 杨晓锋、赵宏中：《教育不平等、收入差距与经济增长后劲——包容性增长理论视角》，《经济社会体制比较》2013 年第 6 期；梁军：《教育发展、人力资本积累与中国经济增长——基于 1978—2014 年数据的实证分析》，《教育学报》2016 年第 12 卷 4 期。

段以后，中高等教育，特别是高等教育对经济增长的促进作用将更加明显①。通过教育水平和教育结构的国际比较（表 5.1）可以发现，成功跨越高收入门槛的东亚经济体的平均受教育年限和预期受教育年限已经接近西方发达经济体，人力资本指数和高等院校入学率更是远超过后者的水平。被认为落入陷阱的东南亚和拉美国家与发达国家相比，有明显的差距。因此，教育水平和教育结构的收敛甚至赶超，可能是顺利跨越中等收入陷阱的必要条件。中国内地教育水平与东南亚和拉美典型国家的平均水平大致相当，但是与东亚经济体和发达经济体相比仍有很大的差距，而在高等教育方面的差距则更为明显。中国城乡之间教育资源分配不均，不利于农村地区人力资本的积累，造成严重的人力资本不平等。②教育水平和教育结构的相对滞后，有可能阻碍中国经济未来进一步向发达经济体收敛。同时，这也说明在我国人口的数量红利已经消失的情况下，深入挖掘人口的质量红利，可以为中国经济持续发展注入新的动力。

表 5.1　教育水平与教育结构的国际比较

地区	人力资本指数（%）	平均受教育年限（年）	预期受教育年限（年）	高等院校入学率（%）
中国内地	67.3	7.8	13.8	48.4
东亚小龙	85	11.9	16.3	83.2
东南亚四国	57.7	8.8	13.4	46.7
拉美四国	61.3	9.2	15.8	66.7
七国集团	78.8	12.6	16.5	67.8

注：东亚小龙指韩国、新加坡和中国香港地区；东南亚四国指泰国、菲律宾、马来西亚和印度尼西亚；拉美四国为巴西、墨西哥、阿根廷和智利；七国集团为美国、日本、德国、法国、英国、意大利和加拿大。取几个经济体的算术平均值，人力资本指数为 2017 年数据，其他为 2016 年数据。人力资本指数和高等院校入学率来自世界银行 WDI 数据库，平均受教育年限和预期受教育年限取自人类发展指数（Human Development Index，HDI）。

---

① 杭永宝：《中国教育对经济增长贡献率分类测算及其相关分析》，《教育研究》2007 年第 2 期；Lee K., B. Kim. "Both Institutions and Policies Matter but Differently at Different Income Groups of Countries: Determinants of Long Run Economic Growth Revisited." *World Development*, 2009, 37(3)；王家庭：《教育对我国区域经济增长的贡献——基于 31 省区面板数据的实证研究》，《复旦教育论坛》2013 年第 11 卷 3 期；王云多：《教育人力资本结构对经济增长影响的分析》，《上海教育评估研究》2015 年第 4 卷 6 期。

② 张林秀等：《中等收入陷阱的人力资本根源：中国案例》，《中国人民大学学报》2014 年第 28 卷 3 期。.

（二）收入分配

较为严重的收入差距引发了很多学者对中国经济有可能落入中等收入陷阱的担忧。[①]通过与典型国家的比较（表 5.2）可以发现，我国近年来收入分配状况虽然好于拉美经济体，但只是略微超过东亚和东南亚经济体的水平，尤其与西方发达经济体相比，不平等的状况更为严重。收入分配不均使得我国总需求结构失衡，消费需求不振，依赖投资和出口带动经济增长，导致教育不平等更为严重，形成收入和教育不平等的恶性循环，不利于人力资本的积累。[②]同时，为了改善收入不平等的状况，政府不得不增加分配性政策的支出，这增加了政府的财政负担，挤占了政府的生产性支出。此外，严重的收入不平等还会影响社会秩序，也会增加政府在维持社会稳定方面的支出。因此，深化收入分配制度改革、缩小收入分配差距，是我国跨越中等收入陷阱的重要条件。

表 5.2　收入分配的国际比较

项目	中国内地	东亚小龙	东南亚四国	拉美四国	七国集团
基尼系数	41.2	39	40.1	46.9	34.1
收入最高约 20%与最低 20%的收入之比	8.3	8.3	7.4	12	6.1

注：国家和地区同表 5.1，数值取自 2008—2017 年平均值，基尼系数取值范围为 0—100，根据世界银行贫困与不平等数据库整理。

近年来，我国收入分配状况有逐渐改善的趋势，如图 5.8 所示，自 2010 年以来，我国基尼系数、收入最高的 20%人口与收入最低的 20%人口的收入之比及城乡收入差距都有缩小的趋势。这似乎表明随着收入水平的提高，中国经济跨越了刘易斯转折点，一般劳动者尤其是非熟练工人的工资水平开始更快地提高，我国可能进入了库兹涅茨倒 U 型曲线的右侧下降区间。但是同时也应看到，收入分配状况的改善程度还是相对有限的，我国与发达经济体的差距仍非常明显。因此，采取有效政策，实现更为平等的收入分配，仍是当前应优先考虑的选项。

（三）制度质量

制度质量可以从国家能力与法治水平两个角度进行分析。一直以来，强大的国家能力是中国实现快速发展的重要的制度优势。这体现为在道路交通、市政建

[①] 郑秉文：《"中等收入陷阱"与中国发展道路——基于国际经验教训的视角》，《中国人口科学》2011 年第 1 期；贺大兴、姚洋：《不平等、经济增长和中等收入陷阱》，《当代经济科学》2014 年第 36 卷第 5 期；蔡昉、王美艳：《中国面对的收入差距现实与中等收入陷阱风险》，《中国人民大学学报》2014 年第 28 卷 3 期；厉以宁：《论"中等收入陷阱"》，《经济学动态》2012 年第 12 期。

[②] 杨俊、黄潇、李晓羽：《教育不平等与收入分配差距：中国的实证分析》，《管理世界》2008 年第 1 期。

设、教育医疗、社会秩序、科技创新、宏观管理等软硬件基础设施、公共产品和公共服务方面有效的供给能力，充分利用后发优势，促进资源由低效率部门向高效率部门的重新配置，实现了经济起飞和持续快速的经济增长。此外，跨越中等收入陷阱也需要不断提高法治水平，对国家和政府进行必要的约束，实现国家治理体系和治理能力的现代化，为创新和各类经济活动创造更为开放与包容的经济社会条件。

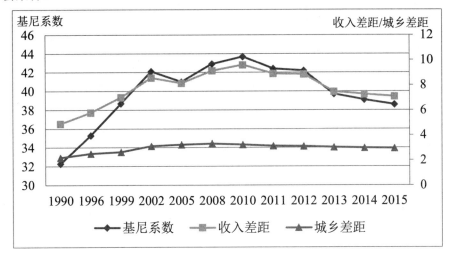

图 5.8　我国 1990 年以来的收入分配状况

注：基尼系数取值范围为 0—100，收入差距为收入最高的 20%人口与收入最低的 20%人口收入份额之比，根据世界银行 WDI 数据库整理；城乡差距为城镇家庭人均可支配收入与农村家庭人均纯收入之比，根据 2016 年《中国统计年鉴》整理。

通过与典型国家和地区的比较（表 5.3），可以发现我国内地制度质量在过去 30 多年里发生了实质性的改善，总体营商环境优于东南亚和拉美的代表性经济体，在经济自由程度方面也基本与之相当，但是与发达国家和成功跨越陷阱的东亚经济体相比，仍有明显的差距。更为重要的是，与上述这些国家和地区相比，我国的法治指数和腐败感知指数评分较低，差距明显。不断挖掘制度红利，提高制度质量，是我国跨越中等收入陷阱的重要保障。

表 5.3　制度质量的国际比较

地区	营商环境指数	世界经济自由指数			法治指数	腐败感知指数
	2019 年	1980 年	2000 年	2016 年	2019 年	2018 年
中国内地	73.6	38.6	58.9	64.5	48.6	39
东亚四地	83.6	72	79.6	82.9	76.5	70.3
东南亚四国	71.2	57.4	65	70.6	51.1	39.3
拉美四国	65.7	44	67.3	63.2	56.1	42.5
七国集团	78.4	66.2	79.2	76.7	76.1	72.7

注：东亚四地指韩国、新加坡、中国香港地区和中国台湾地区，其他同表 5.1，取值范围为 0—100，得分越高代表制度质量越高。营商环境指数取自世界银行营商数据库；世界经济自由指数取自弗雷泽研究所（Fraser Institute），https://www.fraserinstitute.org/economic-freedom/dataset；法治指数取自世界正义工程（World Justice Project），https://worldjusticeproject.org/；腐败指数来自透明国际（Transparency International），https://www.transparency.org/。

六、结论

本文基于现有文献，对当前有关中等收入陷阱的争论进行了梳理，比较了按相对收入和绝对收入进行划分的两种划分标准，梳理了界定中等收入陷阱的三种方法，即增速下滑、收敛乏力与增长分化，归纳了按照三种方法得出的实证结果，总体上倾向于证实中等收入陷阱的存在性。虽然不同国家经济的长期增长均有自身鲜明的特点，但是，一般而言，滞后的教育水平和教育结构、不平等的收入分配和低质量的制度可能是造成这些国家落入中等收入陷阱的根本原因。

中国在进入中高收入阶段后，经济增长速度的持续下滑引发了中国经济是否落入陷阱的猜测和担忧。通过与其他典型国家和地区进行比较，本文认为在教育、收入分配和制度质量这三个重要的方面，中国较之以往取得了长足的进步，但是目前也面临较为严峻的挑战，导致中国经济有落入中等收入陷阱的风险。提高教育水平，改善教育结构，挖掘人口质量红利，缩小收入分配的差距，提升制度质量，发掘制度红利，是中国经济成功迈入高收入水平的重要条件。

第六章　差别电价、交叉补贴与产业结构调整效应[*]

乔晓楠

一、问题的提出

在现代的经济社会发展中，无论是企业生产，还是居民生活，都离不开电力消费。当前中国面对经济新常态，正在积极推动供给侧结构性改革，如何抓住电力消费这个关键节点，运用好电力价格的指挥棒，通过差别电价政策的实施，更好地促进经济结构转型，以适应经济新常态的要求，成为一个重要的理论课题。所谓的"差别电价"是指对不同的用户分别收取不同的终端电价。"差别电价"的核心机制在于如何确定不同用户之间用电价格的交叉补贴方向与幅度。显然，被收取低价格的用户将获得福利改善，而被收取高价格的用户则增加了用电成本，差别电价政策进而利用市场机制引导用电供求关系的变化,推动资源配置的优化,最终导致经济结构发生一系列深刻调整。通常情况下，所谓的"惩罚性电价"也属于"差别电价"政策的一种典型应用，即对某些限制类或者淘汰类的产业收取高于平均水平的电价，进而抑制其发展速度，降低其经济占比。2017 年国务院发

　　* 本文获得以下项目资助，包括国家社会科学基金一般项目"国际分工体系重塑与中国产业转型升级战略的政治经济学研究"（批准号：14BJL048），中国特色社会主义经济建设协同创新中心项目"巴黎协议下国际分工格局调整与中国绿色低碳产业体系的发展路径研究"，南开大学亚洲研究中心项目"巴黎协议与中日韩碳减排合作研究"（批准号：AS1620）；南开大学人文社会科学青年教师研究启动项目"中国城市居民环境改善支付意愿评估：一个基于微观数据调研的国际合作研究"。

布的《"十三五"节能减排综合工作方案》也再次明确"督促各地落实差别电价和惩罚性电价政策，严格清理地方违规出台的高耗能企业优惠电价政策"。

其实，中国的终端销售电价长期以来一直在执行差别电价。众所周知，我国在销售电价方面，存在居民电价低于工商业电价的现象。换言之，在销售电价体系之中，工业等非居民电价长期补贴居民电价。以2010年为例，中国的平均销售电价为0.571元/千瓦时，而居民生活用电、农业生产用电、大工业用电及商业用电的平均销售电价分别为0.475、0.436、0.618、0.812元/千瓦时。这说明商业与工业用电对居民生活用电与农业生产用电进行了补贴。如果进一步用某年的大工业用电价格减去当年的居民生活用电价格的价差作为衡量补贴程度的指标，那么，从2007—2010年，该指标分别为0.043、0.066、0.088及0.143元/千瓦时，进而反映出在一定时期内交叉补贴程度具有持续加大的特点。当然，中国各地区的销售电价不尽相同，但是从2013—2015年的情况来看，除了甘肃、宁夏、青海、新疆、内蒙古、广西及云南之外，其他各省（区、市）的平均销售电价均高于居民生活用电价格，进一步考虑用电量、售电量及经济体量，不难判断出我国整体上存在着工商业用电补贴居民用电的情况，特别是在农业产值占比降低的条件下，普遍存在以生产侧用电价格补贴消费侧用电价格的情况。

然而，上述中国销售电价体系的特点与美、日、欧盟等发达经济体截然不同。这些发达经济体虽然也存在着销售电价体系的交叉补贴，但是补贴方向正好相反，即居民生活用电价格更高，而工业用电价格较低，通常是以消费侧用电价格补贴生产侧用电价格。例如，从2010年工业用户电价与居民用户电价的比值来看，美国为1.71、英国为1.64、韩国为1.60、日本为1.51、法国为1.48、加拿大为1.36、意大利为1.02（罗斌和杨艳，2014）。

基于中国当前终端销售价格体系的现状，针对未来的差别电价改革与惩罚性电价政策的实施，本文将尝试回答以下三个问题：第一，对于现阶段的中国而言，是应该坚持以工商业电价补贴居民电价，还是应该效仿国际经验，以居民电价补贴工商业电价；第二，如何在现有的销售电价体系中导入惩罚性电价政策，同时兼顾"降成本"的要求，进而推动新常态下的经济结构转型；第三，在电价改革的过程中如果设定不改变供电企业负担与政府财政压力的前置约束，那么，应该如何决定不同用户的终端销售电价。为了更加全面地评价不同政策选择给经济绩效带来的综合影响，在比较分析的过程中，本文不仅关注经济增速、居民福利、电力消费及物价水平等指标将如何变化，而且重视经济的需求结构与产业结构将如何调整，进而为差别电价改革提供理论支撑与决策参考。

本文的具体安排如下：第一部分提出问题；第二部分梳理相关文献，指出本文的创新点；第三部分介绍整体的研究设计，包括研究思路、理论模型、数据说明等；第四部分模拟分析不同交叉补贴方式下的经济绩效；第五部分模拟分析如何导入惩罚性电价及相关配套政策选择；第六部分总结全文，提出政策建议及后续的研究方向。

二、文献综述

对于交叉补贴的早期研究可以参见福勒贝尔（Faulhaber，1975）的经典文献，其中值得注意的是，文章指出没有补贴的情况仅保证了消费者可以面对相同的价格水平，但并不意味着社会福利必然实现最大化。这也为涉及不同国家、不同产业及不同用户的差别价格下交叉补贴的研究打开了探索空间。

关于中国的差别电价及其交叉补贴策略是否合理，在学术界一直存在着争议。有的学者认为，以工业用户补贴居民用户是正确的选择。例如，郑新业和傅佳莎（2015）指出，差别电价中的交叉补贴是具有"双重红利"性质的"环境税"，即对污染严重的高耗能产业征税并补贴给居民实现了环境与分配红利，可以有效地倒逼高耗能产业转型升级。因此，在面对艰巨的生态文明建设及节能减排任务的情况下，特别是在系统的环境税法颁布落实之前，这一观点不建议单纯为了"市场化"而取消交叉补贴。

与之相对，也有一些学者持不同的观点，他们主张取消差别电价中的交叉补贴，甚至认为应当效仿国外，调整交叉补贴的方向，以居民用户补贴工业用户（林伯强等，2009；朱成章，2010；齐放等，2010；唐要家和杨健，2014；孙传旺，2014；刘思强等，2015、2016）。其理由可以概括为以下五个方面：第一，如果电力价格像一般商品一样可以频繁调整，那么在峰时段其价格应该高于较低负荷时段，而峰负荷主要是由居民用户导致的，工业用户的负荷通常比较稳定，并且在峰时段运营需要加开更多的设备导致成本上升，因此价格的高低应该与负荷系数[①]保持一致。第二，工业用户的供电电压高、配电成本低，而居民用户的供电电压低、配电成本高，这就使得工业用户电价更低。第三，根据"拉姆齐定价原则"[②]，由于受管制垄断企业按照具有效率的边际成本定价方式无法收回固定成本，所以应该遵照逆弹性差别定价原则，即用户的需求价格弹性越高，其需要支付的价格应该越低（Ramsey，1927）。通常工业用户的需求价格弹性要高于居民用户，所以其定价应该更低。第四，如果取消工业用户对居民用户的交叉补贴，那么，工业

---

① 负荷系数为平均用电需求与高峰用电需求的比率。

② 即指受管制垄断企业由于按照具有效率的边际成本定价方式无法收回固定成本，所以应该按照逆弹性差别定价原则定价，即消费者的需求价格弹性越高，其需要支付的价格应该越低。

用户受到电价下降的影响，其用电量将增加，并且将导致污染排放增加。但是有些学者认为，由于在电价构成中环境成本仅为原工业电价的 15%，所以取消交叉补贴，同时给工业用户增加环境成本，依然可以在确保实现节能减排目标的条件下，降低成本，提高效率。第五，由于没有对居民用户作进一步区分，所以，以工业用户补贴居民用户的结果是大部分补贴最终被不需要补贴的高收入人群所享受，而真正需要补贴的低收入人群仅得到全部补贴中的较少部分。因此，差别电价的补贴效果并不理想。此外，还有学者提出要考虑区域之间的电价差异（汪拥军，2007）。基于以上原因，持反对观点的研究认为，当前的差别电价交叉补贴模式无法引导电力投资、无法反映真实成本、无法改善社会福利，进而"既无公平又无效率"（唐要家和杨健，2014）。因此，需要按照市场化改革的方向，取消交叉补贴，剥离销售电价中社会保障与公共政策的职能。

从研究方法来看，需要重点关注计算交叉补贴规模与实施差别电价的影响这两个方面。当前我国对于交叉补贴规模的计算一般采用价差法。林伯强等（2009）利用价差法，基于 2007 年的数据，估算了中国居民用电交叉补贴规模和不同收入群体的补贴量，研究发现当年的电力交叉补贴为 2097.6 亿元，占国内生产总值的 0.84%，若采取有针对性的补贴方式，对居民用电补贴可以降低至 950.6 亿元。李虹等（2011）同样利用价差法，基于 2007 年数据，估算了居民用电获得的补贴为 1956.26 亿元，补贴率为 52.43%。唐要家和杨健（2014）在以价差法确定居民电价存在补贴扭曲的基础上，进一步结合"拉姆齐定价原则"进行考察，研究发现，2007—2011 年居民销售电价与"拉姆齐最优电价"存在 25%—46% 的差幅，具有明显的逆"拉姆齐定价原则"的特征。孙传旺（2014）基于家庭电力消费离散选择模型与价差法，利用中国家庭能源消费调查（Chinese Residential Energy Consumption Survery，CRECS）九省市的数据，针对阶梯电价和交叉补贴进行了分析，研究发现，2012 年 7 月推行的居民生活用电阶梯式递增电价改革方案对家庭用电节能激励有效，且可以减少交叉补贴的错位。刘思强等（2015）首先区分了产生于各电压等级同类用户间的横向交叉补贴和产生于同电压等级各行业用户间的纵向交叉补贴，并且利用价差法，对上海的差别电价交叉补贴情况，及搜集到的 2013 年的用户资料进行了估算。此后，刘思强等（2016）进一步以天津市为例，同样利用价差法，通过收集 2012—2014 年的电网数据，计算了分电压等级下的交叉补贴数值。基于上述案例的研究发现我国总体交叉补贴约占总电费的 10%，其中居民享受了 90% 以上的补贴额，低电压等级享受的补贴程度要高于高电压等级。此外，刘贵生和范忠俊（2008）还提供了剔除交叉补贴的电价计算方法。

学界针对差别电价影响的研究多采用计量经济学的方法。国外有学者对差别电价作用机制进行了分析，通过对美国南加州 1999—2008 年的居民用电数据进行回归分析发现，累进式阶梯价格结构下影响居民用电决策的是消费的平均价格而非边际价格（Ito，2011）。还有学者通过对 1982—2009 年 63 个国家的面板数据进行回归分析发现，不同国家的电力交叉补贴存在差异，交叉补贴水平与电力消费量、收入水平等因素相关（Erdogdu，2011）。申萌（2015）利用 2003—2007 年相关行业企业的微观数据，采用非参数研究方法，将倍差法与倾向得分匹配法相结合，研究发现差别电价政策制约了技术进步，对工业总产值和工业增加值分别产生了 8% 和 9% 的负面影响。此外，还有一些研究采用指数分解法，如肖宏伟等（2013）利用完全分解的方法，基于"十五"和"十一五"两个时期的工业电力消费强度进行分解，比较了执行差别电价的四个制造业的政策效果。

学界对于差别电价及其交叉补贴的经济绩效研究也使用了投入产出的相关方法。投入产出模型可以测算出能源价格波动对各个部门价格带来的影响，林伯强和王峰（2009）曾利用上述模型研究了能源价格不受管制与能源价格受到管制两种情境下，能源价格上涨导致一般价格水平变动的幅度；李虹等（2011）利用类似的方法对取消用电交叉补贴的影响展开研究，计算了电力价格上涨导致的直接影响及其引起的其他消费品价格上涨的间接影响。

通过对上述文献进行梳理可以发现，已有研究并未对中国差别电价政策的交叉补贴策略形成共识。同时，从研究方法来看，学界对于经济绩效影响的评估更多地使用了企业层面的调研数据，或者居民层面的估算数据，或者个别城市区域的数据来加以研究。虽然，也有学者利用投入产出的方法加以分析，但是并未基于可计算一般均衡方法构建模型并进行模拟分析，这将导致研究结果更加类似于一种短期考察，即没有考虑差别电价调整之后对于资源配置调整的影响，进而使得经济绩效无法从经济总量变化及内部结构调整等更为宏观的视角加以审视，因此，也就为本文留下了进一步探索的空间。于是，本文的创新之处主要体现为以下两点：从研究内容上看，本文将对 24 种差别电价及惩罚性电价调整方式进行模拟考察，进而综合评价其经济绩效。从研究方法来看，本文将基于可计算一般均衡模型（Computable General Equilibrium，CGE）进行研究，力图得到更为全面的评估结果。

三、研究设计

（一）研究思路

为了对差别电价及其交叉补贴方式进行研究，本文的研究思路主要包括三个步骤，如图 6.1 所示。首先是对中国的终端销售电价的交叉补贴方式进行测算；

其次是利用可计算一般均衡方法构建理论模型；最后则是设定不同情境进行模拟，进而比较分析综合经济绩效。这一部分将重点针对前两个步骤及所涉及的相关数据进行说明，而第三个步骤则在后文介绍。

图6.1　差别电价政策的整体研究思路

（二）差别电价及其交叉补贴的计算方法

借鉴价差法的思路，构建交叉补贴模型。根据价差法的思路可将价差定义为被补贴终端价格与参考价格之间的差值（Koplow 和 Dernbach，2001）。令 PEO、PE 及 PEG 分别表示电力销售的终端价格、参考价格及二者之间的价差，下标 k 表示特定的用户类型。于是，通过 PEG 就可以观察交叉补贴的情况。PEG 的符号反映了补贴方向。显然，$PEG>0$ 表示该类型用户提供了补贴，而 $PEG<0$ 则意味着该用户为被补贴的一方。此外，PEG 的绝对值的大小还可以呈现出提供补贴或者被补贴的程度。进一步将公式（1）变形为公式（2），其中将 ss 定义为交叉补贴率。

$$PEG_k = PEO_k - PE \qquad (1)$$

$$PE \cdot (1+ss_k) = PEO_k ; \quad ss_k = PEG_k / PE \qquad (2)$$

如果在差别定价的基础上进一步引入惩罚性电价，则可以将公式（2）改写为公式（3）。假设 km 是各种类型用户中的某一类用户，如工业类用户，而 ksm 则是工业类用户中的某些限制类工业用户。那么，惩罚性电价则是针对 ksm 用户，在原有的工业类用户终端电价 PEO_{km} 的基础上进一步加价，并且将其提高幅度设定为 pun_{ksm}。因此，在计算该行业 ss_{ksm} 时需要将 pun_{ksm} 考虑进去，计算方法参见公式（4）。

$$PE \cdot (1+ss_{ksm}) = PEO_{km} \cdot (1+pun_{ksm}) ; \quad 且\ km \in k , \quad ksm \in km \qquad (3)$$

$$ss_{ksm} = (1+ss_{km}) \cdot (1+pun_{ksm}) - 1 \qquad (4)$$

通常终端价格是可以直接观测到的，因此确定 PEG 或者 ss 的关键就是找到合适的价格来代理参考价格。所谓参考价格一般是指在没有外部干预的情况下自发形成的市场价格。此外，基于以上估算方法，结合各种类型用户的用电量 QE_k，则可以进一步计算出全国终端电价交叉补贴费用余额 $PEGBAL$，参见公式（5）。

该余额将对电力企业的营收及政府的财政产生影响。

$$PEGBAL = \sum_k PEG_k \cdot QE_k \qquad (5)$$

（三）CGE 模型

本文将借助一个包括了两个经济体的 CGE 模型作为讨论中国差别电价及其交叉补贴的基础模型。这两个经济体除了中国之外，还包括 ROW（Rest of the World，ROW）。之所以采用世界 CGE 模型，主要是为了规避采用"小国假设"带来的影响。所谓"小国假设"是指将一国进出口产品的国际价格外生设定为固定值，以作为研究假设。这意味着该国对其出口或者进口产品的国际价格完全没有影响力。鉴于中国当前的经济体量与贸易规模，这样的假设显然并不恰当。因此，本文将引入 ROW，采用世界 CGE 模型，进而内生化中国进出口产品的价格。

1. 生产模块

假设中国和 ROW 的生产系统均采用包含着各种复合品的三层嵌套生产函数，具体构造参见图 6.2。其中，基础生产函数及除电力之外的中间投入部分为 Leontief 型，其他投入部分均为常数替代弹性（Constant Elasticity of Substitution，CES）型。除了劳动和资本两种生产要素投入之外，根据研究需要，我们将电力投入单独列出。此外，生产系统的最优化还需要考虑政府征收生产税的影响。

2. 贸易模块

假设各经济体的国产品与出口品之间采用 CET 函数，国产品与进口品之间遵循 Armington 条件，采用 CES 函数，参见公式（6）和（7）。QA 表示各产业的国内生产量，QQ 表示各产业的国内消费量。QDA 和 QDC 为国产品，分别表示各产业国内生产且国内出售的产品数量和国内生产且国内消费的产品数量，二者显然相等，利用转换矩阵调整行列结构即可。QEX 和 QIM 分别表示出口品和进口品的数量。x 表示中国或者 ROW，δ 为份额系数且 $0 < \delta < 1$，ρ 为替代弹性。为了简化分析，本文不考虑关税问题。因为在现有的国际贸易框架下，除非进行贸易制裁，较少发生通过直接调整关税增加贸易壁垒的情况。此外，在跨国贸易中涉及的国际运费也被忽略。

$$QA_{xa} = \alpha_{xa}^t [\delta_{xa}^t QDA_{xa}^{\rho_{xa}^t} + (1 - \delta_{xa}^t) QEX_{xa}^{\rho_{xa}^t}]^{1/\rho_{xa}^t}, \quad \rho_{xa}^t > 1 \qquad (6)$$

$$QQ_{xc} = \alpha_{xc}^q [\delta_{xc}^q QDC_{xc}^{\rho_{xc}^q} + (1 - \delta_{xc}^q) QIM_{xc}^{\rho_{xc}^q}]^{1/\rho_{xc}^q}, \quad \rho_{xc}^q < 1 \qquad (7)$$

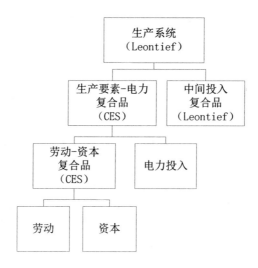

图 6.2　嵌套生产函数结构

本文进一步假设各经济体均采取固定汇率制度，因此在不考虑跨国投资与国际转移支付的条件下，一个经济体的国际收支即完全由进出口的贸易差额决定。之所以采用上述假设，主要基于以下考虑。第一，如果采用浮动汇率，则一般设定该国的国际储备为 0，即汇率变动自动实现国际收支平衡。然而，这样的假设显然不符合长期全球失衡的现实，进而无法反映出中国取得的贸易顺差与外汇储备。第二，牙买加体系的汇率制度显然不是单一的固定汇率，并且汇率的变动也不是单纯受贸易因素的影响，还会受到套利与投资等诸多因素的影响，然而如果想了解汇率的影响，在本文的模型中只需要外生令汇率变动即可。于是，为了突出研究重点，这里令汇率外生固定。因此，基于固定汇率的假设，即令各经济体本币与某种世界货币的汇率固定，并内生出国际储备。这里采用大国假设，令其产品在国际市场上的价格由国内价格与汇率内生决定。$PWEX$ 和 $PWIM$ 分别表示以世界货币计量的出口品价格和进口品价格。公式（8）说明经济体 x 产业 i 的产品对经济体 y（$x \neq y$）的出口价格就等于 y 从 x 进口该产业产品的价格。这意味着 $PWEX$ 和 $PWIM$ 不同于单国 CGE 模型中外生化的设定，而被内生化了。与之类似，上述产品在进出口量方面也满足公式（9）。

$$PWEX_{xyi} = PWIM_{yxi} \tag{8}$$

$$QEX_{xyi} = QIM_{yxi} \tag{9}$$

3. 电价模块

参考前文差别电价及其交叉补贴的计算方法，假设电力生产部门根据成本最小化原则确定出一个供电价格 PE，即所谓的参考价格，但是 PE 却并非不同类型用户购电的终端价格 *PEO*，在此基础上还必须进一步考虑包含了 *PEG* 或者 *ss* 的差别电价政策。并且，假设由交叉补贴导致的 *PEGBAL*，无论是收益还是亏损，均由政府承担，进而计入财政收支，于是，企业便始终可以实现一般均衡下的利润条件。这样，即以一种类似于从价税的方式，反映了电价体系中的交叉补贴。需要说明的是，以上关于交叉补贴的分析仅针对中国，由于 ROW 并不是研究重点，因此，我们假设其不采取差别电价政策。

4. 收支模块

家庭部门作为各种生产要素的所有者，全部劳动增值与资本增值均归居民所有，遂构成了家庭部门收入。居民均在本国就业，且储蓄率外生，不存在跨国劳务输出。居民效用函数为 C-D 型，即居民用于各种商品的支出比例固定，消费量则受到商品价格变化的影响。基于简化分析的目的，假设各经济体政府不向居民与企业征收所得税，也不进行转移支付。政府的消费支出为其收入的函数，且呈正相关。政府的收入来源为生产税的收入及实行电价交叉补贴导致的收益或者亏损。企业的投资选择取决于不同产业部门的资本收益率，呈正相关且二阶导数小于 0。并且，假设不存在跨国投资，企业仅投资本国的产业部门。

5. 宏观均衡模块

假设各经济体均可实现本国国内的产品市场出清与要素市场出清，参见公式 (10)、(11) 及 (12)。公式 (10) 说明一个经济体某种产品的国内消费总量 *QQ* 等于中间投入 *QINT*、居民消费 *QH*、政府消费 *QG* 及企业投资 *QINV* 的总和。公式 (11) 和 (12) 表示各个生产部门对劳动和资本的总需求等于其外生的供给。换言之，即可以实现充分就业，这意味着本文在劳动要素市场中采取了新古典闭合条件，而非凯恩斯闭合条件。此外，各经济体经济系统满足国际收支平衡条件及储蓄投资平衡条件，参见公式 (13) 和 (14)。公式 (13) 说明一个经济体对其他国家出口额减去进口额的净值应该等于其获得的外汇储备 *FSAV*。当然，顺差对应外汇流入，逆差对应外汇流出。公式 (14) 表示一个经济体的投资应该等于居民储蓄(1-*mpc*) *YH*、企业储蓄 *ENTSAV*、政府储蓄 *GSAV* 以及外汇储备 *FSAV·EXR* 之和。其中，*mpc* 为居民的边际消费倾向，*YH* 为居民收入，*EXR* 为汇率，即需要将世界货币表示的外汇储备核算为本币，所以该汇率的标价方式为单位世界货币对应的本币金额。需要说明的是，上述各部门的储蓄允许为负，负值代表着负债。

$$QQ_{xc} = \sum_a QINT_{xca} + QH_{xc} + + QG_{xc} + QINV_{xc} \tag{10}$$

$$\sum_a QLD_{xa} = QLS_x \tag{11}$$

$$\sum_a QKD_{xa} = QKS_x \tag{12}$$

$$\sum_y \sum_c PWIM_{xyc} \cdot QIM_{xyc} = \sum_y \sum_a PWEX_{xya} \cdot QEX_{xya} + \sum_y FSAV_{xy} \qquad （13）$$

$$EINV_x = (1 - mpc_x)YH_x + ENTSAV_x + GSAV_x + \sum_y FSAV_{xy} \cdot EXR_x \qquad （14）$$

6. 经济绩效评价

利用 CGE 模型进行模拟分析，主要关注 GDP、物价、电力消费总量及差别电价交叉补贴余额等内生变量的变化幅度。由于居民生活用电是主要的受补贴方，如果调整差别电价政策，那么居民福利必然相应地发生变化。因此，有必要对反映居民福利的指标进行重点考察。具体而言，本文首先关注居民效用变化，以 U 表示居民效用函数，以 QH 表示居民的消费向量，且上标 0 和 1 分别表示政策调整前后的相关数值，则公式（15）反映了居民的效用变化情况。当然，还可以进一步将居民效用货币化，进而更为直观地展现福利水平的变化。如果以支出函数（expenditure function）$e（P，U）$ 表示给定价格水平 P 与效用水平 U 条件下的货币支出额，那么，则可以利用等价变化（Equivalent Variation，EV）与补偿变化（Compensate Variation，CV）来反映居民福利水平的变化程度，参见公式（16）与（17）。至此，我们就可以综合经济增长、居民福利、节能减排、财政压力等多个指标，对差别电价政策带来的系统性经济绩效变化进行全面评价。

$$\Delta U = U(QH^1) - U(QH^0) \qquad （15）$$

$$EV = e\left[P^0, U(QH^1) \right] - e\left[P^0, U(QH^0) \right] \qquad （16）$$

$$CV = e\left[P^1, U(QH^1) \right] - e\left[P^1, U(QH^0) \right] \qquad （17）$$

7. 模型小结

基于上述假设，模拟程序利用通用代数建模系统（The General Algebraic Modeling System，GAMS）软件编写，并且采用混合互补问题（Mixed Complementarity Problems，MCP）解算法对模型进行求解。

（四）数据说明

1. 中国终端电价交叉补贴率

中国终端电价的交叉补贴率估算主要参考中国电监会的数据。由于各地区的销售电价存在差异，所以，我们在研究中将利用平均销售电价反映全国整体的情况。从用户类型来看，已有数据提供了 7 类用户的平均销售电价，分别为农业生产用电、贫困县农排用电、大工业用电、非普工业供电、商业用电、居民生活用电及非居民照明用电。结合用电量所占比例，本文为了简化分析，将上述 7 类用户简化为农业生产用电、大工业用电、商业用电及居民生活用电 4 类用户，而将其他 3 类用户的价格差异忽略，进行合并处理。以 a、m、s、h 分别表示农业、工业、服务业、居民用户，则在本文的模型中，$k = a, m, s, h$。

综合考虑数据可得性与研究科学性等因素，本文以平均销售电价作为参考价格。笔者曾于 2013—2014 年期间对某省级国家电网企业进行调研，并了解了该企业供给单位用电的平均成本，该数据大体与其平均销售电价相等，依此判断以平均销售电价作为参考价格也具有合理性。并且，这种处理方式也可以与 CGE 模型的建模设定契合。

基于表 6.1 提供的数据，利用公式（2）可以计算出不同类型用户的交叉补贴率。在表 6.2 中，我们还进一步给出了中间投入中不同产业部门及最终需求不同的用户所适用的交叉补贴率。在上述电价匹配方式中，中间投入基本按照三个产业进行对应。需要说明的是，基于对典型省级国家电网企业的调研，诸如学校、幼儿园、医院、养老院等社会服务业部门，地方政府为了鼓励其发展并改善民生，通常会允许其执行居民生活用电电价。根据被访者的介绍，这样的做法在全国具有一定的普遍性。因此，第 23 个部门"公共管理、教育卫生与社会服务"按居民电价进行匹配。在最终需求中，政府消费也按照居民电价进行匹配，而固定资产等投资需求无论发生在哪个产业部门均按照工业电价匹配。

表 6.1　中国差别电价交叉补贴率的估算

用户类型	终端电价 （元/千瓦小时）	参考价格 （元/千瓦小时）	价差 （元/千瓦小时）	交叉补贴率 （%）
农业 a	0.43639	0.57122	−0.13483	−0.24
工业 m	0.61772	0.57122	0.04650	0.08
服务业 s	0.81224	0.57122	0.24102	0.42
居民 h	0.47504	0.57122	−0.09618	−0.17

2. 社会核算矩阵

编制社会核算矩阵（Social Accounting Matrix，SAM）所需的数据来自世界投入产出数据库（World Input-Output Database，WIOD）。使用上述数据的原因是，WIOD 不仅提供了各国的投入产出表，而且提供了包含 40 个经济体的世界投入产出表。本文首先利用世界投入产出表，合并出 ROW 的投入产出表，进而与中国的投入产出表对应。然后，以此为基础编制 SAM。虽然中国国家统计局编制的中国投入产出表数据更新且产业部门划分更细化，但是考虑到统计口径、产业部门匹配及汇率计算等原因，我们最终将研究中的基础数据的来源统一为 WIOD 数据。中国与 ROW 的投入产出表均采用 2011 年的数据，本文将投入产出表中的 35 个产业合并拆分为 23 个产业。由于本文的研究重点是工业电价对居民电价的交叉补贴，所以被合并的产业主要涉及服务业，具体是将原投入产出表中的 16 类服务业合并为 4 大类。经过上述处理后，SAM 中共包括 23 个产业部门。增加值数据的拆分参考 WIOD 的社会经济账户（Socio Economic Accounts，SEA）。后文 CGE 模型中的 CES 函数及 CET 函数的弹性数据参考全球贸易分析模型（Global Trade Analysis Project，GTAP）的设定。

表 6.2　SAM 产业部门的划分及用户类型适应差别电价的匹配

用户类型	适用的差别电价交叉补贴率（%）	用户类型	适用的差别电价交叉补贴率（%）
1 农业	-0.24	14 电气与光学设备	0.08
2 采掘业	0.08	15 运输设备	0.08
3 食品、饮料与烟草	0.08	16 其他制造业	0.08
4 纺织品	0.08	17 煤气与水的供应	0.08
5 皮革与鞋类	0.08	18 建筑	0.08
6 木材与木制品	0.08	19 批发零售与住宿餐饮	0.42
7 造纸与印刷	0.08	20 运输邮电	0.42
8 焦炭、精炼石油与核燃料加工	0.08	21 金融、房地产、租赁	0.42
9 化学品与化学产品	0.08	22 公共管理、教育卫生与社会工作	-0.17
10 橡胶与塑料	0.08	23 电力供应	0.08
11 非金属矿产	0.08	居民消费	-0.17
12 金属与金属制品	0.08	政府消费	-0.17
13 机械设备	0.08	投资	0.08

备注：标记序号的用户类型为中间投入部分，未标记序号的用户类型为最终需求部分。

四、调整差别电价交叉补贴率的模拟分析

（一）模拟情境设定

本部分模拟考察调整差别电价交叉补贴方向与幅度对经济绩效产生的影响，主要涉及两类模拟。第一类模拟将固定农业和服务业两类用户的交叉补贴率，仅针对工业和居民两类用户的交叉补贴率进行调整。第二类模拟将仅固定农业用户的交叉补贴率，同时针对工业、服务业及居民用户进行调整。具体而言，调整方

式见公式（18），即针对特定用户的价差补贴率 ss，令其乘以一个调整幅度参数 mr。显然，当 $mr=1$ 时意味着未发生调整，即为基准情境；当 $mr>1$ 时意味着在不改变交叉补贴方向的情况下扩大交叉补贴幅度，反之当 $1>mr>0$ 时意味着在不改变交叉补贴方向的情况下缩小交叉补贴幅度；当 $mr<0$ 时则意味着改变了交叉补贴方向，此时随着 mr 数值降低，其反向交叉补贴幅度不断扩大[①]。本文以 Bau 表示基准情境，以 Sim 表示模拟情境，进而在后文的分析中以 Sim-Bau 刻画差别电价政策调整的影响。

$$ss^1 = ss^0 \cdot mr \qquad (18)$$

表 6.3　模拟情境设置 Sim1

涉及用户类型	差别电价交叉补贴率调整幅度 mr								
	×2	×1.5	×1	×0.5	×0	×-0.5	×-1	×-1.5	×-2
k=m、h	Sim111	Sim112	Bau	Sim113	Sim114	Sim115	Sim116	Sim117	Sim118
k=m、s、h	Sim121	Sim122		Sim123	Sim124	Sim125	Sim126	Sim127	Sim128

（二）模拟结果及其分析

第一类模拟的结果参见表 6.4，表中从 Sim111 到 Sim118 各模拟情境依次反映了从"大幅度工业补贴居民"到"大幅度居民补贴工业"的变化。首先，观察 GDP 增速，在短期内交叉补贴率的调整导致其呈现出"倒 U 型"的特点，最高增幅为取消工业与居民交叉补贴的情况。但是需要注意的是，这仅是短期影响，如果利用动态模拟进行长期影响考察，那么必须要关注投资的变化。其原因在于更高的投资增幅将导致下一期资本存量的增加，进而有利于推动经济增长。所以，长期来看，"工业补贴居民"的模式将更加有利于推动经济增速。其次，观察总需求结构，从 Sim111 到 Sim118 导致居民消费、政府消费以及进口的增幅依次降低，而投资与出口的增幅则依次提高。导致出现上述现象的原因是当交叉补贴策略更加倾向于居民时，自然有利于促进消费，并且带动进口，反之当交叉补贴策略更加倾向于工业部门时，则会降低用电成本，刺激生产，带动投资与出口。由于假设政府消费也执行居民电价，所以政府消费的变化趋势与居民消费一致，且对电价敏感程度比居民更高。再次，观察电力消费总量与强度。由于中国的电力消费结构主要以产业部门的中间投入为主，所以如果交叉补贴策略更加于倾向工业，那么从 Sim111 到 Sim118 将导致电力消费总量不断提升。同时，受到 GDP 与电力消费总量双重变化的影响，电力消费强度也呈现出同样的变化趋势。最后，关

---

① 当然，按照以上的模拟情境设定属于对称调整方式，即对补贴型用户与被补贴用户的交叉补贴率进行同等幅度的调整，受到篇幅限制，本研究不再对非对称调整方式进行具体模拟。

注居民福利。因为本文的模型采取充分就业假设，所以居民收入的变化由要素价格的变化所决定。从 Sim111 到 Sim118，虽然物价水平下降了，但是居民收入也下降了，因此，就综合影响而言，更加倾向于工业的交叉补贴策略将带来更高的居民福利水平，而这一点从 EV 和 CV 的变化中也可以得到体现。

表 6.4　差别电价交叉补贴方式调整的经济影响（%，涉及工业及居民用户）

指标	特定模拟情境下的变化率（%，EV 与 CV 的单位为百万美元）							
	Sim111	Sim112	Sim113	Sim114	Sim115	Sim116	Sim117	Sim118
GDP	−0.0794	−0.0286	0.0130	0.0147	0.0080	−0.0053	−0.0240	−0.0473
居民消费	0.3320	0.1600	−0.1494	−0.2896	−0.4221	−0.5480	−0.6688	−0.7852
投资	−0.3941	−0.2056	0.2228	0.4641	0.7257	1.0100	1.3200	1.6595
政府消费	1.6952	1.0209	−1.3139	−2.8925	−4.7246	−6.8114	−9.1643	−11.8044
出口	−0.6537	−0.3341	0.3519	0.7255	1.1249	1.5547	2.0202	2.5276
进口	0.1954	0.1130	−0.1391	−0.3018	−0.4873	−0.6955	−0.9275	−1.1848
电力消费总量	−2.0569	−0.8985	0.7079	1.2728	1.7281	2.0985	2.4021	2.6530
电力消费强度	−1.9791	−0.8701	0.6948	1.2578	1.7200	2.1040	2.4267	2.7016
交叉补贴余额	41.0253	25.6904	−33.7404	−73.8432	−119.0539	−168.4262	−221.2362	−276.9235
居民收入	0.0747	0.0719	−0.1290	−0.3077	−0.5321	−0.8004	−1.1127	−1.4704
物价	0.2863	0.1590	−0.1894	−0.4091	−0.6596	−0.9424	−1.2600	−1.6154
居民效用	0.2284	0.1209	−0.1305	−0.2680	−0.4111	−0.5590	−0.7112	−0.8676
EV	5879	3113	−3359	−6898	−10581	−14386	−18303	−22329
CV	5870	3111	−3359	−6896	−10568	−14351	−18229	−22193

表 6.5 显示了差别电价交叉补贴方式调整对各产业产出的影响。当加大工业用户对居民用户交叉补贴幅度时，由于工业用电价格提高，成本增加将使工业部门各产业产出呈现下降特征。并且，工业用户对居民用户补贴幅度越大，工业部门各产业产出降幅也就越大。同时，模拟呈现出工业部门电价上升及其导致的产出下降还具有产业溢出效应，即交叉补贴率未发生调整的农业和服务业部门的各产业产出也有所下降[1]。显然，这与经济系统整体的投入产出关系密切相关。反之，当调整工业用户与居民用户交叉补贴方向时，在同样的机制作用下，工业部门各产业产出将有所增长。工业电价受补贴幅度越大，产出增幅也就越大。并且，工

---

[1]　服务业中执行居民电价的"公共管理、教育卫生与社会工作"产业除外，其产出并未下降，反而上升。这是由用电成本降低导致的。

业部门对农业与服务业部门的产业溢出效应也同样存在，只有"金融、房地产、租赁"产业并没有随着工业电价受补贴幅度的增加，而持续出现产出增加的情况。实际上，产业溢出效应的出现是在两方面机制共同作用下才发生的。一方面是成本变动效应。由于工业部门各产业用电价格提高，成本上升将推动各产业最终产品价格提高。以加大工业用户对居民用户交叉补贴幅度为例，因为工业品将作为农业与服务业部门的中间投入，其价格提高也将进一步提高农业与服务业部门的成本，最终导致其产出下降。另一方面是需求变动效应。居民用电价格的下降，将使居民重新调整其消费的商品组合，并且能够在一定程度上提升电力之外的其他商品消费支出，进而带来促进产业增加的需求增长效应。如果出现了产业溢出效应，则意味着成本变动效应要大于需求变动效应，反之亦然。"金融、房地产、租赁"产业产出变化的特征说明对于该产业而言，在本文设置的模拟情境下，上述两种效应的相对大小并非单向变动趋势。

表 6.5　差别电价交叉补贴方式调整对各产业产出的影响（%，涉及工业与居民用户）

产业编号	Sim111	Sim112	Sim113	Sim114	Sim115	Sim116	Sim117	Sim118
农业								
1	−0.1921	−0.0917	0.0872	0.1728	0.2594	0.3492	0.4441	0.5463
工业								
2	−1.3139	−0.6235	0.5810	1.1375	1.6835	2.2308	2.7898	3.3703
3	−0.1959	−0.0902	0.0799	0.1534	0.2231	0.2915	0.3604	0.4317
4	−0.4147	−0.2040	0.2029	0.4091	0.6224	0.8466	1.0853	1.3423
5	−0.3207	−0.1658	0.1780	0.3701	0.5784	0.8052	1.0535	1.3269
6	−0.4016	−0.1895	0.1751	0.3422	0.5059	0.6701	0.8382	1.0134
7	−0.2120	−0.0768	0.0322	0.0290	−0.0039	−0.0626	−0.1450	−0.2500
8	−0.6227	−0.2871	0.2537	0.4847	0.7011	0.9091	1.1138	1.3198
9	−0.5892	−0.2684	0.2316	0.4372	0.6247	0.8002	0.9684	1.1333
10	−0.6699	−0.3261	0.3179	0.6350	0.9575	1.2910	1.6409	2.0126
11	−0.5350	−0.2656	0.2671	0.5405	0.8242	1.1223	1.4390	1.7786
12	−0.7460	−0.3682	0.3668	0.7394	1.1237	1.5256	1.9508	2.4055
13	−0.6749	−0.3362	0.3403	0.6903	1.0552	1.4403	1.8507	2.2923
14	−0.7360	−0.3670	0.3720	0.7552	1.1553	1.5780	2.0291	2.5150

产业编号	Sim111	Sim112	Sim113	Sim114	Sim115	Sim116	Sim117	Sim118
15	-0.4939	-0.2436	0.2428	0.4896	0.7447	1.0121	1.2958	1.6002
16	-0.6186	-0.3207	0.3452	0.7176	1.1209	1.5592	2.0379	2.5631
17	-1.0494	-0.4711	0.3940	0.7318	1.0286	1.2957	1.5420	1.7746
18	-0.4521	-0.2290	0.2377	0.4869	0.7505	1.0316	1.3337	1.6607
23	-2.0735	-0.9062	0.7146	1.2855	1.7464	2.1219	2.4304	2.6861
服务业								
19	-0.2232	-0.0983	0.0794	0.1453	0.2017	0.2514	0.2969	0.3401
20	-0.2848	-0.1255	0.1011	0.1845	0.2547	0.3154	0.3692	0.4185
21	-0.1870	-0.0701	0.0343	0.0400	0.0219	-0.0169	-0.0746	-0.1499
22	0.9895	0.5931	-0.7578	-1.6631	-2.7087	-3.8948	-5.2272	-6.7171

表 6.6 显示了差别电价交叉补贴方式调整对各产业产品价格的影响。当加大工业用户对居民用户交叉补贴幅度时，全部的工业产业、农业及大部分服务业的产品价格均有所上升。反之，当加大居民用户对工业用户交叉补贴幅度时，上述各产业的产品价格均有所下降。其中，由于"公共管理、教育卫生与社会工作"执行居民价格，其变化特征与其他服务业正好相反。此外，"电力供应"产业的产品价格变化实际上就是电力销售的参考价格。该价格在扩大工业用户对居民用户交叉补贴幅度的过程中将呈现下降特征，反之则会上涨。其原因在于从用电总量来看，工业生产用电规模大于居民生活用电，其交叉补贴幅度的调整将会影响终端价格，并进一步影响不同用户的用电需求。就用电需求而言，如果某一类用户受到的正向影响大于另一类用户受到的负向影响，那么，社会整体用电需求就会扩张，进而会加大电力供应的稀缺性，导致价格提升，反之亦然。

表 6.6　差别电价交叉补贴方式调整对各产业产品价格的影响（%，涉及工业与居民用户）

产业编号	Sim111	Sim112	Sim113	Sim114	Sim115	Sim116	Sim117	Sim118
农业								
1	0.1158	0.0898	-0.1432	-0.3343	-0.5702	-0.8502	-1.1752	-1.5475
工业								
2	0.4901	0.2468	-0.2532	-0.5157	-0.7902	-1.0796	-1.3869	-1.7155
3	0.2131	0.1316	-0.1742	-0.3874	-0.6376	-0.9251	-1.2510	-1.6179
4	0.3923	0.2165	-0.2525	-0.5392	-0.8599	-1.2159	-1.6093	-2.0436

续表

产业编号	Sim111	Sim112	Sim113	Sim114	Sim115	Sim116	Sim117	Sim118
5	0.2593	0.1553	-0.1990	-0.4380	-0.7155	-1.0315	-1.3876	-1.7866
6	0.3966	0.2129	-0.2399	-0.5061	-0.7994	-1.1213	-1.4743	-1.8617
7	0.4650	0.2425	-0.2624	-0.5455	-0.8509	-1.1810	-1.5385	-1.9270
8	0.4733	0.2407	-0.2506	-0.5134	-0.7907	-1.0851	-1.3995	-1.7373
9	0.6542	0.3247	-0.3256	-0.6570	-0.9986	-1.3544	-1.7286	-2.1255
10	0.5748	0.2913	-0.3017	-0.6169	-0.9485	-1.2997	-1.6743	-2.0761
11	0.7102	0.3507	-0.3488	-0.7014	-1.0627	-1.4373	-1.8297	-2.2447
12	0.6765	0.3335	-0.3310	-0.6650	-1.0066	-1.3603	-1.7304	-2.1213
13	0.4691	0.2408	-0.2546	-0.5246	-0.8122	-1.1198	-1.4503	-1.8073
14	0.3319	0.1771	-0.1975	-0.4152	-0.6536	-0.9140	-1.1984	-1.5095
15	0.3947	0.2089	-0.2307	-0.4832	-0.7585	-1.0584	-1.3853	-1.7422
16	0.3028	0.1716	-0.2067	-0.4460	-0.7169	-1.0200	-1.3571	-1.7308
17	2.0165	0.9294	-0.8190	-1.5600	-2.2462	-2.8952	-3.5205	-4.1336
18	0.4725	0.2446	-0.2619	-0.5424	-0.8433	-1.1672	-1.5169	-1.8962
23	-0.6432	-0.6919	1.2890	3.0921	5.3644	8.0873	11.2614	14.9038
服务业								
19	0.1173	0.0806	-0.1178	-0.2694	-0.4534	-0.6696	-0.9196	-1.2055
20	0.1661	0.1020	-0.1346	-0.2992	-0.4930	-0.7164	-0.9708	-1.2587
21	0.1388	0.0931	-0.1331	-0.3021	-0.5050	-0.7415	-1.0127	-1.3205
22	-0.1965	-0.0628	0.0023	-0.0495	-0.1517	-0.3028	-0.5028	-0.7534

　　第二类模拟的结果参见表 6.7，表中从 Sim121 到 Sim128 各模拟情境依次反映了从"大幅度工商业补贴居民"到"大幅度居民补贴工商业"的变化，其 GDP 增速及需求结构的变化特征与第一类模拟类似。由于第二类模拟进一步将服务业也纳入差别电价交叉补贴调整的范围之内，所以其变化幅度更大。在电力消费总量与强度方面，与第一类模拟不同，当居民用户大幅度补贴工商业时，电力消费会出现下降特征。这说明当把服务业引入交叉补贴调整范围之后，居民消费电价提升将抑制服务业及其电力消费的增长，进而导致电力消费总量下降。在居民福利方面，EV 与 CV 的变化特征与第一类模拟类似，但是在同样的交叉补贴调整幅度之下，服务业被纳入交叉补贴调整范围之后将导致居民福利普遍低于未纳入服务业时的情况。第二类模拟对于产业产出及产品价格的影响与第一类模拟的情况

基本一致，且波动幅度更大①。鉴于篇幅不再给出模拟结果。

表 6.7 差别电价交叉补贴方式调整的经济影响（%，涉及工业、服务业与居民用户）

指标	特定模拟情境下的变化率（%，EV 与 CV 的单位百万美元）							
	Sim121	Sim122	Sim123	Sim124	Sim125	Sim126	Sim127	Sim128
GDP	-0.1448	-0.0606	0.0411	0.0607	0.0450	-0.0524	-0.4040	-2.0298
居民消费	0.2394	0.1115	-0.0964	-0.1807	-0.2606	-0.3594	-0.5671	-1.4210
投资	-0.5064	-0.2682	0.3048	0.6587	1.0864	1.6453	2.5181	4.8649
政府消费	2.1474	1.3019	-1.7697	-4.1067	-7.2804	-12.0189	-20.8255	-49.3723
出口	-0.8006	-0.4148	0.4547	0.9656	1.5617	2.3063	3.3996	6.2316
进口	0.1871	0.1115	-0.1471	-0.3365	-0.5872	-0.9540	-1.6318	-3.8642
电力消费总量	-2.5093	-1.1191	0.8965	1.5670	1.9147	1.5932	-0.6890	-12.0164
电力消费强度	-2.3679	-1.0591	0.8551	1.5053	1.8688	1.6464	-0.2862	-10.1935
交叉补贴余额	56.7517	35.0820	-47.1503	-106.6202	-181.1633	-278.8547	-422.0652	-669.1859
居民收入	0.1342	0.1108	-0.1969	-0.4937	-0.9334	-1.6357	-3.0107	-7.4694
物价	0.4121	0.2303	-0.2857	-0.6414	-1.0985	-1.7331	-2.7909	-5.7486
居民效用	0.1262	0.0686	-0.0765	-0.1610	-0.2615	-0.4068	-0.7136	-1.8997
EV	3249	1767	-1968	-4144	-6729	-10469	-18367	-48891
CV	3249	1767	-1965	-4131	-6684	-10340	-17942	-46115

五、惩罚性电价及其配套政策的模拟分析

（一）模拟情境设定

为了推动经济结构调整，可以对某些限制类产业部门实施惩罚性电价。根据我国当前的情况，这样的产业部门主要集中在工业部门中。因此，需要对工业部门作进一步细分，即将限制类工业部门定义为 sm，而将其他工业部门定义为 om。具体而言，本文姑且将表 6.2 中的 2、8、9、11 以及 12 等 5 个工业部门归入 sm。惩罚性电价的实施方式参考公式（3），且令 pun 分别等于 10% 或者 5%，并在此基础上进行四类模拟。第一类模拟仅涉及限制类工业部门，对其实施惩罚性电价。如果这些部门对电力消费的需求价格弹性较小，那么由于提升了其终端电价将导致交叉补贴余额增加。此时，可以将交叉补贴余额维持在原先水平，并利用其提

---

① 限于篇幅，这里只阐明结论，不再给出具体的模拟结果。

升的空间去补贴某些特定的用户，进而观察其对经济绩效的综合影响。于是，第二、三、四类模拟则分别为将补贴对象设定为其他工业用户、居民用户及服务业用户的情境，由此可以得到表 6.8。

表 6.8　模拟情境设置 Sim2

涉及用户类型	惩罚性电价调整幅度 pun	
	+0.1	+0.05
k=sm	Sim211	Sim212
k=sm、om	Sim221	Sim222
k=sm、h	Sim231	Sim232
k=sm、s	Sim241	Sim242

备注：设定对 sm 实施惩罚性电价，如涉及其他用户，则对其进行补贴。

（二）模拟结果及其分析

当把惩罚性电价定义为终端电价提高 10%或者 5%时，则限制类工业的交叉补贴率分别为 0.188%和 0.134%。如表 6.9 所示，只实施惩罚性电价时，限制类工业的终端电价将有所提高，包括农业、非限制类工业、服务业，以及居民在内所有部门的终端电价均有所降低，且降低幅度大体相同。与预期一致，实施惩罚性电价之后将增加差别电价的交叉补贴余额。具体而言，在终端电价分别提高 10%或者 5%时，交叉补贴余额将提升 53.54%和 23.56%，那么，此时可以进一步分别对非限制类工业、居民或者服务业部门进行电价补贴。这将导致上述部门的终端电价出现相应的下降。在保持交叉补贴余额不变的条件下，获得补贴的工业终端电价将下降 8.34%和 4.54%，居民终端电价将下降 20.72%和 12.29%，服务业终端电价将下降 35.63%和 23.87%。这说明实施惩罚性电价可以在不增加政府补贴负担的前提下，促使非限制类部门终端电价得到较大幅度的下降。由于服务业用电量相对较小，所以其获得补贴后的下降幅度最大。

表 6.9　实施惩罚性电价的交叉补贴率与终端电价变化率（%）

指标	惩罚性电价调整情境							
	Sim211	Sim212	Sim221	Sim222	Sim231	Sim232	Sim241	Sim242
限制类交叉补贴率	0.188	0.134	0.188	0.134	0.188	0.134	0.188	0.134
参考电价变化率（%）	-4.0400	-2.1300	-2.4500	-1.3100	-0.0400	-0.0200	0.0700	0.0500
终端电价变化率（%）	—	—	—	—	—	—	—	—
限制类工业	5.5556	2.7778	7.3148	3.6111	10.0000	5.0000	10.0926	5.0926

指标	惩罚性电价调整情境							
	Sim211	Sim212	Sim221	Sim222	Sim231	Sim232	Sim241	Sim242
农业	−4.0789	−2.1053	−2.5000	−1.3158	0.0000	0.0000	0.0000	0.0000
非限制类工业	−4.0741	−2.1296	−8.2407	−4.5370	0.0000	0.0000	0.0926	0.0926
服务业	−4.0141	−2.1127	−2.4648	−1.3380	−0.0704	0.0000	−35.6338	−23.8732
居民	−4.0964	−2.1687	−2.4096	−1.3253	−20.7229	−12.2892	0.1205	0.0000

表 6.10 显示了实施惩罚性电价对宏观经济与居民福利的影响。从经济增速方面来看，单纯实施惩罚性电价将导致经济增速下滑，且惩罚力度越大，下滑幅度越大。当在实施惩罚性电价的基础上进一步对非限制类工业或者居民用户进行补贴时，同样会导致经济增速下滑，并且下滑幅度会大于单纯实施惩罚性电价时的情况。在补贴非限制类工业用户时，虽然投资下滑幅度较小，出口甚至出现增长，但是由于政府收入下降导致了政府消费下滑，进而导致了经济增幅下滑幅度较大。在补贴居民用户时，虽然居民消费增幅较大，但是投资、出口及政府消费的综合增幅较低，所以经济增幅下滑幅度更大。如果在实施惩罚性电价的基础上补贴服务业用户，则可以实现经济增幅增长，其原因在于获得补贴的服务业得到发展，一方面有利于提高居民消费，另一方面也会通过整个投入产出体系带动投资及出口。从电力消费总量与强度方面来看，在实施惩罚性电价的基础上，补贴居民用户时电量降幅最大，而补贴非限制类工业用户时电量升幅最大。从居民福利的方面来看，在实施惩罚性电价的基础上，居民效用增幅在补贴居民用户时最大，在补贴服务业用户时次之，在补贴非限制类工业用户时增幅最小。这样的特征在 EV 与 CV 的变化上也有同样的体现。

表 6.10　实施惩罚性电价对宏观经济与居民福利的影响

指标	惩罚性电价调整情境下的变化率（%，EV 与 CV 的单位百万美元）							
	Sim211	Sim212	Sim221	Sim222	Sim231	Sim232	Sim241	Sim242
GDP	−0.0098	−0.0028	−0.0199	−0.0049	−0.0758	−0.0331	0.0027	0.0271
居民消费	0.0784	0.0418	0.0310	0.0193	0.3133	0.1716	0.1736	0.1169
投资	−0.3330	−0.1718	−0.1680	−0.0834	−0.2873	−0.1474	−0.0940	−0.0306
政府消费	1.7461	0.9179	−0.0166	−0.0059	0.2053	0.1192	0.0361	0.0345
出口	−0.2008	−0.1041	0.2427	0.1333	−0.1917	−0.0971	0.0774	0.0668
进口	0.2190	0.1142	0.0687	0.0355	0.0862	0.0453	0.1631	0.0929

指标	惩罚性电价调整情境下的变化率（%，EV 与 CV 的单位百万美元）							
	Sim211	Sim212	Sim221	Sim222	Sim231	Sim232	Sim241	Sim242
电力消费总量	1.1130	0.5878	2.2304	1.2070	−0.3691	−0.1685	1.1630	0.7797
电力消费强度	1.1229	0.5905	2.2508	1.2119	−0.2935	−0.1354	1.1602	0.7525
居民收入	0.0952	0.0531	−0.2496	−0.1273	−0.2772	−0.1427	−0.1792	−0.0839
物价	0.1050	0.0559	−0.2294	−0.1222	−0.0679	−0.0381	−0.1831	−0.1116
居民效用	0.0667	0.0360	0.0250	0.0162	0.2141	0.1266	0.1740	0.1173
EV	1716	926	644	418	5510	3259	4479	3018
CV	1716	926	642	417	5483	3251	4463	3012

表 6.11 显示了实施惩罚性电价对国民经济各产业产出的影响。总体来看，惩罚性电价会导致限制类工业的产出有所降低，这体现出了政策效果，并且惩罚力度越大，效果越明显。此外，当补贴非限制类工业用户与服务业用户时，则会导致相关产业产出有所增长，而当补贴居民用户时，各个产业产出增幅都有明显下降。上述变化的出现与终端电价密切相关。当受补贴产业的终端电价降低时，显然成本降低效应有利于促进其产出增长，而当终端电价变化不明显时，上述效应自然就无法发挥作用。

表 6.11　实施惩罚性电价对各个产业产出的影响（%）

产业编号	Sim211	Sim212	Sim221	Sim222	Sim231	Sim232	Sim241	Sim242
限制类工业								
2	−0.4432	−0.2228	−0.0427	−0.0008	−0.9227	−0.4684	−0.4229	−0.1594
8	−0.1481	−0.0728	0.0099	0.0166	−0.4517	−0.2280	−0.0804	0.0008
9	−0.2002	−0.0992	−0.1177	−0.0501	−0.5174	−0.2617	−0.3089	−0.1305
11	−0.3680	−0.1885	−0.2191	−0.1070	−0.4464	−0.2284	−0.2126	−0.0860
12	−0.3796	−0.1941	−0.1046	−0.0445	−0.5114	−0.2611	−0.2422	−0.0965
农业								
1	0.0021	0.0016	0.1235	0.0677	−0.0454	−0.0210	0.0704	0.0515
非限制类工业								
3	0.0274	0.0150	0.1313	0.0720	−0.0610	−0.0293	0.1098	0.0759
4	0.0509	0.0264	0.3825	0.2046	−0.0143	−0.0049	0.1280	0.0837
5	−0.0148	−0.0083	0.2870	0.1528	0.0228	0.0135	0.1332	0.0821

产业编号	Sim211	Sim212	Sim221	Sim222	Sim231	Sim232	Sim241	Sim242
6	−0.1107	−0.0553	0.0290	0.0221	−0.2545	−0.1277	−0.0633	−0.0086
7	0.1523	0.0819	0.1581	0.0895	−0.1424	−0.0681	0.0870	0.0763
10	−0.1699	−0.0860	0.1503	0.0878	−0.3301	−0.1671	−0.0751	−0.0104
13	−0.2723	−0.1394	0.0565	0.0383	−0.3550	−0.1804	−0.1129	−0.0322
14	−0.1806	−0.0925	0.2577	0.1434	−0.2684	−0.1358	0.0368	0.0506
15	−0.1372	−0.0699	0.1246	0.0717	−0.2183	−0.1102	0.0406	0.0482
16	−0.0961	−0.0508	0.4362	0.2332	−0.0324	−0.0147	0.1214	0.0804
17	0.2661	0.1433	0.7477	0.4101	−0.3764	−0.1853	0.2364	0.1938
18	−0.3821	−0.1963	−0.2607	−0.1302	−0.4029	−0.2066	−0.1797	−0.0715
23	1.1225	0.5927	2.2521	1.2185	−0.3690	−0.1685	1.1640	0.7804
服务业								
19	0.0243	0.0141	0.0935	0.0536	−0.1241	−0.0612	0.3909	0.2514
20	−0.0082	−0.0021	0.0498	0.0320	−0.2036	−0.1020	0.2690	0.1855
21	0.1231	0.0660	0.1287	0.0725	−0.1305	−0.0644	0.2690	0.1791
22	0.9835	0.5178	0.0175	0.0130	0.1885	0.1113	0.0140	0.0245

　　表 6.12 显示了实施惩罚性电价对国民经济各个产业产品价格的影响。无论是否在实施惩罚性电价的基础上对其他特定用户进行补贴，在成本推动的机制下，限制类产业的产品价格都将出现一定涨幅。如果单纯实施惩罚性电价，其他用户的交叉补贴率不变，则农业、非限制类工业及服务业的产品价格基本都将上涨。如果对于非限制类工业或者服务业的用户进行补贴，则上述产业价格均会有明显的下降，并且同时也将带动限制类之外的非补贴产业价格出现小幅下降。如果对居民用户进行补贴，则会导致农业和服务业产业价格下降，而非限制类工业部门中不同产业价格表现不一。例如，"橡胶与塑料""机械设备""电气与光学设备"及"运输设备"等产业价格将上升。此外，"电力供应"产业价格，即电力销售参考价格，在补贴服务业用户时将上升，而在其他实施惩罚性电价的模拟情境下则会下降。

表 6.12 实施惩罚性电价对各个产业产品价格的影响（%）

产业编号	Sim211	Sim212	Sim221	Sim222	Sim231	Sim232	Sim241	Sim242
限制类工业								
2	0.4111	0.2108	0.2893	0.1450	0.4488	0.2303	0.4586	0.2361
8	0.3920	0.2013	0.2488	0.1245	0.4039	0.2075	0.3724	0.1886
9	0.5105	0.2612	0.3686	0.1840	0.6097	0.3128	0.5619	0.2840
11	0.5413	0.2767	0.3938	0.1962	0.6647	0.3407	0.6096	0.3071
12	0.5261	0.2689	0.3984	0.1989	0.6504	0.3335	0.6066	0.3069
农业								
1	0.1136	0.0622	−0.2353	−0.1212	−0.2402	−0.1252	−0.1300	−0.0609
非限制类工业								
3	0.0614	0.0347	−0.3184	−0.1658	−0.1959	−0.1015	−0.1924	−0.1004
4	0.0538	0.0303	−0.4148	−0.2183	−0.1255	−0.0649	−0.1341	−0.0705
5	0.0995	0.0543	−0.2944	−0.1537	−0.1564	−0.0810	−0.1643	−0.0866
6	0.0264	0.0155	−0.4071	−0.2150	−0.0917	−0.0477	−0.1162	−0.0631
7	0.0096	0.0064	−0.4395	−0.2330	−0.0492	−0.0257	−0.0940	−0.0532
10	0.1642	0.0848	−0.2033	−0.1119	0.1883	0.0965	0.1435	0.0695
13	0.1059	0.0552	−0.2443	−0.1318	0.0910	0.0465	0.0390	0.0149
14	0.1305	0.0684	−0.1447	−0.0777	0.0520	0.0270	0.0103	0.0022
15	0.1149	0.0605	−0.2262	−0.1210	0.0339	0.0172	−0.0326	−0.0231
16	0.0803	0.0438	−0.2968	−0.1555	−0.1008	−0.0515	−0.0971	−0.0488
17	−1.0140	−0.5298	−2.4308	−1.3052	−0.0106	−0.0052	−0.0093	−0.0040
18	0.2162	0.1119	−0.0888	−0.0508	0.1753	0.0895	0.0741	0.0281
23	−4.0397	−2.1257	−2.4451	−1.3115	−0.0352	−0.0164	0.0657	0.0465
服务业								
19	0.0191	0.0129	−0.2787	−0.1442	−0.2092	−0.1078	−0.9777	−0.5714
20	0.0654	0.0362	−0.2086	−0.1086	−0.1238	−0.0638	−0.7996	−0.4714
21	0.0672	0.0376	−0.2328	−0.1203	−0.1767	−0.0909	−0.5433	−0.3116
22	0.0796	0.0437	−0.2262	−0.1181	−0.5209	−0.2839	−0.1637	−0.0885

六、结论与政策建议

本文利用 CGE 模型对 24 种不同的情境进行了模拟分析。需要说明的是，本文的研究仅针对差别电价而言，而没有考虑在调整差别电价的同时，增加社会保障或者环境保护等公共政策的情况。这意味着本文的研究实际上赋予了差别电价多重职能。研究发现，第一，以工业用户补贴居民用户，将促进消费与进口，而抑制投资与出口，导致长期经济增长受到负面影响。反之，以居民用户补贴工业用户，则会促进投资与出口，而抑制消费与进口，这样更有利于长期经济增长。第二，以工业用户补贴居民用户，将有利于提高居民福利，并且补贴幅度越大，福利提升幅度越高。反之，以居民用户补贴工业用户，则会降低居民福利。第三，以工业用户补贴居民用户，将会同时降低电力消费总量与电力消费强度，并且可以缓解政府财政对电力交叉补贴的压力。反之，以居民用户补贴工业用户，将会同时提升电力消费总量与电力消费强度，并增加交叉补贴压力。第四，以工业用户补贴居民用户，对于工业部门而言，将导致工业各产业产出降低，价格提高。反之，以居民用户补贴工业用户，则会提高产出，降低价格。此外，受产业溢出效应的影响，工业部门在产业与价格方面发生的变化还将传导至农业与服务业，致使其产业与价格也发生类似的变化，只不过变化幅度相对较小。针对惩罚性电价的研究发现，第一，实施惩罚性电价，无论是否对其他类型用户进行补贴，都将有效地抑制限制类产业的产出增长，提高其产品价格，进而发挥促进经济结构调整的作用。第二，在宏观经济层面，单纯实施惩罚性电价，将有利于提高消费，但会抑制投资，因此不利于长期经济增长，但是在实施惩罚性电价的同时对其他类型的用户进行补贴，可以解决上述问题，并且从模拟结果来看，补贴服务业用户在促进长期经济增长方面最为有效。第三，实施惩罚性电价有利于提升居民福利水平，并且在实施惩罚性电价的基础上补贴居民用户可使居民福利得到最大幅度的改善。第四，在实施惩罚性电价的基础上，如果对非限制类工业或者服务业进行补贴，有利于促进该部门中的产业产出增长，而对居民用户进行补贴，将会使几乎所有非限制类产业的产出均发生下降。

选择终端电价的交叉补贴策略，确定差别电价的改革方向，必须要结合当前与未来我国经济发展的特征与战略来做出决策。在经济新常态背景下，改善居民福利，促进国内消费增长，推动产业结构转型升级，重视节能降耗，将构成我国相关经济政策制定的优先目标。为此，即使在一定程度上牺牲一点经济增长速度也是值得的。基于本文的研究结论，对中国差别电价与惩罚性电价政策的改革建议如下：第一，中国现行的差别电价交叉补贴策略，即以工商业用户补贴居民用户，适合新常态下经济结构转型发展的要求，不宜简单模仿某些发达国家以居民用户补贴工商业用户的交叉补贴模式，尤其是在尚未确定社会保障与环境保护等配套的其他公共政策的条件下更是如此。第二，可以在差别电价的基础上进一步引入惩罚性电价，充分发挥其促进产业结构调整、优化经济布局的作用。第三，在引入惩罚性电价的同时，可以通过提升交叉补贴余额进一步补贴服务业，这不仅可以促进服务业的发展，在宏观经济绩效方面也优于其他补贴方案。

鉴于篇幅所限，本文虽然进行了多种情境下的模拟，但是依然存在一些有待深化研究的领域。例如，未来可以将其他公共政策的调整与差别电价政策一并进行研究。当然，由于数据制约，本文也未对不同收入层次的居民进行区分，而这也是未来研究的重要深化方向。

参考文献：

[1] 林伯强、蒋竺均、林静：《有目标的电价补贴有助于能源公平与效率》，《金融研究》2009 年第 11 期。

[2] 林伯强、王峰：《能源价格上涨对中国一般价格水平的影响》，《经济研究》2009 年第 12 期。

[3] 李虹、董亮、谢明华：《取消燃气和电力补贴对我国居民生活的影响》，《经济研究》2011 年第 2 期。

[4] 刘贵生、范忠俊：《销售电价的交叉补贴及理论电价测算》，《统计与决策》2008 年第 3 期。

[5] 刘思强、姚军、叶泽：《我国销售电价交叉补贴方式及改革措施——基于上海市电力户控数据的实证分析》，《价格理论与实践》2015 年第 8 期。

[6] 刘思强、叶泽、于从文等：《我国分压分类电价交叉补贴程度及处理方式研究——基于天津市输配电价水平测算的实证分析》，《价格理论与实践》2016 年第 5 期。

[7] 罗斌、杨艳：《农村居民电价补贴政策的博弈模型及实证研究》，《宏观经济研究》2014 年第 9 期。

[8] 齐放、张粒子、魏玢等：《基于拉姆齐定价理论的销售电价研究》，《电力需求侧管理》2010 年第 2 期。

[9] 申萌：《环境规制、产业效率与企业规制：来自差别电价政策的微观证据》，《经济社会体制比较》2015 年第 1 期。

[10] 孙传旺：《阶梯电价改革是否实现了效率与公平的双重目标》，《经济管理》2014 年第 8 期。

[11] 唐要家、杨健：《销售电价隐性补贴及改革的经济影响研究》，《中国工业经济》2014 年第 12 期。

[12] 汪拥军：《基于价格歧视的区域差别电价机制》，《电力自动化设备》2007 年第 3 期。

[13] 肖宏伟、易丹辉、周明勇：《中国工业电力消费强度行业波动及差别电价政策效果》，《山西财经大学学报》2013 年第 2 期。

［14］郑新业、傅佳莎：《电力交叉补贴是中国特色"双重红利"》，《中国能源报》2015 年第 3 期。

［15］朱成章：《关于我国实行阶梯电价的建议和设想》，《中外能源》2010 年第 5 期。

［16］Erdogdu E. "The Impact of Power Market Reforms on Electricity Price-Cost Margins and Cross-Subsidy Levels: A Cross Country Panel Data Analysis." *Energy Policy*, 2011, 39(3).

［17］Faulhaber G. R. "Cross-Subsidization: Pricing in Public Enterprises." *American Economic Review*, 1975, 65(5).

［18］Koplow D. and Dernbach J. "Federal Fossil Fuel Subsidies and Greenhouse Gas Emissions: A Case Study of Increasing Transparency for Fiscal Policy." *Annual Review of Energy and the Environment*, 2001(26).

［19］Lin B. and J. Liu. "Principles, Effects and Problems of Differential Power Pricing Policy for Energy Intensive Industries in China." *Energy*, 2011, 36(1).

［20］Ito K. "Do Consumers Respond to Marginal or Average Price? Evidence from Nonlinear Electricity Pricing." *Amercian Economic Review*, 2014, 104(2).

［21］Ramsey F. P. "Contribution to the Theory of Taxation." *Economic Journal*, 1927(38).

［22］Sun J. W. "Changes in Energy Consumption and Energy Intensity: A Complete Decomposition Model." *Energy Economics*, 1988(20).

第七章　推动经济发展方式转变的结构性改革及路径选择[*]

李　月

一、引言

　　经济发展表现的多样性一直是备受学界关注的议题。特别是，为什么有些经济体能够实现持续增长并迈入高收入国家行列，而大多数经济体却不能实现。事实上，社会经济发展从来不是一个同质、等速的过程，而是一个呈现出阶段性、不断从量变到质变的过程（Hausmann 和 Klinger，2006）。对于从低收入经济体成长至高收入经济体的过程，经济学家们提出了不同的阶段性划分（Rostow，1960；速水佑次郎，2000；Imbs 和 Wacziarg，2003；蔡昉，2013）。全球竞争力指数（The Global Competitiveness Inder，GCI）依据经济增长驱动机制的不同，将经济发展过程分为以下几个阶段，见表 7.1。第一个发展阶段是要素驱动阶段（factor-driven），处于该阶段的经济体主要以要素禀赋——基本的非技术劳动力和自然资源为竞争优势；随着经济体的发展更具竞争力，生产率随之提升，同时工资也会上涨。这时，经济体必须开始生产品质更高的产品、采取更具效率的生产过程，以削减劳动力价格上涨而带来的不利因素，这意味着经济体将向效率驱动（efficiency-driven）发展阶段转移。最后，随着经济发展，工资不断上涨，为了维持高工资及

　　* 感谢 2017 年国家社会科学基金一般项目（批准号 17BJL032），"以供给侧结构性改革迈向中高端水平的理论创新与路径选择研究"对本研究的资助。本文摘自《结构性改革与经济发展方式转变》，发表于《世界经济》2019年第 4 期，全文转载于人大复印资料《社会主义经济理论与实践》，2019（7）。

相应的生活标准，经济体只能寻求更为复杂的生产过程并不断进行创新，此时经济体向创新驱动（innovation-driven）发展阶段转移。

表 7.1　全球竞争力指数对经济发展阶段的划分

阶段划分	阶段 1（S1）：要素驱动	转换阶段（T1）：S1 向 S2 转换	阶段 2（S2）：效率驱动	转换阶段（T2）：S2 向 S3 转换	阶段 3（S3）：创新驱动
人均 GDP 门槛（美元现价）	<2000	2000—2999	3000—8999	9000—17000	>17000

资料来源：《全球竞争力报告》（历年版）。

注：对于资源依赖型经济体，本研究将不以人均 GDP 作为经济发展阶段的划分标准。

2017 年，中国人均 GDP 达到 8836 美元[①]，依据全球竞争力指数划分标准已经基本完成 S2 发展阶段，从经济发展驱动方式的角度来看，则意味着基本实现了由要素驱动向效率驱动的转变。那么，当前摆在中国经济面前的任务是如何突破传统发展机制的束缚，实现由效率驱动向创新驱动的关键性跨越。这便是本文的主要研究目标，也是诸多中等收入经济体面临的共性问题。对此，中国政府及学界极为重视，提出了关键性的战略调整，即由原来的需求侧改革转为供给侧结构性改革，希望借此带动中国经济跨越中等收入陷阱，并实现经济发展方式由效率驱动向创新驱动的转变。这一战略性调整在中国经济发展史上是具有创新性的，能否对经济体向创新驱动转变发挥正面显著效应，是需要学界积极研究讨论的问题，亦是本文研究的重点。

事实上，世界上诸多经济体运用结构性改革来提振经济或推动经济转型。国外一些组织和学者针对这一议题对亚美尼亚、澳大利亚、韩国、马来西亚、秘鲁、坦桑尼亚与土耳其进行了案例研究（IMF，2015；Dabla-Norris 等，2015）。这些国家处于不同的发展阶段，其对结构性改革的实施方式也有所不同，有些侧重于长期、大范围的结构性改革；有些则将改革聚焦在某些领域或阶段。但学者们通过案例研究发现，这些国家通过实施结构性改革，均对本国生产率与宏观经济表现起到了不同程度的提振作用。并且，不同发展阶段下，这些国家实施结构性改革的重点及推动多重改革的顺序对我国均有很重要的借鉴意义。

本文沿袭这一思路，结合中国经济战略性调整的重大方针，进一步探讨结构

---

① 数据来源于国家统计局网站发布的《2017 年国民经济和社会发展统计公报》。

性改革对于经济发展方式转变的重要作用。生存分析[①]（survival analysis）为这一论题提供了有效的研究方法。区别于传统计量模型，生存模型直接对风险函数建模，使用最大似然估计法（Matrimum Likelihood Estimation，MLE）进行估算。只要似然函数正确，则 MLE 估计量为一致、有效估计量，且服从渐进正态分布（陈强，2016）。与本文相关的生存分析文献可分为两类：第一类文献从被解释量的角度入手，以经济体在某一发展阶段的停留时长及向下一阶段迈进的转型概率为研究对象（Eichengreen，2011；郭熙保和朱兰，2017），基于跨国数据、运用生存分析方法识别经济体在某一阶段停留时间及转换到下一个阶段概率的关键影响因素。其中，将经济体进入某一发展阶段的初始时刻标准化为"O"，以度量停留时间，仅使用各经济体在该发展阶段的变量特征，可概括出该阶段经济增长的一般性特征，同时可有效解决传统经济增长模型的内生性问题（郭熙保和朱兰，2017）。然而，现有文献仅对中等收入阶段进行了研究，而本文则是基于全球竞争力指数对经济发展驱动力阶段性的划分，对效率驱动（S2）向创新驱动（S3）转变停留时长与转型概率进行研究。前者关注的影响因素仍然集中在创新、人力资本、技术进步等传统增长因素，而本文则着重探索结构性改革对这一过程的影响。

第二类文献是从解释变量的角度出发，侧重于探索不同经济体政策与制度因素，或其他国家层面的影响因素，对停留时长或转换概率（风险概率或风险函数）的影响。有学者借助 1983—2002 年 76 个国家的数据运用生存模型探索了专利权与价格管制制度对新药上市时间的影响（Cockburn 等，2016）。有学者则以 1975—2000 年 47 个发展中国家为样本，探索了一系列国家层面的政治与制度因素对一国固定汇率制度持续时间的影响。有学者以 1993—2007 年 17 个 LDC 国家对 190 个进口国家的贸易时长为研究对象，探索了一国人均 GDP 水平、出口结构与比较优势的差异、市场与产品的多样性等因素对贸易时长的影响。还有学者分别运用生存分析探讨了一系列宏观变量对货币危机（currency crises）与银行危机（bank crisis）持续时间的影响，其数据均为跨国面板数据，分别包括 1970—1997 年 OECD 国家的数据和 1980—1997 年 79 个国家的数据。由于研究议题的不同，并没有文献研究结构性改革对某一停留时长或转型概率的影响，这也正是本文的关注重点。生存模型可借助 K-M 估计量将经济体由效率驱动向创新驱动转换过程的停留时间（S2-T2-S3），以及由此估算的转换概率作为被解释变量，进一步探索结构性改革在其中发挥的作用。

综上所述，本文将使用生存分析模型探索结构性改革变量对效率驱动向创新

---

① 该方法的被解释变量通常为某种活动持续的时间，因此也被称为久期分析（duration analysis）；同时考察样本从某一状态转换到另一状态所花费的时间，故也称为转换分析（transition analysis）。

驱动转型的持续时间及转换概率的影响。面对复杂、多元化的结构性改革，本研究试图识别出哪些改革，以及如何推进这些改革，能够最有效地减少经济体在效率驱动阶段的停留时长，实现向创新驱动的跨越。这对于当前中国及其他正处于这一转变历程中的经济体设计改革路线与推进改革具有借鉴意义。

相比过去的文献而言，本文的主要贡献在于：①借助生存分析方法，着重探讨结构性改革对于经济发展阶段性转变的促进作用；②运用实证分析手段，评价不同部门的结构性改革对于经济体由效率驱动向创新驱动转变的影响机制与作用差异；③进一步探索多重改革推行的顺序效应，为结构性改革方案提供路线图。

本文接下来的安排如下：第二部分，结构性改革内涵、指标及效应的文献综述；第三部分，采用 Kaplan-Meier 法进行经济体由效率驱动向创新驱动转变的持续时间与转型概率的分布估计；第四、五部分，运用面板生存模型实证研究结构性改革对经济体由效率驱动向创新驱动转型的改革效应，并且运用面板 logit 模型进行稳健性检验，运用工具变量法进行内生性检验；第六部分，进一步探索多重结构性改革推进的顺序效应；第七部分为结论。

二、结构性改革的相关文献综述

结构性改革（structural reform）研究始于 20 世纪 90 年代（IMF[①]，2015），近年来受世界经济低迷影响，结构性改革在全球范围内引发热议。讨论的起点与基础是结构性改革的内涵与评价体系，在此基础上，相关国际组织与学界主要从结构性改革与经济增长、生产率、经济收敛三个层面探索结构性改革的效应。

（一）结构性改革的内涵

虽然不同世界组织对于结构性改革定义的侧重点和覆盖领域有所不同，但其基本上描述的是一样的过程（USAID，2017），仅存在细微差异。

第一，西方结构性改革以应对经济危机与衰退为基本出发点（见图 7.1）。经济危机后，IMF（2016）等机构呼吁将财政政策、货币政策、结构性改革作为三大政策工具，以提升潜在经济增长率，尽快实现经济复苏。由于各个组织区域范围不同，结构性改革的目标存在细微差异。APEC[②]早期强调亚太地区应借助结构性改革提高市场运作水平、提高亚太地区经济效益并增加竞争力、改善人们的生活水平；经济危机爆发后则更加注重寻求平衡性、包容性、可持续增长（APEC，

---

① 国际货币基金组织（Internation Monetary Fund，IMF），下文简称 IMF。
② 亚太经合组织（Asia-Pacilific Economic Cooperation，APEC），下文简称 APEC。

2011)。OECD[①](2013)则强调结构性改革为政府提振经济增长、创造就业、带来强劲平衡的经济复苏提供了一个有力的工具。EBRD[②](2017)的关注点为中东欧和中亚地区,认为结构性改革是帮助经济体实现由计划经济向可持续市场经济转型的重要途径。

第二,西方结构性改革以提升资源配置的有效性作为提高潜在经济增长率的核心机制。西方主流结构性改革观点认为,经济无法达到资源配置最优化,主要源于政府的过度监管,并主张以削弱政府过度监管、放松管制为手段,不同的国际组织的施政着力点应有所不同。IMF 与 OECD 主张应从金融部门、劳动力市场、产品市场、贸易领域及制度等五个层面减少过度监管、推行结构性改革。APEC的着力点在于监管改革、竞争政策、公共部门治理、公司治理及加强经济和法律基础设施领域,近年来其更加注重促进平衡、包容性、安全性的经济增长(APEC,2009)。EBRD(2010,2017)主张推进公司经济部门、能源部门、可持续资源、基础设施建设部门、金融部门等五大部门市场化,以提升资源的有效配置,进而实现可持续发展的市场经济。

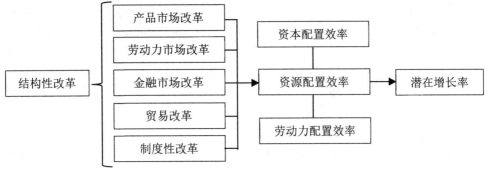

图 7.1 西方结构性改革的核心机制

资料来源:作者绘制。

第三,能否将西方结构性改革与自由放任画等号呢?答案是否定的。尽管西方主流的结构性改革以削弱政府过度监管、放松管制为手段,从这个角度来看,结构性改革意味着降低政府干预,以及对贸易、国内与国际金融交易实施更少的管制。然而,阻碍资源配置有效性的障碍并不单单在于政府的过度监管,经济中还存在着诸如自然垄断、信息不对称和道德风险、金融部门的扭曲等非政府管制因素造成的市场失灵,解决这些问题恰恰需要政府的有效监管。因此,西方主流

---

① 经济合作与发展组织(Orgarization for Economic Co-operation and Development,OECD),下文简称 OECD。

② 欧洲复兴开发银行(European Bank for Reconstruction and Development,EBRD),下文简称 EBRD。

框架中的结构性改革并不是一味地追求自由放任，而是对于有效监管的评价与测度。

第四，以结构性改革作用机制区分需求侧结构性改革与供给侧结构性改革。需求侧结构性改革指的是通过影响人的信心及对未来收入预期的财富效应，进而影响需求的改革（Kerdrain 等，2010）。而结构性改革对供给侧的影响发生在中长期，往往通过影响供给侧的劳动力、资本重新配置及企业重建，发挥改革对经济增长的作用（Cacciatore 等，2012）。

（二）结构性改革的指标体系

早期学界对结构性改革的测度从单一领域开始。关注较多的是金融领域，运用世界银行 WDI 数据库中提供的金融发展指标，包括金融市场深度与银行部门效率两个角度，以及外部金融占比[①]来衡量金融领域的结构性改革（Buera 等，2011；La Porta 等，1997；Beck 等，2000）。制度性改革则多借助 Polity IV（Campos 和 Kinoshita，2010）与 ICGR 数据库（Campos 和 Kinoshita，2010；Spilimbergo 和 Che，2012）来衡量。

随着结构性改革在全球范围内被广泛关注，IMF、OECD、EBRD 等国际组织开始构建结构性改革指标体系（Structural Reforms Indicators，SRI）[②]，涉及领域逐步扩展至产品市场改革、劳动力市场改革、金融市场改革、贸易改革、制度性改革等。其中，IMF 的结构性改革指标体系[③]涵盖 108 个经济体，包括 33 个发达经济体、53 个新兴经济体、22 个低收入发展中经济体，时间跨度为 1970—2011 年。指标体系除上述五个领域外，还包括基础设施建设和创新。这些指标并非都是 IMF 自行计算的，其中大多数来自对现有数据库的整合，包括经济学人智库（Economist Intelligence Unit，EIU）、弗雷泽研究所（Fraser Institute）、IMF、OECD 等。由于数据源具有多元化特点，各指标的范围也不一致，从（0，1）、（1，7）到（1，10）不等。

事实上，OECD 一直长期关注结构性改革的测度[④]，原来仅限于 OECD 国家，

---

① 外部金融占国内生产总值的比重，其中外部金融被定义为私人信贷、私人债券市场资本化及股票市场资本化的总和。

② 尽管诸多国际组织对结构性改革进行了深入的探讨，但仅有 IMF、OECD、EBRD 三个机构试图构建或整合结构性改革指标体系。其中，EBRD 主要针对中东欧和中亚从计划到市场的经济转型过程，样本范围仅为中东欧和中亚地区的 36 个经济体，数据的适用性有限，因此，本文主要介绍 IMF 和 OECD 两个数据库。

③ IMF 先后提出两版结构性改革数据库，正文中指的是第二版，第一版数据搜集截至 2005 年，且仅包括金融部门改革、贸易部门改革、产品市场结构性改革三个领域。

④ OECD 的结构性改革指标包括两个版本。多年来，OECD 一直关注结构性问题，每 5 年公布一次产品市场管制数据库和劳动力市场管制数据库，以衡量产品市场与劳动力市场的结构性改革情况，但其数据仅涵盖以 OECD 国家为主的 60 个经济体。

逐渐的，结构性改革从发达经济体面临的问题发展为全球性问题，OECD 也将结构性改革数据库扩展至新兴经济体。新版数据库时间跨度为 1985—2011 年，为扩大样本范围，OECD 的做法是寻找原数据库的替代指标。对于原有的产品市场结构性改革，则利用了 EFW 数据库的商业管制指标[①]和世界银行的营商环境指标（Doing Business Indicators，DBI）中的相关指标，包括开办企业的成本和时间、破产程序、契约执行情况。而对于劳动力市场结构性改革，则利用世界经济自由指标（Economic Freedom of the World，EFW）数据库的劳动力市场管制指标[②]和剑桥劳动力管制指标，该指标涵盖了 117 个国家的长达 40 多年的劳动力市场管制年度指标（Adams 等，2016）。这一数据库共包括 40 个劳动力市场管制类别，OECD 根据需求借鉴了其中 6 个关于常规契约的指标，作为 EPL 常规契约的替代指标。此外，第二版指标体系还包括制度改革、金融发展、贸易开放、创新等几个方面，数据源均来自世界银行的营商环境报告（the World Bank's Doing Business Project）、EFW、WDI 数据库世界发展指标（World Development Indicaters，WDI）。

（三）结构性改革的单一效应

1. 结构性改革与经济增长

大多数文献认为，金融市场改革可提升资本配置效率，促进经济增长（Rajan 和 Zingales，2001；Abiad 等，2008；Tressel，2008），而其中资本账户自由化对经济增长的作用却不明确（Eichengreen，2002），其效应取决于一国的收入水平（Klein 和 Olivei，2008）。早期对贸易改革的增长效应存在争论，大部分学者认为减少贸易壁垒确实可以促进经济增长（Sachs 和 Warner，1995；Dollar 和 Kraay，2004；Wacziarg 和 Welch，2008）。然而，有学者则指出，并不是所有国家都能够从贸易自由化中获益，一些国家将受到贸易自由化带来的负面影响。产品市场改革能够削弱对企业进入产品市场的限制，鼓励竞争、增强技术溢出和吸收，促进经济增长（Krueger 等，1992；Sachs 和 Warner，1995；Dollar 和 Kraay，2004）。制度性改革也是结构性改革的重要内容之一，制度环境会影响其他结构性改革的效果（Easterly，2005；Acemoglu 等，2008；Prati 等，2013）。

2. 结构性改革与生产率

一些学者则更加注重探讨结构性改革与生产率之间的关系，认为金融市场改革能够促进资本在企业和产业间更有效地分配（Rajan 和 Zingales，2001；Tressel 和 Detrag，2008），提高生产率（Larrain 和 Stumpner，2013），并进一步构建定量

---

① 包括 6 个子指标，分别为行政要求、官僚成本、商业启动、寻租行为（额外支付／贿赂／偏袒等）、许可限制、税务合规，涵盖 100 多个经济体。

② 包括 6 个子指标，分别为雇佣条例和最低工资、雇佣和解雇条例、集中谈判、时间规定、强行解雇工人成本、工人征用，涵盖 100 多个经济体。

框架，解释金融发展与总和要素生产率（Total Faction Productivity，TFP）关系在国别间的差异（Buera 等，2011）。研究发现，金融摩擦通过扭曲资本和企业家才能的有效配置，对劳动生产率、TFP、部门 TFP 产生不利影响，很大程度上解释了不同金融发展水平下经济体之间 TFP 的差异。有学者则发现，对于更加接近技术边界的国家，这一效应更为显著（Aghion 等，2005）。大量文献表明，贸易越开放，生产率增长越快（Wacziarg 和 Welch，2008）。低收入国家中，税收与非税收约束同时存在将导致劳动生产率增长率较低（Tombe，2012）。微观数据表明削弱服务业的进入障碍，能够有效提升下游制造业的生产率（Arnold 等，2012；Fernandes 和 Paunov，2012）；劳动力市场政策产生非正式制度约束，形成了劳动力向高效率部门转移的成本。有学者发现，拉美地区低 TFP 增长与这种高非制度约束呈正相关。微观研究表明，宽松的劳动力市场环境有利于促进劳动力流入生产率更高的企业（Bassanini 和 Duval，2009；Henrekson 和 Johansson，2010）。对产品市场的高管制会导致较低的产品市场的竞争性，抑制新企业创新和商业投资，降低新技术和产品技术的扩散速度（Conway 等，2006），进而影响生产率的增长（Nicoletti 和 Scarpetta，2003；Dabla-Norris 等，2015）。制度结构性改革能够促进私人投资、鼓励企业运营，有助于培育金融部门发展，提升资源配置效率，进而推动生产率的提高（Acemoglu 等，2005）。

3. 结构性改革与经济收敛

近年来，全球性经济低迷导致促进经济收敛的外部环境正在减弱（IMF，2015），由此引发了学界从经济收敛的角度探讨结构性改革对经济的影响。一个发展更好的金融体系能够促进资本流动，使得资本流向具有最高边际收益的区域，进而增加赶超速度（Aghion 等，2005；Fung，2009）。有学者发现，贸易自由化能够降低贸易伙伴国之间的贸易壁垒，进而促进贸易自由化国家间的收入收敛（Ben-David，1993、2000）。劳动力市场的改革效果则表现得较为模糊，通常降低最低工资和遣散费能够促进经济收敛，而另外一些劳动力市场改革，包括降低失业津贴和劳动税收对于加速区域收敛有副作用。一个国家的制度性改革的推进，例如法律条款、经济与政治体制等，也能够促进区域收敛。

综上所述，现有文献主要从经济增长、生产率、经济收敛三个层面探讨了结构性改革的单一效应，运用理论与实证分析得到了关于不同领域改革效应的相关结论，其中以结构性改革的正面效应居多。然而，正如引言中所强调的，上述理论或实证分析确实可以表明不同领域结构性改革与经济增长、生产率、经济收敛的相关性；但就其中的改革正面效应而言，能否必然表明结构性改革对于经济绩效的促进作用，需要基于十分严格的理论与实证因果识别（Sulemana 和 Kpienbaareh，2018），特别是在基于实证结果的政策建议部分需要十分谨慎。事实上，一国推行结构性改革的实践结果，会受到更多约束。无论是结构性改革对经济增长的影响、对生产率的提振，还是对经济收敛的作用都会受到经济发展阶段及该国距离技术边界远近的约束（Dabla-Norris 等，2015）。在这样的约束环境下，一国决策者推行结构性改革的时机、节奏、顺序都会影响结构性改革最终的整体效果。此外，现有文献中鲜有涉及结构性改革与经济发展方式转变关系的相关研究。

（四）多重结构性改革的顺序效应

近年来，对于结构性改革的推行逐渐由单一改革向多重改革演进，并由此引发了学界对多重改革顺序效应的探讨。顾名思义，顺序效应侧重于对不同改革先后顺序的研究，处于不同发展阶段的经济体，其推进改革先后顺序的不同将会带来增长效应的极大差异。基本观点可归纳如下。

（1）国际贸易改革应该在金融改革之前推动（McKinnon，1973；Rajan 和 Zingales，2003；Braun 和 Raddatz，2007；Hauner 和 Prati，2008；Klein 和 Olivei，2008；Hauner 等，2013）。国内金融部门改革应该在外部资本市场开放之前进行，因为资本账户开放会增加波动性，在国内金融体制的发展初期，这种开放更容易导致资源配置的非效率性（McKinnon，1973；Klein 和 Olivei，2008）。

（2）产品市场结构性改革应先于劳动力市场结构性改革。当一国的劳动力市场管制更高时，对其产品市场放松管制会发挥更大的边际效应。同时，有证据显示，产品市场放松管制有利于促进劳动力市场放松管制（Fiori 等，2007）。

（3）不同发展阶段的经济体适合的改革顺序存在差异。低收入阶段应以基础设施改革、财政结构改革、银行系统改革与农业改革视为最优先；对于新兴经济体，应将银行系统改革与农业改革从优先列表中剔除，取而代之的是劳动力市场改革与商业管制改革。对于发达国家，商业管制改革应被剔除，技术创新改革与工业管制改革则更为重要（IMF，2015）。也有一些文献，根据一国经济水平距离技术边界的远近来判断改革的推进顺序与优先性（Prati，2013；Dabla-Norris 等，2015）。

三、经济体由效率驱动向创新驱动转变：持续时间与转型概率的分布估计

（一）阶段性的划分与样本筛选

正如前文所述，本文的研究目的是探讨结构性改革对于经济发展方式转变的影响，更具体地说，是要探讨结构性改革对于经济体由效率驱动向创新驱动转变的单一效应与顺序效应。因此，本文首先依照全球竞争力指数对发展阶段的划分标准（表7.1），将1960—2015年全球110个经济体长期经济增长过程划分为S1、

T1、S2、T2、S3 阶段（表 7.2）。在此基础上，本文选取其中 S2—S3 阶段，即效率驱动向创新驱动转变阶段为研究对象。样本共计 76 个，可分为两类，在样本期间内从 S2 成功转型到 S3 的经济体有 31 个，仍处于从 S2 向 S3 转型过程中的经济体有 45 个。

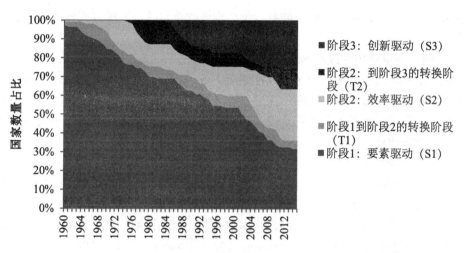

图 7.2　1960—2012 年经济体所处发展阶段分类：以 GCI 为标准

关于经济体在效率驱动阶段停留时间的数据处理，有两点需要说明：①停留时间的计算。本文样本区间以 1960—2015 年经济体进入 S2 阶段为起点，以迈入 S3 阶段为终点，中间包含过渡阶段 T2。在此将 S2 阶段和 T2 阶段的停留时间均视为效率驱动阶段的停留时间。②数据删失问题。采用生存模型对数据进行分析，通常会面临数据的删失问题。通常的做法是删除左删失样本，而对右删失样本则通过定义删失变量进行处理。本文样本中仅有美国存在左删失问题，故剔除该样本；但存在 45 个右删失样本，设置删失变量为虚拟变量。对于完整数据样本，删失变量取值为 1；对于存在右删失问题的经济体样本，删失变量取值为 0。

（二）生存函数和转型概率的估计

基于本文的研究对象为经济体由效率驱动向创新驱动转换的停留时间，故采用生存模型进行实证研究。生存模型可借助 K-M 估计量将经济体由效率驱动向创新驱动转换过程的停留时间（S2-T2-S3），以及由此估算的转换概率作为被解释变量，进一步探索结构性改革在其中发挥的作用。

假定 T 表示经济体在效率驱动阶段的停留时间，T 的生存函数表示经济体在（S2+T2）阶段停留时间 T 超过 t 年的概率，即

$$S(t) = \Pr(T > t) \tag{1}$$

相对应的风险函数则表示经济体已经在（S2+T2）阶段停留 $t-1$ 年，在 t 年跨越至 S3 阶段的条件概率，在本文中则意味着经济体从效率驱动阶段向创新驱动阶段的转型概率，即

$$h(t) = \Pr(T = t \mid T > t-1) = \frac{\Pr(T = t)\Pr(T > t-1 \mid T = t)}{\Pr(T > t-1)} = \frac{\Pr(T = t)}{\mathrm{S}(t-1)} \quad （2）$$

生存函数和风险函数的关系如下：

$$S(t) = \prod_{t_j < t} \Big[1 - h(t_j)\Big] \quad （3）$$

通常可采用 Kaplan-Meier 非参数估计法和寿命表法计算生存函数和风险函数的估计值 $\hat{S}(t)$、$\hat{h}(t)$。后者主要用于大样本，前者更适用于小样本。

在此基础上，计算 76 个经济体在效率驱动阶段生存概率与转型概率的 Kaplan-Meier 估计值（如图 7.3、图 7.4 所示）。经研究发现，转型概率呈倒 U 型曲线，拐点发生于 19—20 年间。具体来看，当样本在效率驱动阶段的停留时间小于 13 年（含 13 年）时，其生存概率为 1、转型概率为 0，[①]这意味着在效率驱动阶段停留时间为 13 年及以下时，并没有经济体实现向创新阶段的跨越；当停留时间达到 14 年时，日本首先实现了由效率驱动向创新驱动的跨越。如果按照 GCI 的阶段划分标准计算，人均 GDP 年均增长率须达到 13.2%，方能在第 14 年实现这一阶段性跨越。此后，在较短时间内，进入转型概率不断提升的阶段。当经济体在效率驱动阶段停留时间从 13 年提升至 20 年左右时，转型概率已经从 0%上升至近 50%。其中，停留 15 年时已累计有 6 个经济体实现了效率驱动向创新驱动的转变，停留 20 年时则累计有 22 个经济体实现了跨越。在此，从实现转型的经济体个数进一步论证了 14—19 年为经济体由效率阶段向创新阶段转型的高峰期。此后，转型概率开始下降，这意味着当停留时间超过 19 年后，经济体再实现转型的概率开始变低，转型变得越来越难。从历年实现转型的国家数量来看，自停留 19 年开始，每年至多有 2 个经济体实现转型（具体数据参见表 7.2）。

---

① 1960—2015 年间成功从 S2 阶段迈入 S3 阶段的 31 个经济体中，用时最少的经济体为日本，S2 阶段和 T2 阶段共计 14 年。

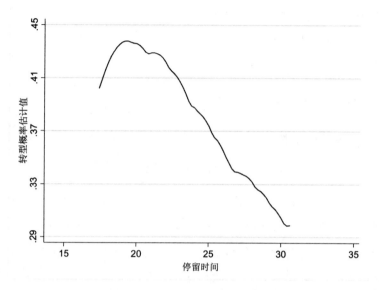

图 7.3　经济体转型概率估计值

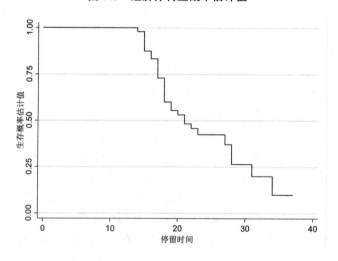

图 7.4　经济体生存概率估计值

表 7.2　76 个经济体的生存概率和转型概率估计值

效率驱动阶段停留时间（年数）	转型概率估计值	生存概率估计值	转型样本个数
14	0.0208	0.9792	1
15	0.125	0.875	5
16	0.1667	0.8333	2

效率驱动阶段停留时间（年数）	转型概率估计值	生存概率估计值	转型样本个数
17	0.2708	0.7292	5
18	0.3995	0.6005	6
19	0.4457	0.5543	2
20	0.4688	0.5312	1
21	0.5171	0.4829	2
22	0.5425	0.4575	1
23	0.5752	0.4248	1
24	0.5752	0.4248	0
25	0.5752	0.4248	0
26	0.5752	0.4248	0
27	0.6283	0.3717	1
28	0.7345	0.2655	2
29	0.7345	0.2655	0
31	0.8009	0.1991	1
33	0.8009	0.1991	0
34	0.9004	0.0996	1
37	0.9004	0.0996	0

注：生存概率、转型概率均采用 Kaplan-Meier 估计法计算，二者之和为 1。

总之，Kaplan-Meier 估计值存在一个门槛范围，为 19—20 年。当经济体在效率驱动阶段停留时间小于 19 年时，其向创新驱动阶段转型的概率会随时间不断提升，14—19 年左右为转型的高峰期[①]；一旦停留时间超过 20 年，经济体向创新驱动转型的概率则转为不断下降。这意味着，一旦停留时间超过门槛值，经济体转型概率将由上升转为下降，实现转型将更为困难，再次印证了转型门槛年份的存在。

四、结构性改革对发展方式转变的改革效应：生存模型

对于经济发展阶段转换问题的实证研究，常用的实证模型包括生存模型（郭

---

① 表现为图 7.3 中转型概率估计值的拐点。

熙保和朱兰，2017；Eichengreen，2011）与离散选择模型（Eichengreen，2011），两者对样本的选取与处理方法存在差异。

生存分析在样本选取上仅选用效率驱动阶段的经济体面板数据，不需要对国家是否实现转型进行人为判定，而要通过标注是否为右删失对其进行处理；并借助 K-M 估计量将经济体在效率驱动阶段的停留时间及向创新驱动阶段的转换概率作为被解释变量。然而，在"样本国家来自不同母体"的样本差异问题上，生存分析不如离散选择模型的样本分类方法处理得好，本文参照了郭熙保和朱兰（2017）等学者的处理方法，通过加入多重控制变量，尽可能地控制不同国家的差异性因素。

与此相对，离散选择模型通常需要根据某一时点转型国家是否成功，将样本国家分成两类，一类是转型成功的，一类是转型不成功的。这样的分类可以有效解决"样本国家来自不同母体"而产生的样本差异问题。然而，以本文为例，离散选择模型的样本范围应包括效率驱动与创新驱动两个阶段，[①]而不是仅考察不同经济体在效率驱动发展阶段内经济运行的一般性特征。

因此，基于前文的生存函数与转型概率分析，本文选取生存模型作为实证模型，选取离散选择模型进行稳健性检验。

（一）模型设定

Cox[②]模型是生存分析模型中用来考察停留时间影响因素最常用的模型。其基本形式如下：

$$h(t \mid X) = h_0(t) \exp\left(\sum_{j=1} \alpha_j X_j\right) \tag{4}$$

其中，$h(t \mid X)$ 为风险率或死亡率，本文为经济体由效率驱动向创新驱动转变的转型概率；$h_0(t)$ 为基准风险函数，即所有 X_j 取零时 t 时刻的转型概率；X_j 为转型概率的影响因素，包括控制变量和结构性改革指标，$\exp(\alpha_j)$ 被定义为风险比率，当 α_j 的符号为正或 $\exp(\alpha_j)$ 大于 1 时，就意味着变量 X_j 有助于提高转型概率 $h(t \mid X)$。

---

① 对于离散选择模型，如果只包括处于 S2 一个阶段的样本面板的话，我们无法判断该国家是转型成功还是转型不成功，类似于中国这样的经济体，刚刚进入 S2 发展阶段，尚未进入 S3 阶段，但如果将其归纳为转型不成功也不合理。因此，如果仅考虑 S2 阶段的样本数据，很难对国家是否转型成功进行判定；只能以该经济体顺利进入 S3 阶段的事实表明该经济体实现了转型。那么，这意味着离散选择模型必须包括经济体在 S2 阶段的经济运行数据，以及其在 S3 阶段的经济运行数据。而无法对不同经济体在 S2 阶段的经济运行轨迹加以区分。

② 又称比例风险回归模型，是由英国统计学家 D.R.Cox 提出的一种半参数回归模型，简称 Cox 模型。

传统的 Cox 模型对参数进行估计时采用偏似然函数，假定时变的 $h_0(t)$ 对所有非时变的 X_j 都是一样的，从而模型估计必须满足等比例风险假定。[①]并且，传统的 Cox 模型属于半参数截面回归，要求各国转型这一随机事件来自同一母体。鉴于各国存在巨大差异，生存分析模型较为常用的处理方法是通过加入多重控制变量，尽可能控制不同国家的差异性因素。本文借鉴郭熙保和朱兰（2017）等运用生存模型研究跨国宏观问题的处理方法，尽可能地加入影响生存时间或转型概率的控制变量，以免由于遗漏变量而导致实证结果的严重偏误。

（二）变量选取

1. 结构性改革变量

本文重点关注结构性改革对经济体由效率驱动向创新驱动转变的影响，参照 OECD 与 IMF 等对结构性改革的界定与指标体系，重点考查以下 5 个领域的结构性改革，分别是贸易部门改革、金融部门改革、制度性改革、劳动力市场改革和产品市场改革。实证研究分两阶段进行，第一步首先考察结构性改革的改革效应，即测度各领域结构性改革对经济体实现由效率驱动向创新驱动转变的作用机制与影响力；第二步则进一步考察不同部门结构性改革的顺序效应。为避免实证过程中单一指标可能带来的偏误，本文对于每个领域的结构性改革将尽可能地采取多指标作为代理变量，5 个领域共包括 15 个结构性改革变量。具体各部门指标选取如下（指标汇总参见表 7.3）。

（1）金融部门改革指标，现有文献与经济组织归纳了四类金融部门结构性改革的指标体系：其一是 IMF 提出的金融结构性改革指标，时间截至 2005 年；其二是 OECD 归纳的结构性改革数据列表（Égert，2017），将 EFW 的数据库列为衡量金融结构性改革的数据库，2000 年以前的数据每 5 年为一个数值；其三是世界银行 WDI 数据库中的传统金融发展指标[②]，也被 OECD 归纳为可以用作衡量金融结构性改革的数据，但笔者并未读到相关学术文献；其四是世界银行公布的金融结构数据库[③]，从金融市场深度与银行效率两个角度探讨金融结构性改革的水平。基于本文的分析问题与时间段，第四种数据对本文最为适用，在探讨金融结构性改革的文献中也被采用。两类指标又涵盖 5 个子指标，另一类反映金融发展水平，包括流动性负债占比、私人信贷占比、商业银行资产占比，数值越高代表金融发

[①] 当不符合等比例风险假定时，目前 COX 模型通常有两种处理方法：若 G 的时间依赖性源于基准风险函数的不一致，就需要进行分层处理，每层引入一个基准风险函数；若源于协变量的时变性，可引入时间相依协变量。

[②] 包括国内信贷占 GDP 比重、国内私人信贷占 GDP 比重、人均银行分支机构、股票市场资本化占 GDP 比重、股票市场营业额占 GDP 比重。

[③] 数据库地址为 http://www.worldbank.org/en/publication/gfdr/data/financial-structure-database。

展水平越高；一类反映银行效率，包括银行间接成本占比、净利差，数值越大表明银行效率越低。从多重维度测度金融改革水平，能够克服单一指标可能带来的局限性。

（2）贸易改革指标，存在事前指标与事后指标两种。事前指标主要就是贸易开放度，早期运用较为广泛；事后指标是当前衡量贸易改革或开放的主流标准，数据来源于 EFW 数据库，[①]本文选取其中的平均关税率与监管贸易壁垒作为贸易改革的代理变量，平均关税率越低、监管贸易壁指标越高，表示经济体对外贸易自由程度越高，预期更易实现资源的有效配置及技术转移，进而促进经济增长。

（3）劳动力市场改革指标，是 OECD 和 IMF 指标体系关注的重点，根据本文的样本范围选取 EFW 中的集体谈判、雇佣法规和最低工资、雇佣和解雇法规三个指标作为劳动力市场改革的代理变量。这些改革将通过影响劳动力的流动性，提升或降低劳动力成本。从赋值上看，EFW 对在更大程度上由市场力量驱动的劳动力市场给予了较高的结构性改革指标评级。

（4）制度性改革指标，OECD 和 IMF 结构性改革指标体系主要来源于 EFW、世界各国风险指南，即国际国家风险指数（International Country Risk Guide，ICRG）和全球治理指标（The Worldwide Governance Indicaters，WGI）。本文选取 EFW 的法律系统和产权指标，选取 ICRG 数据库中的法律法规指标、官僚质量指标作为制度性改革的代理变量。其中，EFW 的法律系统和产权指标涵盖司法独立性、产权保护、法律系统的完整性、合约的法律执行力、对法律和政治的军事干预、犯罪的商业成本等 9 个子领域，取值越高表明制度性改革越完善；ICRG 数据库中的法律法规指标、官僚质量指标取值 0—6，数值越高代表制度性改革越完善。

（5）产品部门改革指标，与其他部门结构性改革指标不同，OECD 与 IMF 在这一领域均有各自的测算，OECD 主要是 PMR[②]与 ETCR[③]数据库，但样本范围仅为 60 个；IMF 初期则仅测度了农业、通信业的结构性改革指标。后期，OECD 和 IMF 均进行了扩展，主要是整合了经济学人智库数据库、EFW 中的商业管制指

---

① 涵盖了 159 个经济体、5 个大领域、24 个子领域、42 个变量，指标为（0—10），取值越高反映经济体在该领域的自由化程度越高。数据可得年份为 1970 年、1975 年、1980 年、1985 年、1990 年、1995 年及 2000—2014 年。本文的研究时期是 1960—2015 年间 76 个经济体的转型时期，由于用了三年间隔的时期均值，2000 年前部分缺失的结构性改革指标并没有带来严重的数据缺失问题。

② PRM 指用来衡量产品市场的结构性改革水平，该数据库每 5 年更新一次，截至目前共包括 4 次统计（1998、2003、2008、2013），包括 60 个左右经济体。

③ ETCR 数据库可作为 PMR 数据库的有力补充。与 PMR 不同，ETCR 数据库不以管制领域作为划分标准，而是以部门为标准：包括 7 个网络部门（电信、电力、邮政、天然气、航空运输、铁路运输、公路运输）和 5 个服务业部门（法律服务、会计服务、工程服务、建筑服务、零售分销）等非制造业结构性改革的相关数据，为 1980—2013 年的连续年度数据。

标。因此，本文选取 EFW 中商业管制的两个子指标代理产品市场改革，即行政或官僚成本、额外支出或者贿赂。较高的分值表明经济体更大程度上允许由市场来决定价格、进一步放开市场进入，以及降低产品生产成本。

表 7.3　结构性改革指标分类和数据来源

变量分类	变量名称	变量说明	来源
结构性改革指标			
贸易部门改革	tarrif	平均关税率（%）	EFW
	regbarrier	监管贸易壁垒（0—10）	EFW
金融部门改革	llgdp	流动性负债占 GDP 比重（%）	世界银行的金融结构数据库
	pcrdbofgdp	私人部门信贷占 GDP 比重（%）	世界银行的金融结构数据库
	dbacba	商业银行资产占商业银行和央行资产总和的比重（%）	世界银行的金融结构数据库
	netintmargin	净利差（%）	世界银行的金融结构数据库
	overhead	银行营业间接成本占银行总资产的比重（%）	世界银行的金融结构数据库
劳动力市场改革	Bargain	集体谈判（0—10）	EFW
	Hmini	雇佣法规和最低工资（0—10）	EFW
	Hfire	雇佣和解雇法规（0—10）	EFW
制度性改革	LSPR	法律系统和产权（0—10）	EFW
	LOicrg	法律法规（0—6）	ICRG
	BQicrg	官僚质量（0—6）	ICRG
产品市场改革	proSR1	行政成本（0—10）	EFW
	proSR2	额外支出（0—10）	EFW
控制变量			
人均资本存量	rknaper	2005 年不变价资本存量指标除以就业人数（美元）取对数	PWT9.0
收入不平等	GINI	基尼系数，0—100 取值，越高反映收入越不平等	WDI
外部冲突	Econflict	外部冲突（0—6）	ICRG
国土面积	lnlandarea	平方千米，取对数	WDI
亚太区域虚拟变量	Dummy1	若经济属于亚太区域（East Asia & Pacific），则赋值为 1；否则赋值为 0	世界银行对经济体所属区域的划分
欧洲和中亚虚拟变量	Dummy2	若经济属于欧洲和中亚区域（Europe & Central Asia），则赋值为 1；否则赋值为 0	世界银行对经济体所属区域的划分

来源：笔者整理。

2. 控制变量

由于我们的样本是宏观层面 76 个不同的经济体，研究中虽然只是截取了这些经济体在效率驱动发展阶段时的经济表现，但不同国家情况依然千差万别，这些样本在效率驱动阶段的停留时长及向创新驱动阶段的转型概率也会受到国家特征变量的影响。如果只考察结构性改革变量，忽视其他国家特征变量的影响，会导致模型出现严重的遗漏及变量偏误。因此，本文借鉴郭熙保和朱兰（2017）等的文献运用生存模型研究跨国宏观问题的处理方法，尽可能地加入影响生存时间或转型概率的控制变量，以避免由于遗漏变量而带来实证结果的严重偏误。

在此，我们试图加入能够控制经济体在效率驱动阶段停留时长或转型概率国家差异的控制变量。具体的，借鉴前人的文献，通常从以下三个层面纳入控制国家差异的控制变量。首先，控制国家间宏观经济差异的变量，包括投资价格（Sala-I-Martin，2004）、资本（Feenstra 等，2015）、技术（郭熙保和朱兰，2017）、人力资本、国际贸易（Aiyar 等，2013）、基础设施建设（Aiyar 等，2013）等。不同学者由于研究问题侧重点或者样本数据的可获得性不同，所选取的控制变量存在差异，但相同的是，这些文献均从不同角度控制了跨国样本间宏观经济的国家差异。其次，控制国家间特征差异的变量，包括地理变量（Sachs，2012；郭熙保和朱兰，2017；Sala-I-Martin 等，2004）、区域或国家虚拟变量、宗教信仰（Sala-I-Martin 等，2004）、殖民主义（Sala-I-Martin 等，2004）、民族与语言多样性（Alesina 等，2016；郭熙保和朱兰，2017）等。对于上述变量，是否有利于或者阻碍了某阶段的经济发展，学界并没有定论。例如，民族和语言多样性被认为有利于技术互补和创造发明，但不利于社会和谐和公共管理（Alesina 等，2016）。在这一方面，现有文献也根据其判断与样本数据的可获得性，不同程度地加入了控制国家特征差异的控制变量。最后，控制国家间的制度性差异变量，具体又可细分为一般性制度（Lee 和 Kim，2009）、政策（李富强等，2008）、民主制度（Aiyar 等，2013）、管制水平等。同理，根据文献研究议题及样本数据可获得性，不同的文献选取不同的制度控制变量。综上所述，本文根据数据的可获得性，从宏观经济、国家特征、制度环境三个层面分别选取控制国家差异的控制变量。

需要注意的是，本文的重点研究变量是 5 大领域的结构性改革，属于制度性变量的范畴，与上述第三个层面制度环境方面的控制变量有所重叠，这意味着一般性的制度、政策及管制水平变量已经被纳入我们重点变量的考察范围之内，不再列入控制变量。因此，在制度性控制变量层面，本文参照相关学者的文献纳入外部冲突变量，以衡量一国政府来自外界的冲击，包括非暴力外界压力，如外交压力、扣发援助、贸易管制国际制裁等；也包括暴力外界压力，如跨国冲突及战争；并认为该外部冲击能够影响经济体在效率驱动阶段的持续时长及向创新驱动的转型概率，数据来源于 ICRG 数据库中的外部冲突（external conflict）变量，在 0—6 之间取值，取值越高反映一国面临的外部冲击越小。

此外，本研究在宏观层面借鉴了前人文献的经验并结合数据的可获得性，选取了人均资本变量控制效率驱动阶段不同经济体间的经济增长水平差异，同时，纳入基尼系数控制效率驱动阶段不同经济体之间的收入分配的差异（Sulemana 和 Kpienbaareh，2018）。[①]研究指出，在效率驱动发展阶段，人均资本的国家差异，以及一国在该发展阶段是否存在收入差距过大仍然较为均等化，将对一国效率阶段结构性改革的效果，以及该国在效率驱动阶段的停留时长及向创新驱动阶段的转型概率产生影响。最后，在国家特征差异方面，纳入地理变量与区域虚拟变量，以控制来自国家间地理因素的差异，以及由于一国所在的区域，如欧洲或亚洲，而带来的国家差异，进而对结构性改革效果及一国在效率驱动阶段停留时长或转型概率产生影响。表 7.3 列出了具体变量的说明和数据来源。

因此，本文最终构建的针对面板数据的 COX 模型如下：

$$\ln h\left(t \mid X_i\left(t\right)\right)=\ln h_0\left(t\right)+c+\sum_k \beta_k SR_{ik}\left(t\right)+\sum_j \alpha_j X_{ij}\left(t\right)+\mu_i\left(t\right) \qquad (5)$$

其中，X_{ij} 为经济体 i 的控制变量 j，后续实证估计过程中尝试纳入表 7.3 中的控制变量，但会根据数据缺失情况而有所取舍。SR_{ik} 为经济体 i 部门 k 的结构性改革指标，包括贸易改革、金融部门改革、劳动力市场改革、制度性改革、产品市场改革，μ_i 为误差项。

此外，在面板数据构建方面，需要说明的是，本文选取 1960—2015 年间经济体由效率驱动向创新驱动的转变阶段作为研究对象，将样本在各自跨期内按照 3 年进行拆分，每 3 年计算一个平均值，[②]最终得到 76 个经济体的 442 条记录。同样，对于这 442 条记录，定义删失变量 C，对于完整记录，删失变量取值为 1；对于右删失记录，删失变量取值为 0。

五、结构性改革对发展方式转变的改革效应：实证结果分析

本部分选用面板生存分析对上述模型进行实证研究，考察多重结构性改革对

---

① 由于基尼系数缺失值太多，纳入模型会损失很多观测值，故我们在后续实证中只在部分模型中纳入了基尼系数。但就纳入的情况看，基尼系数提高、收入不平等加剧会对转型概率带来负效应。

② 经济体样本的跨越时间不一定是 3 的倍数。若余下时期超过两年，我们就将这两年划分为一个新的阶段；若余下 1 年，我们就将其归入上一个时期。例如，我国对相关经济体的研究时期为 2008—2015 年，将这一跨期分为三个阶段，即 2008—2010 年、2011—2013 年、2014—2015 年，分别计算期间均值，可得到三条记录，由此引入随时间变化的自变量。

于经济体实现效率驱动向创新驱动转变的改革效应。其中部分结构性改革指标存在缺失问题，①为避免数据缺失或带来不利影响，本文对五大领域的结构性改革均采用多元化的指标，尽可能避免单一指标数据缺失对结果的误判。从现实的情况来看，各国在推行结构性改革的过程中，大多以多重改革组合推行的方式进行，既少有一段时间单一推进某一种改革，也鲜有同时推进所有改革的情况。因此，我们在改革效应实证部分，尝试加入不同的改革组合，以测度多重结构性改革的综合改革效应；同时，借鉴前人的处理方式（Prati 等，2013；Eichengreen 等，2011），采用分部门逐一加入单一改革指标的处理方式进行比较②。在此基础上，运用面板 logit 模型进行后续稳健性检验，运用两阶段工具变量法进行内生性检验（Hausman，1978；Angrist 和 Imbens，1995；Jong-Sung 和 Khagram，2005）。③

表 7.4　面板生存模型估计结果——多重改革

变量	（1）	（2）	（3）	（4）	（5）	（6）	（7）	（8）
贸易部门结构性改革								
tarrif	-0.0603*	-0.0510				-0.434**	0.0339	
	(0.0361)	(0.0390)				(0.202)	(0.143)	
regbarrier			1.080*	0.575				0.824
			(0.555)	(0.491)				(0.518)
制度性结构性改革								
LSPR	0.198							
	(0.219)							
BQicrg			2.170**	5.343***	1.822**		3.592***	
			(1.001)	(1.777)	(0.753)		(1.117)	
LOicrg		0.415						
		(0.255)						
金融部门结构性改革								
llgdp	0.00685		0.00287		0.0112*			
	(0.00761)		(0.00750)		(0.00588)			
dbacba		0.00476		0.107**				
		(0.0280)		(0.0465)				

---

① 估计过程中实际有效样本数为 54—76 个，有效记录数也随之变化。

② 主要原因在于改革过程中涉及多部门多重指标，各指标彼此间具有相关性（Prati 等，2013），同时纳入一个模型可能带来严重的多重共线性，进而导致估计结果无效。故纳入逐步估计结果，作为多重估计的初步稳健性检验。

③ 采用工具变量方法对实证结果进行内生性检验，是一种较为常见的处理内生性问题的方法。但事实上，工具变量的本质是解决解释变量与误差项的相关性问题，工具变量也不能完全解决因果识别问题（Sulemana 和 Kpienbaareh，2018）。因此，笔者在此只能尽可能地降低内生性问题。我们在进一步基于实证结果而提供政策建议的过程中，需要特别清楚这一点，并给出非常谨慎的分析与政策建议。

续表

变量	(1)	(2)	(3)	(4)	(5)	(6)	(7)	(8)
pcrdbofgdp						0.0149**		
						(0.00632)		
netintmargin							-0.508	
							(0.391)	
overhead								-0.512
								(0.387)
劳动力市场结构性改革								
bargain			0.386				0.193	
			(0.273)				(0.205)	
Hmini						0.455***		0.552*
						(0.155)		(0.302)
产品市场结构性改革								
proSR1								0.340
								(0.448)
proSR2				-0.462	0.121			
				(0.470)	(0.197)			
控制变量								
rknaper	1.663**	1.306*	3.209*	6.032***	2.929***	5.847*	4.125**	4.424*
	(0.778)	(0.718)	(1.743)	(2.045)	(1.120)	(3.245)	(1.985)	(2.649)
lnlandarea	-0.110	-0.144	-0.376**	-1.788***		-0.675**	-1.095***	-0.482
	(0.104)	(0.0900)	(0.164)	(0.397)		(0.333)	(0.313)	(0.326)
dummy1	2.463***	2.022***	-0.775	7.396***	0.0858	6.066***	3.575*	4.175**
	(0.664)	(0.635)	(1.229)	(2.256)	(0.875)	(1.812)	(1.907)	(1.755)
dummy2	1.822***	1.608***		7.070***		3.633***	4.289**	3.528***
	(0.591)	(0.573)		(1.610)		(0.875)	(1.770)	(0.747)
Econflict	0.177	0.0479	-0.839***	-0.740***	-0.366	-0.274*	-0.610***	0.0499
	(0.204)	(0.175)	(0.298)	(0.150)	(0.227)	(0.163)	(0.230)	(0.210)
Constant	-28.85***	-23.08**	-49.01**	-85.91***	-44.25***	-71.82*	-51.41**	-68.22*
	(9.397)	(9.319)	(23.30)	(24.73)	(13.55)	(41.91)	(23.48)	(37.72)
Observations	248	217	164	161	164	204	152	188
Number of id	65	64	48	48	48	47	48	47

注：***、**、*分别表示参数的估计值在 1%、5%、10%的统计水平上显著。表中给出的是系数估计值、非风险比率。括号中为相应的 t 统计量值。面板生存分析假设生存时间服从指数分布，基于稳健标准误进行回归，从而保证结果对某些模型误设是稳健的。Chi2（P）给出检验面板生存分析下整个模型显著性的 Wald 卡方统计量值和相应 P 值。此外，银行效率改革效应的发挥具有较强的时间滞后性，为了更准确地捕获其效应，模型（7）、（8）中的银行效率指标 overhead 和 netintmargin 均设为滞后一期的指标。

来源：根据 STATA14.0 软件估计结果整理。

　　多重结构性改革实证结果发现（如表 7.4 所示），贸易部门的改革指标在推动经济体由效率驱动向创新驱动转变的过程中，以平均关税率为代理的贸易部门结构性改革对转型概率具有显著负效应，这意味着平均关税率越低，贸易部门结构性改革水平越高，经济体更容易实现由效率驱动向创新驱动阶段的转型。同时，以监管贸易壁垒指标为代理的贸易部门结构性改革对转型概率具有显著正效应。由此判断，贸易部门结构性改革能够促进经济体由效率驱动向创新驱动阶段转型。

制度性改革指标，包括法律系统和产权、法律法规、官僚质量3个子指标。实证结果发现，以官僚质量为代理的制度性改革基本显著为正，其他代理指标则不显著。这意味着在效率驱动阶段，通过改善官僚质量而推动的制度结构性改革，弱化政府的过度或不当干预，有助于形成有效的制度性监管体系，①表明经济体推行了更高水平的结构性改革，有利于促进经济体由效率驱动向创新驱动阶段转变。

金融部门结构性改革指标，包括金融发展水平与银行效率两类指标。其中，金融发展水平包含3个子指标，即流动性负债占比、私人信贷占比、商业银行资产占比；银行效率包括两个子指标，即银行间接成本占比、净利差。多重结构性改革实证结果发现，3个金融发展水平指标（流动性负债占比、私人信贷占比、商业银行资产占比）的系数估计值均为正且基本显著。两个银行部门效率指标（净利差与银行间接成本占比）系数为负，这意味着该指标越低，银行部门的效率越高，越有利于经济体实现转型，但二者均不显著。整体来看，上述结果表明一国金融发展水平越高，银行部门效率越高，经济体由效率驱动向创新驱动阶段转型的概率越大。

劳动力市场结构性改革指标，包括集体谈判、雇用法规和最低工资、雇佣和解雇法规3个子指标。②多重结构性改革实证研究发现，劳动力市场改革对经济体由效率驱动向创新驱动阶段转变的效应比较模糊。其中，雇用法规和最低工资改革的作用机制显著为正，即这项改革促进了转型的发生，而其他代理指标效用模糊且不显著。这与相关学者的研究结论类似，他们探讨了劳动力市场结构性改革与经济收敛的关系，发现降低最低工资和遣散费能够促进经济收敛，而另外一些劳动力市场改革，包括降低失业津贴和劳动力契税对于加速区域收敛则有副作用。

产品市场结构性改革指标，包括行政成本、额外支出或者贿赂两个子指标。多重结构性改革实证结果发现，两个指标的系数符号较为模糊。从显著性上，估计结果与劳动力市场改革类似，即产品市场改革效应均不显著。部分原因可能是产品市场的数据缺失问题较为严重。

在此基础上，我们认为对于正处于由效率驱动向创新驱动转型阶段的经济体，劳动力市场结构性改革效应与产品市场结构性改革效应并没有那么显著，这在一

---

① 正如内涵中探讨的，西方结构性改革并不能够和自由放任画等号，也不单纯意味着降低监管，而是希望通过借助改革形成政府的有效监管，其指标体系的构建亦遵循这一规律。

② 估计过程中发现三个指标的当期变量都不显著，我们进一步纳入了滞后一期的变量，以考察是否因为劳动力部门改革效应的发挥存在时滞性，结果也并不显著，因此不在正文中列出。

定程度上反映出这两个领域的结构性改革或许不如其他几项改革那么急迫。现有文献中也有学者得出了类似的结论。例如，有的学者指出，贸易自由化与劳动力市场改革只是在长期存在正效应，短期内由于资源重新配置而产生成本，会形成改革冲击（Dabla-Norris 等，2015）。有的学者提出产品市场的进入障碍对于接近全球技术边界国家的生产率增长阻碍更大（Aghion 等，2009）。有的学者以 OECD 国家为样本发现，较弱的产品市场管制会带来更高的生产率增长率，然而在新兴经济体或者发展中经济体的实证证据中却尚未发现（Nicoletti 和 Scarpetta，2003）。这种研究涉及结构性改革对于不同发展阶段经济体的适用性问题，以及多种结构性改革之间的组合推行与顺序实施等问题，下文也将就此展开讨论。

本文尝试在宏观经济、国家特征、制度环境方面加入若干控制变量，尽可能控制不同国家的差异性因素，以避免由于遗漏变量而带来的实证结果的严重偏误。从控制变量的实证结果来看，人均资本存量对经济体由效率驱动向创新驱动转型具有正向带动作用。这意味着一国人均资本存量越高，其在效率驱动阶段停留的时间越短，向创新驱动转型的概率越大，反映出经济体在效率驱动向创新驱动的转变过程中，资本依然发挥着重要的正向拉动作用。外部冲突变量数值越大表示冲突越小，实证结果发现外部冲突变量对转型概率具有显著负效应，这与常规预期相反，或许在一定程度上反映出当外部发展环境受到经济上的制约或者政治安全稳定性的影响时，来自内部改革的动力更为迫切，使得这些国家更快地实现了由效率驱动向创新驱动的转变。此外，地理因素对经济体实现转型也具有显著影响。其中，亚太虚拟变量与欧洲中亚虚拟变量基本显著为正，这意味着处于这两个区域的经济体更容易实现向创新驱动的转变，而地理面积变量影响的显著性相对较弱。总之，地理特征变量在一定程度上反映出以地理因素为代表的某些无法观测到的因素也是影响经济体转型概率的重要原因。

表 7.5　面板生存模型估计结果——逐一加入改革指标

变量	(1)	(2)	(3)	(4)	(5)	(6)	(7)	(8)
贸易部门结构性改革								
tarrif	-0.0688**							
	(0.0316)							
regbarrier		0.582**						
		(0.253)						
制度性结构性改革								
LSPR			0.851					
			(0.625)					
BQicrg				8.929***				
				(1.444)				

续表

变量	（1）	（2）	（3）	（4）	（5）	（6）	（7）	（8）
LOicrg					0.478**			
					(0.187)			
金融部门结构性改革								
dbacba						0.162		
						(0.117)		
llgdp							0.00637	
							(0.00420)	
pcrdbofgdp								0.00935*
								(0.00483)
控制变量								
rknaper	2.265***	4.268***	2.948***	4.262***	1.338***	2.945***	2.124***	2.120***
	(0.753)	(1.528)	(0.868)	(0.435)	(0.482)	(1.131)	(0.500)	(0.517)
lnlandarea	−0.0846	−0.780***	0.0264	−0.827***	−0.0662	0.152***	0.00964	0.0134
	(0.0814)	(0.281)	(0.220)	(0.141)	(0.0638)	(0.0582)	(0.0832)	(0.0854)
dummy1	2.771***	5.362***	1.817	−1.156***	1.411**	0.227	2.156***	1.909***
	(0.696)	(1.995)	(1.654)	(0.196)	(0.704)	(1.120)	(0.563)	(0.575)
dummy2	1.680***	2.996**	0.798	3.561***	1.170**	−1.468**	1.334**	1.170**
	(0.571)	(1.322)	(0.879)	(0.600)	(0.567)	(0.627)	(0.532)	(0.538)
GINI			−0.170***	0.00908		−0.161**		
			(0.0598)	(0.0198)		(0.0809)		
Econflict			0.874	−0.204	0.0286	0.344		
			(0.709)	(0.125)	(0.106)	(0.593)		
Constant	−32.93***	−56.36***	−51.59***	−75.30***	−23.84***	−55.66*	−32.72***	−32.75***
	(9.830)	(18.09)	(15.39)	(9.913)	(5.819)	(30.38)	(6.304)	(6.726)
Chi2	89.288	33.613	115.854	669.449	41.895	59.5	36.83	37.24
Observations	325	228	143	130	272	152	415	418
Number of id	72	54	41	42	66	44	73	73
金融部门结构性改革								
netintmargin	−1.595*							
	(0.882)							
overhead		−0.332						
		(0.258)						
劳动力市场结构性改革								
bargain				−0.254				
				(0.463)				
Hmini					0.259**			
					(0.130)			
Hfire						−0.189		
						(0.193)		
产品市场结构性改革								
proSR1							−0.115	

续表

变量	（9）	（10）	（11）	（12）	（13）	（14）	（15）
						（0.272）	
proSR2							0.640**
							（0.315）
控制变量							
rknaper	2.272	3.620***	3.805***	5.392***	3.854***	4.145***	4.380**
	（1.469）	（1.264）	（1.361）	（2.052）	（0.807）	（1.292）	（1.746）
lnlandarea	−0.377	−0.488***	−0.175	−0.418		−0.772***	−0.806***
	（0.885）	（0.143）	（0.428）	（0.288）		（0.298）	（0.178）
dummy1	−15.05**	4.203***	3.395	6.406***	3.034***	6.130***	4.505***
	（6.396）	（0.871）	（2.176）	（1.501）	（0.776）	（2.034）	（1.233）
dummy2	1.909	2.326***	0.750	4.048***	0.993	3.511***	3.565***
	（4.776）	（0.589）	（2.176）	（0.992）	（0.691）	（1.202）	（0.820）
GINI	−0.264**		−0.140				
	（0.113）		（0.0871）				
Econflict	0.940	0.0849	0.855	0.0683		0.0669	−0.361**
	（0.667）	（0.125）	（1.044）	（0.142）		（0.149）	（0.177）
Constant	−28.16	−46.57***	−53.39	−73.04***	−52.95***	−50.87***	−53.26**
	（22.54）	（14.68）	（32.80）	（27.32）	（10.23）	（15.19）	（20.91）
Chi2	4340.77	36.201	95.209	105.797	24.283	23.757	79.58
Observations	143	227	141	204	244	205	204
Number of id	40	49	41	47	59	48	48

注：***、**、*分别表示参数的估计值在 1%、5%、10%的统计水平上显著。表中给出的是系数估计值，非风险比率。括号中为相应的 t 统计量值。面板生存分析假设生存时间服从指数分布，基于稳健标准误进行回归，从而保证结果对某些模型误设是稳健的。Chi2 给出检验面板生存分析下整个模型显著性的Wald 卡方统计量值。

来源：根据 STATA14.0 估计结果整理。

在此基础上，对比逐一加入结构性改革指标的实证结果（见表 7.5）和多重结构性改革估计结果（见表 7.4）。整体看来，逐一加入改革变量与综合加入多重改革变量，改革效应的符号与显著性基本一致。贸易改革、金融结构性改革、制度性改革基本显著为正，表明当经济体处于效率驱动阶段时，一国综合推行这三种改革或单独推行某一种改革，都会对经济发展起到促进作用，进而推动经济体向创新阶段转移。劳动力市场改革与产品市场改革整体看来不太显著，这在一定程度上体现了当经济体处于效率驱动阶段时，劳动力市场结构性改革与产品市场结构性改革并不显得那么迫切，如果急于推行未必会达到预想的效果。现有研究中，也有学者得出了类似的结论（Dabla-Norris 等，2015；Aghion 等，2009；Nicoletti和 Scarpetta，2003）。由此可见，逐一加入改革变量的实证结果一定程度上证实了多重改革实证结果的稳健性。

　　在上述基本趋势的判断下，不同领域单一改革与多重改革的效果也存在一定差异。例如，贸易部门改革逐一加入时均显著地对转型具有正面促进作用，但当其与其他部门结构性改革同时推行时，个别模型中贸易部门改革的显著性下降或变得不显著。制度性改革变量中，法律法规在单一改革变量模型中显著，当该改革与其他改革配合推进时则变得不显著。与此相对，在金融部门结构性改革中，多重改革效应的显著性则较单一改革效应的显著性有所增强。总而言之，当经济体处于效率驱动向创新驱动转型的过程中，经济体不可能逐一按顺序推行改革，也不可能同时推行所有改革，这时候需要政策制定者结合每个经济体的不同发展特征，进行结构性改革的政策设计（Boeri，2010），这里的政策设计包括，改革是分级（two-tier）还是统一（complete）执行，是针对特定目标群体还是覆盖整个人群，是渐进的还是猛烈的，这些都会影响改革效应（Boeri 和 Garibaldi，2007；Boeri，2010）。因此，每个经济体需要在实证研究的基础上，根据自身情况设定符合自己国家发展的改革路线图，切忌对别国经验的照搬实施。

　　（一）稳健性检验

　　基于样本特性，本文选用面板 logit 模型进行稳健性检验。与生存分析不同的是，[①]面板 logit 模型需要对样本进行分类，本文依据在某一时点不同国家是否转型成功，对样本进行分类。若某一时点一国处于效率驱动阶段，就将该国该时点赋值为 0；某一时点一国迈入了创新驱动阶段，则将该国该时点赋值为 1，从而得到一个二元变量。在此基础上，以这一二元变量作为因变量，以结构性改革指标和其他控制变量作为自变量进行面板数据二元回归。由于研究样本为 1960—2015 年间处于（S2+T2）和 S3 阶段的经济体，因此这是一个非平衡面板。例如，中国于 2008 年进入 S2 阶段，那么中国对应的研究时期就是 2008—2015 年，对应的二元变量始终赋值为 0；日本于 1973 年进入 S2 阶段，于 1987 年进入 S3 阶段，日本的研究时期就是 1973—2015 年，其中 1973—1986 年间的二元变量赋值为 0，1987—2015 年间的二元变量赋值为 1。

　　表 7.6 报告了面板 logit 模型进行稳健性检验的实证结果。其中，模型（1）至模型（5）为多重结构性改革共同纳入面板 logit 模型的稳健性检验。结果发现，贸易部门、制度部门、金融部门改革都为经济体由效率驱动阶段向创新驱动阶段

---

　　① 对于发展阶段转换问题的研究，如类似本文由 S2 阶段向 S3 阶段转变的问题，生存分析与离散选择模型的差异在于：第一，从样本范围来看，生存分析可以仅选取 S2 阶段的变量，而离散选择模型因为需要对阶段进行赋值，如 S2 阶段为 0，S3 阶段为 1，因此，需要将样本范围拓展至 S3 阶段，而不是仅考察 S2 发展阶段内经济运行的一般性特征。第二，如果从国家样本的层面来看，需要对一国的特征进行判断，即判断该国家是转型成功，还是转型不成功，类似于中国这样的经济体，刚刚进入某一发展阶段，很难进行判定。然而，如果选用生存分析，则不需要对国家是否跨越的性质进行人为判定，而是通过标注是否为右删失对其进行处理。

转型带来了显著正效应，劳动力部门改革和产品部门改革的效应较模糊，证实了生存分析模型中多重结构性改革效应的稳健性。模型（6）至模型（12）为将结构性改革逐一纳入面板 logit 模型的稳健性检验，其结果与多重结构性改革的结果基本一致。由此可见，面板生存分析与面板 logit 模型的实证结果相一致，证明了实证结果的稳健性。

此外，考虑到政策效应的时滞性，本文还参考了相关学者的处理方式，取自变量 5 年间隔的均值进行面板生存分析，作为稳健性检验。我们发现，在 10% 的显著性水平下，贸易部门改革、制度性改革、金融部门改革对转型概率的影响基本都是显著的，劳动力市场改革和产品市场改革的符号较为模糊且不显著。这些结论与分三年间隔计算期间均值所得估计结果基本一致，进一步证明了我们在以上面板生存分析中所得实证结论的稳健性。

表 7.6　面板 logit 模型估计结果

变量	(1)	(2)	(3)	(4)	(5)	(6)	(7)	(8)	(9)	(10)	(11)	(12)
tarrif			−0.175	−0.389	−0.204**	−0.278***						
			(0.107)	(0.434)	(0.0892)	(0.0890)						
regbarrier	0.0639	−0.219					−0.246					
	(1.351)	(0.758)					(0.594)					
LSPR					−0.584			0.534*				
					(0.518)			(0.274)				
BQicrg				5.040				3.859***				
				(4.332)				(1.310)				
llgdp		0.104**		0.144*	0.104***				0.113***			
		(0.0449)		(0.0734)	(0.0333)				(0.0246)			
pcrdbofgdp	0.424***		0.277***									
	(0.144)		(0.0749)									
overhead			−0.506							−0.498**		
			(0.313)							(0.233)		
Hmini	0.988			0.254								0.276
	(0.626)			(0.434)								(0.242)
proSR2				−1.448								
				(1.160)								
lnrknaper	25.52**	27.56***	23.38***	59.88***	18.13***	20.55***	25.70***		38.76***	21.63***	25.98***	22.85***
	(10.78)	(7.383)	(6.693)	(22.99)	(3.412)	(3.181)	(6.694)		(4.796)	(2.671)	(5.022)	(7.029)
lnlandarea	7, 017**	3, 171*	1, 281	4, 168	960.2**	429.9	2, 209	380.7**	142.2	223.3	−235.0	1, 898

续表

变量	(1)	(2)	(3)	(4)	(5)	(6)	(7)	(8)	(9)	(10)	(11)	(12)
	(3, 501)	(1, 622)	(1, 228)	(3, 640)	(413.8)	(580.6)	(1, 412)	(180.2)	(971.4)	(681.7)	(650.9)	(1, 334)
Econflict	-3.142*	-2.686***	-0.740	-2.862*	-0.786*	-0.730**	− 2.485***	− 0.550***	-0.374	-0.145	-0.733*	-2.228**
	(1.737)	(1.039)	(0.563)	(1.702)	(0.420)	(0.334)	(0.892)	(0.189)	(0.264)	(0.175)	(0.390)	(0.890)
Observations	121	131	162	104	426	475	140	479	757	777	190	125
Number of id	8	9	10	8	25	26	9	27	27	27	10	8

注：***、**、*分别表示参数的估计值在 1%、5%、10%的统计水平上显著。这里给出的是面板 logit 模型在固定效应下的估计结果。

（二）内生性检验

为了克服结构性改革这一核心变量内生性问题所导致的可能估计偏差，本文尝试用工具变量法进行内生性检验。其中，关于结构性改革工具变量的选取，我们参考了相关学者的处理方式，认为在政治关联度高的国家之间相互模仿与学习的过程中存在改革的扩散现象，即样本国家的政治联盟国已经成功实施结构性改革或处于实施改革的进程中，那么该样本国很可能对其进行仿效，也展开结构性改革。然而，联盟国家的改革只能通过影响样本国的国内改革进程，进而影响样本国的经济绩效。因此，本文选定联盟国家的改革指标，构建了样本国结构性改革的工具变量。具体做法是依据协定联盟指数（entente alliances index）[①]，筛选了76 个经济体样本在效率驱动阶段的联盟国家，采用联盟国家的实际 GDP 对联盟国家的结构性改革指标进行加权，由此得到改革指标的工具变量。

在估计方法上，我们借鉴包群等（2015）与科克布恩等（2016）采用的两阶段估计法（two-step estimate）对生存模型进行内生性检验。我们先用上述工具变量对改革指标进行估计，得到改革指标的预测值；之后把预测值代入上述生存模型（5）中进行估计。两阶段结果见表 7.11。同时，我们进行了工具变量的有效性检验，具体方法参照斯托克和尤珈（Stock 和 Yogo，2004）与苏莱曼纳和皮恩巴莱（Sulemana 和 Kpienbaareh，2018）的文献中所采用的方法。对于采用两阶段工具变量法解决内生性问题，若第一阶段估计所得 F 统计量或卡方统计量值大于 10，就认为所采用的工具变量是有效的。表 A5 中的 F 检验统计量值均大于 10，证实了我们所采用的工具变量的有效性。表 7.7 中逐一估计和多重结构性改革的结果

① 这个指标源自相关学者的文献，即根据两国在某一年是否属于同一个联盟，该指数可取值 0 或 1。原始数据来自战争关联性数据库（Correlates of War Database）。

与前述结果基本一致，表明解决了内生性问题后前述实证结果仍然较为稳健。

表 7.7　面板生存模型内生性检验：第二阶段

变量	(1)	(2)	(3)	(4)	(5)	(6)	(7)	(8)	(9)	(10)	(11)
IVtarrif	-0.124*	-0.122***	-0.356		-0.0534						
	(0.0690)	(0.0451)	(0.261)		(0.0450)						
IVregbarrier				2.302*		1.310*					
				(1.313)		(0.705)					
IVLSPR		0.694*					0.619*				
		(0.393)					(0.331)				
IVLOicrg	0.370							1.670***			
	(0.446)							(0.626)			
IVllgdp	0.0185	0.0115							0.0218*		
	(0.0137)	(0.00722)							(0.0114)		
IVHmini				0.579*	0.586*					0.486	
				(0.307)	(0.321)					(0.330)	
IVproSR2				0.454	-0.328						0.560
				(0.454)	(0.760)						(0.410)
rknaper	1.573**	1.858**	3.833***	4.384***	1.948**	4.207***	1.903**	1.288*	2.201***	4.053***	3.919***
	(0.680)	(0.768)	(1.328)	(1.155)	(0.835)	(1.408)	(0.768)	(0.689)	(0.534)	(1.224)	(1.200)
lnlandarea	-0.0863	-0.0698	-0.834**	-1.170***	-0.143	-1.029***	-0.154**	-0.0358	0.121***	-0.875**	-0.952***
	(0.123)	(0.102)	(0.345)	(0.449)	(0.117)	(0.286)	(0.0693)	(0.0661)	(0.0309)	(0.423)	(0.255)
dummy1	2.179***	2.267***	6.418***	7.885***	3.128***	6.998***	2.865***	0.585	0.272	6.695***	6.564***
	(0.731)	(0.604)	(1.759)	(2.654)	(0.570)	(1.886)	(0.526)	(0.586)	(0.720)	(2.309)	(1.627)
dummy2	1.726***	1.555***	4.010**	5.509***	2.120***	4.609***	1.767***	-0.394	-0.794	4.462***	4.400***
	(0.473)	(0.484)	(1.611)	(1.835)	(0.480)	(1.063)	(0.447)	(0.904)	(0.824)	(1.719)	(0.939)
Econflict	0.282			-0.164	0.0989	0.169	-0.0534	0.293	0.467	0.150	-0.0732
	(0.295)			(0.249)	(0.196)	(0.152)	(0.126)	(0.255)	(0.353)	(0.181)	(0.126)
GINI								-0.212***	-0.217***		
								(0.0797)	(0.0727)		
Constant	-29.50***	-32.61***	-48.50***	-69.47***	-30.42***	-58.14***	-32.12***	-22.87***	-31.72***	-53.58***	-49.06***
	(8.669)	(9.030)	(16.38)	(14.95)	(10.23)	(17.77)	(9.323)	(8.166)	(10.15)	(15.18)	(14.72)
Chi2	150.83	149.69	68.51	61.93	80.53	128.31	100.35	127.9	75.94	19.17	139.41
Observations	220	317	217	215	260	215	325	130	157	217	217
Number of id	65	71	48	48	65	48	71	42	44	48	48

注：***、**、*分别表示参数的估计值在 1%、5%、10%的统计水平上显著。Wald（P）给出检验整个模型显著性的似然比统计量值和相应的 P 值，若 P 值小于 0.05，说明在 5%的显著性水平下整个模型是显著的。这里我们只给出模型中显著变量较多的估计结果，未给出的估计结果的系数符号与上述单一效应的估计结果基本一致。

诚然，生存分析以处在效率驱动阶段的经济体为样本，测算了不同领域结构性改革对经济体实现由效率驱动向创新驱动转变的影响，并进行了相关的内生性检验与稳健性检验。然而，我们在基于实证结果对中国或其他经济体提出政策建议时应非常谨慎。原因在于，从实证的角度来看，尽管本文在实证部分已经尽可能地采用了多种方式进行稳健性与内生性检验，并得到了相对稳健的结论。但是，正如有研究者所指出，使用工具变量并不能彻底解决因果识别问题（Sulemana 和 Kpienbaareh，2018）。因而，本文的结果仅能反映出经济绩效与改革的相关性，不足以证明结构性改革必然会促进经济绩效，这给相关理论分析与政策建议带来了一定的局限性，也是未来可进一步深化之处。

从历史经验来看，上述分析只是基于实证研究的规律性总结，在经济体具体设计自身结构性改革路径的时候，既需要依据上述结论参考其他经济体结构性改革的经验规律，又需要同时根据自身条件进行调整。从经济体的发展案例来看，有相关的组织及学者曾对亚美尼亚、马来西亚、秘鲁、澳大利亚、坦桑尼亚、土耳其、韩国等地进行了案例研究，发现这些国家的结构性改革都在不同程度上起到了提振 TFP 与经济发展的作用（IMF，2015；Dabla-Norris 等，2016）。其结构性改革路径大体遵循本文的实证结果，然而在具体的推进过程中，不同经济体间却存在差异：有些经济体如马来西亚，历时 40 多年，分四次开展结构性改革；有些经济体如澳大利亚、秘鲁等则将改革安排在某一个时间段下，阶段内部存在改革的先后顺序，时间范围相对较短。此外，对于同一领域的改革，如银行改革、劳动力市场改革等在一些经济体内也是分阶段逐步展开的。因此，上述实证结果固然可为中国等经济体实施结构性改革提供借鉴意义，但在每个经济体模仿其他国家改革的过程中，都需要根据自身条件进行调整。

六、进一步扩展：结构性改革顺序效应的实证研究

那么，对于一个正在由效率驱动向创新驱动转型的经济体，应如何设计结构性改革战略的路线图？显然需要进一步对结构性改革的顺序效应进行实证研究。本文将沿袭奥斯特里等（Ostry 等，2009）提出的顺序效应计量方法，进一步探索不同部门结构性改革的最优实施顺序，以最大限度地提升经济体由效率驱动向创新驱动转变的转型概率。

借鉴奥斯特里等（2009）的方法①，本文构建了包含顺序效应的生存分析模

---

① 奥斯特里（2009）的文章中不仅考察了顺序效应，还同时考察了组合效应，本文则仅考察顺序效应，并因此对模型进行了适当的调整。

型如下：

$$\ln h\left[\,t|X_i\left(t\right)\right] = \ln h_0\left(t\right) + \alpha_0 + \sum_j \alpha_j X_{ij}\left(t\right) + \beta_1 SR_{ik}\left(t\right)$$

$$+ \beta_2 SR_{ik}\left(t\right)*\left[stdSR_{ik}\left(t\right) - stdSR_{im}\left(t\right)\right] \qquad （6）$$

其中，SR_{ik} 代表 i 国 k 领域[①]结构性改革的指标，SR_{im} 代表 i 国 m 领域结构性改革的指标，X_j 为控制变量，包括上述人均资本存量、基尼系数、地理变量、外部冲突等。因此，β_1 反映的是 k 领域结构性改革的单一增长效应。在此基础上，我们需要在模型中设定可以用来衡量顺序效应的变量。为此，借鉴"最优差距"（distance-to-best practice）的思路（IMF，2015；Ostry，2009），其经济含义是通过设定一国某项改革距离样本国家中最优改革水平的差距，来反映该国某项改革实施的程度。进一步的，我们通过横向比较一国内部 k 领域与 m 领域相对于最优改革水平的位置或距离，判断或反映一国 k 领域与 m 领域改革的先后顺序。例如，该国 k 领域改革水平距离 k 领域样本国中最优改革水平的差距较小，而该国 m 领域改革水平距离 m 领域样本国中最优改革水平的差距较大，这意味着该国较早地实施了 k 领域的结构性改革，进而导致该国 k 领域结构性改革水平的"最优差距"较小。与此相对，该国相对较晚地实施了 m 领域的结构性改革，进而导致该国 m 领域结构性改革水平的"最优差距"较大。由此我们认为，这种情况下，该国先实施了 k 领域的结构性改革，后推进了 m 领域的结构性改革。

进一步的，由于结构性改革的衡量指标，包括来自 EWF 与 ICRG 的赋值指标，其指标赋值范围为（0，10）与（0，6），赋值越高代表结构性改革水平越高，最高的赋值为该类结构性改革的最优改革水平；也包括来自世界银行金融结构数据库的事后指标。因此，为了使不同领域结构性改革的"最优差距"具有可比性，我们需要对各个领域的结构性改革指标进行（0，1）标准化处理[②]。在进行标准化的处理过程中，为了使后续实证结果解读更为方便，我们将"最优差距"调整为"改革位置"。具体调整方法为，如果所有回归样本中最高水平的结构性改革经标

[①] 本文包括贸易改革、金融改革、劳动力市场改革、制度性改革、产品市场改革 5 个领域。

[②] 奥斯特里等（2009）在经济增长模型中纳入结构性改革指标 X、Y 与（%X~%Y）的交互项以捕获顺序效应，其中%X 指某年一国的 X 部门改革水平在样本中所处的分位数。由于本文生存分析中各样本的时间不一致，难以进行同样的处理，本文采用样本的最大值、最小值对改革指标进行标准化，所得到的标准化后数值（stdX）同样也反映一国改革水平在整个样本中的相对位置。对于关税率指标与银行部门效率指标，其标准化方法如下：$stdX = \dfrac{MAX - X}{MAX - MIN}$，其中，MAX、MIN 分别为 76 个样本国家的 X 部门改革指标的最大值和最小值。标准化后的 stdX 指标处于 0~1，X 值越低，stdX 值越高，相应的改革水平就越高。对于其他改革指标，标准化方法如下：$stdX = \dfrac{X - MIN}{MAX - MIN}$。这种情况下，X 值越高，stdX 值越高，相应的改革水平就越高。这样，最终所得到的各部门 stdX 值越大，反映出相应的结构性改革水平就越高。

准化处理为 1，最低水平的结构性改革经标准化处理为 0，那么，此时如果 i 国 k 领域结构性改革的"最优差距"为 0.2，则其"改革位置"为 0.8；同时，如果 i 国 m 领域结构性改革的"最优差距"为 0.5，则其"改革位置"为 0.5。因此，"改革位置"数值越大，改革水平越高，也意味着改革推进得越早。

在公式（6）中，$stdSR_{ik}$ 与 $stdSR_{im}$ 分别代表标准化处理后的结构性改革指标，即前文中的"改革位置"。其中，$stdSR_{ik}$ 代表 i 国 k 领域结构性改革水平在所有回归样本中的"改革位置"，$stdSR_{im}$ 代表 i 国 m 领域结构性改革水平在所有回归样本中的"改革位置"，最终所得到的各部门 $stdSR$ 值越大，就表明相应的结构性改革水平越高。如果 k 领域结构性改革的相对水平高于 m 领域结构性改革的相对水平，则意味着该国在 k 领域结构性改革推进得更早、进展得更快、改革更深入。因此，β_2 反映的是 k 领域结构性改革与 m 领域结构性改革的顺序效应，下面我们分两种情况讨论。

第一，若 SR_{ik} 代表贸易改革的平均关税率指标，其数值越大表明贸易结构性改革水平越低，即公式（6）中 β_1 小于 0 意味着贸易部门的结构性改革有助于经济体向创新驱动阶段转型。这种情况下，如果实证结果 β_2 显著小于 0，则意味着 k 领域早于 m 领域改革且效果更好，是正确的改革推行顺序；第二，若 SR_{ik} 代表其他部门的改革指标，包括金融发展指标、制度性改革指标、产品部门改革指标等，其数值越大表明相应的结构性改革水平越高，即公式（6）中 β_1 大于 0 意味着 k 部门的改革有助于经济体转型。这时，β_2 显著大于 0 意味着 k 领域改革应早于 m 领域改革，从而提升转型概率。类似于以上对单一改革效应的估计，这里我们同样采用面板生存分析进行实证研究，具体结论有以下几个方面。

（一）顺序效应 1：贸易部门改革和制度性改革

基于前文贸易部门改革的实证结果，本节仅用平均关税率指标代理贸易结构性改革指标，而制度性改革依然包含 3 个子指标。表 7.8 报告了关于贸易部门改革与制度性改革顺序效应的实证结果。结果显示，贸易结构性改革与三种制度结构性改革指标的顺序效应系数均显著为负，这对于以平均关税率来衡量的贸易改革来讲，意味着贸易部门结构性改革先于制度性结构性改革，更有利于推动经济体实现由效率驱动向创新驱动阶段的转变。因此，在经济体由效率驱动向创新驱动阶段转变的过程中，应该按照先贸易、再制度的顺序推行多重结构性改革，方可发挥最大效用。

表 7.8　贸易部门改革和制度性改革的实施顺序

变量	（1）	（2）	（3）
tarrif	−0.0935**	−0.765***	−0.125***
	（0.0458）	（0.212）	（0.0484）
tarrif*（stdtarrif-stdLSPR）	−0.269*		
	（0.141）		
tarrif*（stdtarrif-stdBQicrg）		−2.334***	
		（0.837）	
tarrif*（stdtarrif-stdLOicrg）			−0.287**
			（0.140）
rknaper	1.524**	2.367***	1.323*
	（0.766）	（0.523）	（0.677）
lnlandarea	−0.110	−1.617**	−0.118
	（0.105）	（0.734）	（0.0859）
dummy1	2.121***	10.98**	1.754**
	（0.815）	（5.570）	（0.684）
dummy2	1.600**	8.103**	1.434**
	（0.643）	（3.905）	（0.603）
GINI		−0.0626	
		（0.0411）	
Econflict	0.159	0.0103	0.0695
	（0.140）	（0.606）	（0.127）
Constant	−24.45***	−16.85	−20.71***
	（9.329）	（10.77）	（8.005）
Chi2	78.44	17943.62	87.08
Observations	251	120	224
Number of id	65	39	65

注：***、**、*分别表示参数的估计值在 1%、5%、10%的统计水平上显著。stdSR 表示标准化后的 SR 指标。表中给出的是系数估计值，非风险比率。括号中为相应的 t 统计量值。面板生存分析假设生存时间服从指数分布，基于稳健标准误进行回归，从而保证结果对某些模型误设是稳健的。Chi2 给出检验面板生存分析下整个模型显著性的 Wald 卡方统计量值。

（二）顺序效应 2：金融部门改革和制度性改革

对于金融部门改革与制度性改革的顺序效应，采用金融发展的 3 个子指标作为金融部门改革的代理变量，采取法律系统和产权指标作为制度性改革的代理变量，①实证结果如表 7.9 所示。经研究发现，金融结构性改革与制度性改革的顺序

---

① 用 BQicrg、LOicrg 两个制度性改革指标进行交互得到的结果与采用 LSPR 进行交互所得结果基本是一致的，即反映顺序效应的交互项系数估计值显著为负。受篇幅限制，这里没有列出。

效应系数均显著为负，这意味着如果金融部门的结构性改革水平高于制度性改革水平，会在一定程度上阻碍经济体实现由效率驱动向创新驱动阶段转变。也就是说，如果制度性改革不先发展到一定程度，会降低金融发展改革对经济体由效率驱动向创新驱动转型的正效应。因此，在设定结构性改革路线图时，应遵循先制度后金融的改革路线。

表7.9　金融部门改革和制度性改革的实施顺序

变量	（1）	（2）	（3）
llgdp	0.0608**		
	（0.0273）		
llgdp*（stdllgp-stdLSPR）	−0.348**		
	（0.176）		
dbacba		0.0568*	
		（0.0302）	
dbacba*（stddbacba-stdLSPR）		−0.0242*	
		（0.0130）	
pcrdbofgdp			0.00660
			（0.00582）
pcrdbofgdp *（stdpcrdbofgdp -stdLSPR）			−0.00865
			（0.00963）
rknaper	1.975***	1.776**	2.073***
	（0.630）	（0.776）	（0.749）
lnlandarea	−0.0706	−0.130	−0.119
	（0.434）	（0.0811）	（0.0863）
dummy1	5.202	2.419***	2.858***
	（3.748）	（0.690）	（0.681）
dummy2	4.933*	1.678***	1.780***
	（2.906）	（0.554）	（0.553）
GINI	−0.479***		
	（0.169）		
Econflict	−1.657		
	（1.246）		
Constant	−10.66	−31.57***	−31.21***
	（10.03）	（9.823）	（9.538）
Chi2	405.88	61.12	79.57
Observations	143	316	323
Number of id	41	72	73

注：***、**、*分别表示参数的估计值在1%、5%、10%的统计水平上显著。stdSR 表示标准化后的 SR 指标。表中给出的是系数估计值，非风险比率。括号中为相应的 t 统计量值。面板生存分析假设生存时间服从指数分布，基于稳健标准误进行回归，从而保证结果对某些模型误设是稳健的。Chi2 给出检验面板生存分析下整个模型显著性的 Wald 卡方统计量值。

（三）顺序效应 3：贸易部门改革和金融部门改革

对于贸易部门改革与金融部门改革顺序效应，依然以平均关税率指标作为贸易部门改革的代理变量，实证结果如表 7.10 所示。结果显示，贸易结构性改革与金融部门结构性改革指标的顺序效应系数均为负，大多数均显著，这对以平均关税率来衡量的贸易改革来讲，意味着贸易部门结构性改革先于金融部门结构性改革，更有利于推动经济体实现由效率驱动向创新驱动阶段转变。因此，在经济体由效率驱动向创新驱动阶段转变的过程中，应推行先贸易再金融的改革路线图。这与前两部分得到的结论，即贸易部门改革先于制度性改革、制度性改革先于金融部门改革十分吻合。

表 7.10   贸易部门改革和金融部门改革的实施顺序

变量	（1）	（2）	（3）	（4）	（5）
tarrif	−0.520**	−0.0252	−0.0471	−0.564**	−0.175*
	（0.245）	（0.0405）	（0.0429）	（0.247）	（0.0944）
tarrif*（stdtarrif-stddbacba）	−0.714**				
	（0.326）				
tarrif*（stdtarrif-stdllgdp）		−0.128			
		（0.153）			
tarrif*（stdtarrif-stdpcrdbofgdp）			−0.0842		
			（0.0943）		
tarrif*（stdtarrif-stdoverhead）				−0.863*	
				（0.493）	
tarrif*（stdtarrif-stdnetintmargin）					−0.231**
					（0.0928）
rknaper	3.468***	1.682**	1.727**	4.417*	2.670***
	（1.331）	（0.817）	（0.809）	（2.271）	（0.673）
lnlandarea	0.446	−0.129	−0.141	−0.640***	−0.157
	（0.323）	（0.118）	（0.113）	（0.172）	（0.103）
dummy1	1.323	2.703***	2.665***	4.563***	
	（1.296）	（0.737）	（0.794）	（1.316）	
dummy2	−2.079	1.881***	1.837***	1.796**	
	（1.653）	（0.616）	（0.618）	（0.730）	
GINI	−0.186***				
	（0.0684）				
Econflict	1.143	0.213	0.208	−0.218	
	（0.788）	（0.190）	（0.185）	（0.155）	

变量	（1）	（2）	（3）	（4）	（5）
Constant	−55.03**	−27.34***	−27.75***	−49.70**	−35.37***
	（25.42）	（9.852）	（9.899）	（25.20）	（8.086）
Chi2	649.72	88.69	86.26	50.64	28.6
Observations	142	259	262	220	244
Number of id	41	65	65	49	55

注：***、**、*分别表示参数的估计值在 1%、5%、10%的统计水平上显著。stdSR 表示标准化后的 SR 指标。表中给出的是系数估计值，非风险比率。括号中为相应的 t 统计量值。面板生存分析假设生存时间服从指数分布，基于稳健标准误进行回归，从而保证结果对某些模型误设是稳健的。Chi2 给出检验面板生存分析下整个模型显著性的 Wald 卡方统计量值。

（四）顺序效应 4：产品部门改革和贸易部门改革

对于产品市场改革与贸易部门改革的顺序效应，实证结果如表 7.11 所示。结果显示，产品市场改革与贸易部门改革的顺序效应系数均为负，这意味着如果产品市场结构性改革水平高于贸易部门改革水平，会在一定程度上阻碍经济体实现由效率驱动向创新驱动阶段转变。也就是说，如果贸易部门改革不先发展到一定程度，会降低产品市场改革对经济体由效率驱动向创新驱动转型的正效应。因此，在设定结构性改革路线图时，应遵循先贸易后产品市场的改革路线。其次，与表7.4、表 7.5 相比纳入交互项后，产品市场改革指标显著性提升且效应为正，说明在贸易部门已经具备较高结构性改革水平的情况下推行产品市场改革能够更快地获得好处。

表 7.11　产品部门改革和贸易部门改革的实施顺序

变量	（1）	（2）
proSR1	0.318	
	（0.649）	
proSR1*（stdproSR1-stdtarrif）	−1.196	
	（1.433）	
proSR2		1.137**
		（0.485）
proSR2*（std proSR2 - stdtarrif）		−1.690**
		（0.675）
rknaper	4.097***	4.135*
	（1.348）	（2.292）

续表

变量	（1）	（2）
lnlandarea	−0.688***	−0.361**
	（0.243）	（0.165）
dummy1	5.799***	3.064**
	（1.728）	（1.563）
dummy2	2.679*	
	（1.385）	
Econflict	−0.0329	−0.200
	（0.192）	（0.194）
Constant	−54.61***	−60.78**
	（19.50）	（30.24）
Chi2	43.61	9.36
Observations	205	204
Number of id	48	48

注：***、**、*分别表示参数的估计值在 1%、5%、10%的统计水平上显著。stdSR 表示标准化后的 SR 指标。表中给出的是系数估计值，非风险比率。括号中为相应的 t 统计量值。面板生存分析假设生存时间服从指数分布，基于稳健标准误进行回归，从而保证结果对某些模型误设是稳健的。Chi2 给出检验面板生存分析下整个模型显著性的 Wald 卡方统计量值。

（五）顺序效应 5：劳动力市场改革和产品市场改革

前文单一改革效应实证结果表明，劳动力市场改革和产品市场改革带来的效应比较模糊，鉴于数据缺失，实证结果在大多数情况下不显著。由于雇佣法规和最低工资指标能更好地替代劳动力部门改革，这里我们只给出该指标对应的顺序效应估计结果。[①] 表 7.12 反映了劳动力市场改革与产品市场改革顺序效应的实证结果。经研究发现，模型（1）至模型（2）的顺序效应均为负，一定程度上意味着产品市场改革应先于劳动力部门改革。在此基础上，对比表 7.5 劳动力市场单一效应的估计结果。我们发现，纳入交互项后劳动力改革指标雇佣法规和最低工资的系数估计值大幅提升，一定程度上反映出在已经具备较高产品市场改革水平的情况下再进行劳动力部门改革，能够提高劳动力部门改革的直接效应。

对于结构性改革实施顺序问题，IMF（2015b）进行过相关的案例研究，其中涉及效率驱动到创新驱动发展阶段的有 3 个案例支持：①马来西亚在 2000 年开

---

① 我们也整理了雇用法规和最低工资（Hmini）、雇佣和解雇法规（Hfire）两个指标与产品市场指标的顺序效应估计结果，所得交互项均为负，支持了产品市场先于劳动力市场的结论。受篇幅限制，这里不再具体介绍。

始开展产品市场结构性改革，2010 年才开始劳动力市场改革，这样的改革顺序很好地提振了马来西亚的 TFP 水平；②韩国的结构性改革也分两阶段展开，第一阶段为 1982—1997 年，当时的一系列改革中包括产品市场的改革，第二阶段为 1997 年以后，劳动力市场改革才开始实施，两次改革都对韩国 TFP 起到了提振作用；③IMF（2015a）以中低收入国家、新兴市场国家、发达市场国家为划分标准，总结了不同发展阶段实施结构性改革的最优配置与顺序，其中发现对于新兴市场国家，产品市场改革与劳动力市场改革均为高优先性改革；而对于发达市场国家，劳动力市场改革仍为优先性改革，产品市场改革则被列为一般类。

因此，我们认为产品市场改革与劳动力市场改革都属于结构性改革的高级阶段，其实施顺序需要根据每个经济体的自身特性进行调整，但有一些经济体按照先产品后劳动力的顺序推行改革起到了不错的效果。结合表 7.11，我们推断出另一条结构性改革的路线图，即沿着先贸易改革、再产品市场改革、之后再劳动力市场改革的顺序进行推行；这种改革顺序能降低产品市场改革、劳动力市场改革对经济带来的短期冲击，使得经济体尽快从结构性改革中获益，实现由效率驱动向创新驱动的转变。

表 7.12　劳动力市场改革和产品部门改革的实施顺序

变量	（1）	（2）
Hmini	0.279	0.645***
	（0.260）	（0.248）
Hmini *（stdbargain-stdproSR1）	−0.0200	
	（0.180）	
Hmini *（stdbargain-stdproSR2）		−0.471*
		（0.261）
rknaper	5.292***	4.841***
	（1.913）	（1.715）
dummy1	6.168***	4.921***
	（1.716）	（1.313）
dummy2	3.909***	3.715***
	（1.139）	（0.866）
lnlandarea	−0.387	−0.571*
	（0.305）	（0.304）
Econflict	0.0565	−0.139
	（0.145）	（0.149）
Constant	−71.97***	−63.60***
	（25.07）	（22.78）

变量	（1）	（2）
Chi2	116.97	190.27
Observations	202	201
Number of id	47	47

注：***、**、*分别表示参数的估计值在 1%、5%、10%的统计水平上显著。stdSR 表示标准化后的 SR 指标。表中给出的是系数估计值，非风险比率。括号中为相应的 t 统计量值。面板生存分析假设生存时间服从指数分布，基于稳健标准误进行回归，从而保证结果对某些模型误设是稳健的。Chi2 给出检验面板生存分析下整个模型显著性的 Wald 卡方统计量值。

（六）稳健性检验

进一步的，本文对上述结构性改革的顺序效应进行了稳健性检验。这里选用较为常见的方法，即以某一改革指标的变化量作为被解释变量，考察 m 和 k 等多个部门的改革指标的影响，滞后期可以选择滞后 1 期或滞后 5 期，以判断不同领域的结构性改革顺序（Hauner，2008）。我们先对各指标进行标准化处理（基于样本最大值、最小值）①，再进行取差分或滞后项的处理。具体模型如下：

$$\Delta stdSR_{im}\left(t\right) = c + \alpha_k stdSR_{ik}\left(t-1\right) + v_{im}\left(t\right) \tag{7}$$

其中，式（7）中的 $\Delta stdSR_{im}\left(t\right)$ 指的是 i 国 t 期 m 部门标准化后的结构性改革指标，取一阶差分。$stdSR_{ik}\left(t-1\right)$ 为 i 国（$t-1$）期 k 部门标准化后的结构性改革指标，$v_{im}\left(t\right)$ 为误差项。若（7）式中 α_k 显著为负，说明应先进行 m 部门的改革，再进行 k 部门的改革；若 α_k 显著为正，说明应先进行 k 部门的改革，再进行 m 部门的改革。

对不同改革部门进行组合，基于（7）式进行面板固定效应估计，结果如表 7.13 至表 7.17 所示。第一，贸易和制度部门的顺序效应参见表 7.13，以贸易改革指标的差分作因变量，三大制度改革指标一期滞后项的系数估计值均显著为负，支持"先贸易后制度"的改革顺序；第二，贸易和金融部门的顺序效应参见表 7.14，系数估计值部分显著为负，支持"先贸易后金融"的改革顺序；第三，制度和金融

---

① 采用样本的最大值、最小值对改革指标进行标准化，所得到的标准化后数值同样能反应一国改革水平在整个样本中的相对位置。对于关税率指标与银行部门效率指标，其标准化方法如下：$stdX = \dfrac{MAX - X}{MAX - MIN}$，其中，MAX、MIN 分别为 76 个样本国家的 X 部门改革指标的最大值和最小值。标准化后的 stdX 指标处于 0～1，X 值越低，stdX 值越高，相应的改革水平就越高。对于其他改革指标，标准化方法如下：$stdX = \dfrac{X - MIN}{MAX - MIN}$。这种情况下 X 值越高、stdX 值越高，相应的改革水平就越高。这样，最终得到的各部门 stdX 值就越大，反映出相应的结构性改革水平就越高。

部门的顺序效应参见表 7.15，以标准化后的法律系统和产权指标的一阶差分作因变量，金融部门改革指标作自变量，系数估计值部分显著为负，支持"先制度、后金融"的改革顺序。由此，我们可得到"贸易-制度-金融"的改革路线图；第四，贸易和产品部门的顺序效应参见表 7.16，产品指标的系数估计值显著为负，支持"先贸易后产品"的改革顺序；第五，劳动力和产品部门的顺序效应参见表 7.17，以劳动力部门改革指标雇佣法规和最低工资的差分项作因变量，产品指标系数估计值正显著，支持"先产品后劳动力"的改革顺序，由此，我们可得到"贸易-产品-劳动力"的改革路线图。

表 7.13　贸易和制度部门改革的实施顺序

变量	（1）	（2）	（3）
stdLSPR（t-1）	−0.239***		
	（0.0386）		
stdBQicrg（t-1）		−0.114	
		（0.130）	
stdLOicrg（t-1）			−0.0274
			（0.0448）
Constant	0.124***	0.0839	0.0186
	（0.0211）	（0.0954）	（0.0301）
Observations	857	771	771
R-squared	0.047	0.001	0.001
Number of id	76	71	71

注：因变量为贸易指标（stdtarrif）的差分项；***、**、*分别表示参数的估计值在 1%、5%、10%的统计水平上显著。随机效应给出的是稳健标准误下的估计结果。

表 7.14　贸易和金融部门改革的实施顺序

变量	（1）	（2）	（3）
stdddbacba（t-1）	−0.0680*		
	（0.0411）		
stdnetintmargin（t-1）		−0.0549	
		（0.0440）	
stdoverhead（t-1）			−0.106
			（0.0804）
Constant	0.0619*	0.0442	0.104
	（0.0366）	（0.0341）	（0.0773）
Observations	821	877	879
R-squared	0.004	0.002	0.002
Number of id	73	76	76

注：因变量为贸易指标（stdtarrif）的差分项；***、**、*分别表示参数的估计值在 1%、5%、10%的统计水平上显著。随机效应给出的是稳健标准误下的估计结果。

表 7.15　制度和金融部门改革的实施顺序

变量	(1)	(2)	(3)
stddbacba（t-1）	-0.0722***		
	(0.0268)		
stdnetintmargin（t-1）		0.00323	
		(0.0275)	
stdoverhead（t-1）			0.0220
			(0.0478)
Constant	0.0584**	-0.00791	-0.0266
	(0.0240)	(0.0214)	(0.0461)
Observations	796	851	852
R-squared	0.010	0.000	0.000
Number of id	73	76	76

注：因变量为制度指标（stdLSPR）的差分项；***、**、*分别表示参数的估计值在 1%、5%、10%的统计水平上显著。随机效应给出的是稳健标准误下的估计结果。

表 7.16　贸易和产品部门改革的实施顺序

变量	(1)	(2)
stdproSR1（t-1）	-0.0628***	
	(0.0113)	
stdproSR2 （t-1）		-0.0579**
		(0.0276)
Constant	0.0222***	0.0281*
	(0.00528)	(0.0158)
Observations	844	844
R-squared	0.039	0.006
Number of id	76	76

注：因变量为贸易指标（stdtarrif）的差分项；***、**、*分别表示参数的估计值在 1%、5%、10%的统计水平上显著。随机效应给出的是稳健标准误下的估计结果。

表 7.17　劳动力和产品部门的实施顺序

变量	(1)	(2)
stdproSR1（t-1）	0.0775***	
	(0.0191)	
stdproSR2（t-1）		0.0769*
		(0.0463)
Constant	-0.0241***	-0.0346
	(0.00886)	(0.0264)
Observations	819	819
R-squared	0.022	0.004
Number of id	76	76

注：因变量为劳动力指标（stdHmini）的差分项；***、**、*分别表示参数的估计值在 1%、5%、10%的统计水平上显著。随机效应模型给出的是稳健标准误下的估计结果。

七、结论性思考

本文主要探索了结构性改革与经济发展方式转变的关系。首先，根据全球竞争力指数的划分标准，筛选出 1960—2015 年由效率驱动阶段向创新驱动阶段转型的 76 个经济体样本，计算了经济体在效率驱动阶段生存概率和转型概率的 Kaplan-Meier 估计值，发现经济体的转型概率呈倒 U 型曲线，拐点大约发生在停留时间达 19—20 年时。其中，当停留时间达到 14 年时，经济体首次实现由效率驱动向创新驱动的转变。从此，14—19 年为经济体实现阶段性转变的高峰期，转型概率接近 50%。此后，转型概率由上升转为下降，意味着当经济体在效率驱动阶段停留过长时间后，其增长机制很容易被锁定，转型则越来越难。

其次，采用面板生存模型考察结构性改革对经济体由效率驱动向创新驱动阶段转型的影响，分为改革效应与顺序效应。改革效应实证研究发现：贸易部门结构性改革、制度性改革、金融部门结构性改革对于经济体由效率驱动向创新驱动阶段转型具有显著正效应；产品市场结构性改革与劳动力市场结构性改革效应较为模糊且不显著。由此我们推断，对于正面临由效率驱动向创新驱动转型的经济体，劳动力市场结构性改革与产品市场结构性改革或许不如其他部门改革那么急迫。

最后，对于面临效率驱动向创新驱动阶段转型的经济体，不同部门结构性改革的实施顺序，确实会较大程度地影响结构性改革的实施效果。基于顺序效应的实证研究，本文归纳出两条结构性改革实施路线图：一是应沿着贸易部门改革-制度性改革-金融改革逐步开展的路线图进行战略规划，方能带来更好的效果；二是虽然劳动力市场改革与产品市场改革在样本区间内的单一改革效应均不太理想，但是并不能完全否认二者对于经济体由效率驱动向创新驱动阶段转变的作用。可沿着贸易部门改革-产品市场改革-劳动力市场改革的顺序进行推行，以降低产品市场改革、劳动力市场改革对经济带来的短期冲击，使得经济体尽快从结构性改革中获益，实现由效率驱动向创新驱动的转变。

当前，中国经济进入新时代，新形势下继续实现可持续发展的关键在于能否实现由效率驱动向创新驱动的转变，结构性改革的战略调整也应运而生。就此，本文首先，运用科学的实证方法，判断贸易部门、金融部门、产品市场、劳动力市场、制度性改革的影响力；其次，在样本的选取上，特别聚焦于效率驱动阶段，评判不同部门改革对该阶段经济体停留时间与转型概率的影响；最后，我们在实现效率驱动向创新驱动转变的过程中，多重部门改革的实施顺序很重要，本文也就此展开了实证研究。以上三点对于中国等正处于该阶段的经济体设计结构性改革路线图尤为重要，实证结果具有一定的借鉴意义。

　　然而，在实证研究过程中我们也发现，尽管本文在实证部分已经尽可能地采用多种方式进行稳健性与内生性检验并得到了相对稳健的结论；但是正如相关学者所指出，使用工具变量并不能彻底解决因果识别问题。因而，在我们在基于实证结果对中国或其他国家改革提供政策建议时应非常谨慎。当经济体处于效率驱动向创新驱动转型的过程中，即便可参照实证结果、结合国际经验总结出相对成功的实施路径，但每个成功推进结构性改革、实现经济转型的经济体背后，是各具特色、差异化的改革路径设计，包括改革是分级（two-tier）还是统一（complete）执行，是针对特定目标群体还是覆盖整个人群，是渐进的还是猛烈的，这些都会影响改革效应（Boeri 和 Garibaldi，2007；Boeri，2010）。因此，每个经济体需要在实证研究的基础上，根据自身情况设定符合自己国家发展的改革路线图，切忌对别国经验进行照搬实施。

参考文献：

［1］包群、叶宁华、王艳灵：《外资竞争、产业关联与中国本土企业的市场存活》，《经济研究》2015 年第 7 期。

［2］蔡昉：《理解中国经济发展的过去、现在和将来——基于一个贯通的增长理论框架》，《经济研究》2013 年第 11 期。

［3］陈强：《高级计量经济学及 Stata 应用》，高等教育出版社 2014 年版。

［4］陈勇兵、李燕、周世民：《中国企业出口持续时间及其决定因素》，《经济研究》2012 年第 7 期。

［5］郭熙保、朱兰：《中等收入转型概率与动力因素：基于生存模型分析》，《数量经济技术经济研究》2017 年第 10 期。

［6］李富强、董直庆、王林辉：《制度主导、要素贡献和我国经济增长动力的分类检验》，《经济研究》2008 年第 4 期。

［7］李月、邓露：《知识、全要素生产率与中等收入陷阱》，《世界经济研究》2017 年第 5 期。

［8］李月、邸玉娜、周密：《中等收入陷阱、结构转换能力与政府宏观战略效应》，《世界经济》2013 年第 1 期。

［9］李月、王珊珊：《结构性改革的内涵辨析、指标体系与增长效应》，《改革》2018 年第 10 期。

［10］林毅夫：《新结构经济学：反思经济发展与政策的理论框架》，北京大学出版社 2014 版。

［11］速水佑次郎：《发展经济学》，创文社 2000 年版。

［12］Abiad, Abdul, Enrica Detragiache, et al. "A New Database of Financial Reforms." *IMF Staff Papers*, 2008, 57(2).

［13］Acemoglu, Daron and Simon Johnson. "Unbundling Institutions." *Journal of Political Economy*,

2005, 113(5).

［14］Acemoglu, Daron, Simon Johnson, et al. "When Does Policy Reform Work? The Case of Central Bank Independence." *Brookings Paperson Economic Activity*, 2008, 39(1).

［15］Adams Z. L. and Bishop. S. Deakin. "CBR Labour Regulation Index (Dataset of 117 Countries)." *Cambridge: Centre for Business Research*, 2006, 12(6).

［16］Aghion P, Angeletos G-M, Banerjee A., et al. "Volatility and Growth: Credit Constraints and Productivity-Enhancing Investment." *Harvard University*, 2005.

［17］Aghion, Philippe, Peter Howitt, et al. "The Effect of Financial Development on Convergence: Theory and Evidence." *Quarterly Journal of Economics*, 2005, 120(1).

［18］Aghion, Philippe, Philippe Askenazy, et al. "Education, Market Rigidities and Growth." *Economics Letters*, 2009(102).

［19］Aiyar M. S., et al. "Growth Slowdown and the Middle-income Trap." *International Monetary Fund Working Paper*, 2013(1371).

［20］Alesina A, Harnoss J and Ropoport H. "Birth Place Diversity and Economic Propensity." *Journal of Economic Growth*, 2016, 21(2).

［21］Alessandro Nicita, Miho Shirotori and Bolormaa Tumurchudur Klok. "Survival Analysis of the Exports of Least Developed Countries: the Role of Comparative Advantage." *UNCTAD, Policy Issues in International Trade and Commodities Study Series*, 2013(54).

［22］Angrist J.D. and Imbens G.W. "Two-stage Least Squares Estimation of Average Causal Effects in Models with Variable Treatment Intensity." *J. Amer. Statist. Assoc*, 1995, 90(430).

［23］Antonio Spilimbergo and Natasha Xingyuan Che. "Structural Reforms and Regional Convergence." *IMF Working Paper*, 2012(12).

［24］APEC. "Handbook for The APEC Voluntary Reviews of Institutional Frameworks and Processes for Structural Reform." *APEC Policy Support Unit*, 2009.

［25］APEC. "Structural Reform and Human Capital Development." *Economic Policy Report, APEC*, 2017.

［26］Arnold J. B., Javorcik M., Lipscomb, et al. "Services Reform and Manufacturing Performance: Evidence from India." *Washington: WB Policy Research Working Paper 5948, Washington.* 2012.

［27］Ayse Y. Evrensel. "Banking Crisis and Financial Structure: A Survival-time Analysis." *International Review of Economics and Finance*, 2008(17).

［28］Barnes S., et al. "The GDP Impact of Reform: A Simple Simulation Framework." *OECD Economics Department Working Papers*, 2013(834).

［29］Bassanini, Andrea and Romain Duval. "Unemployment, Institutions, and Reform

Complementarities: Re-assessing the Aggregate Evidence for OECD Countries." *Oxford Review of Economic Policy*, 2009, 25(1).

［30］ Beck Thorsten, Asli Demirguc-Kunt, et al. "A New Database on Financial Development and Structure." *World Bank Economic Review*, 2000, 14(13).

［31］ Ben-David D. "Equalizing Exchange: Trade Liberalization and Income Convergence." *Quarterly Journal of Economics*, 1993(108).

［32］ Ben-David D. "Trade Liberalization and Income Convergence: a Comment." *Journal of International Economics*, 2000(55).

［33］ Besedes T. and Prusa T.J. "Ins, Outs, and The Duration of Trade." *Canadian Journal of Economics*, 2006, 39(1).

［34］ Boeri. "Institutional Reforms in European Labor Markets." *Università Bocconi e Fondazione Rodolfo Debenedetti*, mimeo. 2010.

［35］ Boeri T. P. and Garibaldi. "Two-tier Reforms of Employment Protection: a Honeymoon Effect？" *The Economic Journal*, 2007(117).

［36］ Braun, Matias and Claudio Raddatz. "Trade Liberalization, Capital Account Liberalization and the Real Effects of Financial Development." *Journal of International Money and Finance*, 2007(26).

［37］ Buera F. J., Kaboski J. P. and Shin Y. "Finance and Development: A Tale of Two Sectors." *American Economic Review*, 2011, 101(5).

［38］ Byeongwoo Kang, Kaoru Nabeshima. and Fang-Ting Cheng. "Avoiding the Middle Income Trap: Indigenous Innovative Effort vs Foreign Innovative Effort." *IDE Discussion Paper*, 2015(509).

［39］ Cacciatore M. R., Duval. and G. Fiori. "Short-Term Gain or Pain? A DSGE Model Based Analysis of the Short-Term Effects of Structural Reforms in Labor and Product Markets." *OECD Economics Department Working Papers*, 2012(948).

［40］ Cockburn I. M, Lanjouw J. O. and Schankerman M. "Patents and the Global Diffusion of New Drugs." *American Economic Review,* 2016, 106(1).

［41］ Conway P. D., de Rosa. G., Nicoletti, et al. "Product Market Regulation and Convergence." *OECD Economic Studies*, 2006, 2(43).

［42］ Dabla-Norris E. S, Guo V., Haksar, et al. "The New Normal: A Sector-Level Perspective on Growth and Productivity Trends in Advanced Economies." *IMF Staff Discussion Note*, 2015(3).

［43］ Dollar, David and Aart Kraay. "Trade, Growth, and Poverty." *Economic Journal*, 2004(114).

［44］ Easterly W. "National Policies and Economic Growth: A Reappraisal." in P. Aghion S. Durlauf, eds. *Handbook of Economic Growth Ch.15*, Elsevier, Amsterdam. 2005.

［45］ EBRD. Annual Report, 2010.

［46］ EBRD. "Sustaining Growth", *Transition Report*, 2017.

［47］ Égert. B. "The Quantification of Structural Reforms: Extending the Framework to Emerging Market Economies." *OECD Economics Department Working Papers,* 2017(1442).

［48］ Eichengreen, Barry, Donghyun Park, et al. "When Fast Growing Economies Slow Down: International Evidence and Implications for China." *NBER Working Paper*, 2011(16919).

［49］ Eichengreen. Barry. "Capital Account Liberalization: What do the Cross-country Studies Tell Us?" *World Bank Economic Review*, 2002(15).

［50］ Era Dabla-Norris, Giang Ho and Annette Kyobe. "Structural Reforms and Productivity Growth in Emerging Market and Developing Economies." *Social Science Electronic Publishing*, 2016(16).

［51］ Feenstra R. C., Inklaar R. and Timmer M. P. "The Next Generation of the Peen World Table." *American Economic Review*, 2015, 105(10).

［52］ Fernandes A. M. C. and Paunov. "Foreign Direct Investment in Services and Manufacturing Productivity: Evidence for Chile." *Journal of Development Economics*, 2012, 97(2).

［53］ Fiori, Giuseppe, Giuseppe Nicoletti, et al. "Employment Outcomes and the Interaction Between Product and Labor Market Deregulation: Are They Substitutes or Complements?" *IZA DP*, 2007(2770).

［54］ Fung M. "Financial Development and Economic Growth: Convergence or Divergence?" *Journal of International Money and Finance*, 2009(28).

［55］ Hauner, David and Alessandro Prati. "Openness and Domestic Financial Liberalization: Which Comes First?" *IMF*, 2008.

［56］ Hauner D., Alessandro Prati and Cagatay Bircan. "The Interest Group Theory of Financial Development: Evidence from Regulation." *Journal of Banking & Finance, Elsevier*, 2013, 37(3).

［57］ Hausman J. A. "Specification tests in econometrics." *Econometrica*, 1978, 46(6).

［58］ Hausmann, Ricardo, Klinger, et al. "Structural Transformation and Patterns of Comparative Advantage in the Product Space." *CID working paper*, 2006(128).

［59］ Imbs J. and Wacziarg R. "Stages of Diversification." *American Economic Review,* 2003, 93(1).

［60］ IMF. "Structural Reforms and Macroeconomic Performance: Country Cases." *International Monetary Fund*, 2015.

［61］ IMF. "Structural Reforms and Macroeconomic Performance: Initial Considerations for the Fund." 2015.

［62］ Inter-American Development Bank (IDB). "Rethinking Reforms, How Latin America and the Caribbean Can Escape Suppressed World Growth." *Washington: Inter-American Development*

Bank, 2013.

[63] Jonathan D. and Ostry. "Structural Reforms and Economic Performance in Advanced and Developing Countries." *IMF Occasion Papers*, 2009(268).

[64] Jong-Sung Y. and Khagram S. "A Comparative Study of Inequality and Corruption." *Am. Soc. Rev.* 2005, 70(1).

[65] Kennan J. "The Duration of Contract Strikes in US Manufacturing." *Econometrics*, 1985, 28(1).

[66] Kerdrain C. I., Koske. I. and Wanner. "The Impact of Structural Policies on Saving, Investment and Current Accounts." *OECD Economics Department Working Papers*, 2010(615).

[67] Klein, Michael W. and Giovanni P. Olivei. "Capital Account Liberalization Financial Depth and Economic Growth." *Journal of International Money and Finance*, 2008(27).

[68] Krueger. Anne O., Maurice W., Schiff, et al. "The Political Economy of Agricultural Pricing Policy." *Baltimore: Johns Hopkins University Press*, 1992.

[69] Krueger. Anne O., Maurice W., Schiff, et al. "The Political Economy of Agricultural Pricing Policy." *in. eds. Baltimore: Johns Hopkins University Press*, 1992.

[70] La Porta Rafael, Florencio, Lopez-de-Silanes. et al. "Legal Determinants of External Finance." *Journal of Finance*, 1997(52).

[71] Larrain M. S. and Stumpner. "Financial Reforms and Aggregate Productivity: The Microeconomic Channel." *Working Paper*, 2013.

[72] Lee K. and Kim B. Y. "Both Institutions and Policies Matter but Differently for Different Income Groups of Countries: Determinants of Long-run Economic Growth Revisited." *World Development*, 2009, 37(3).

[73] Lone Christiansen, Martin Schindler and Thierry Tressel. "Growth and structural reforms: A new assessment." *Journal of International Economics*, 2013, 89(2).

[74] Lukas Vogel. "Structural Reforms at the Zero Bound." *European Journal of Political Economy*, 2017(481).

[75] McKinnon and Ronald I. "Money and Capital in Economic Development." *Washington: Brookings Institution*, 1973.

[76] Merxe Tudela. "Explaining currency crises: a duration model approach." *Journal of International Money and Finance*, 2004(23).

[77] Namita Dutta, Russell S. Sobel and Sanjukta Roy. "Entrepreneurship and Political Risk." *Journal of Entrepreneurship and Public Policy*, 2012(2).

[78] Nauro F., Campos and Yuko Kinoshita. "Structural Reforms. Financial Liberalization, and Foreign Direct Investment." *IMF Staff Papers*, 2010, 57(2).

[79] Nauro F., Campos and Yuko Kinoshita. "Foreign Direct Investment and Structural Reforms:

Evidence from Eastern Europe and Latin America." *IZA DP*, 2008(3332).

［80］Nicola Gennaioli, Rafael La Porta, Florencio Lopez De Silanes and Andrei Shleifer. "Growth in Regions." *Journal of Economic Growth*, 2014(19).

［81］Nicoletti, Giuseppe and Stefano Scarpetta. "Regulation, Productivity and Growth, OECD Evidence." *Economic Policy*, 2003, 18(36).

［82］Prati, Alessandro, Massimiliano Gaetano Onorato, et al. "Which Reforms Work and under What Institutional Environment? Evidence from a New Data Set on Structural Reforms." *The Review of Economics and Statistics*, 2013, 95(3).

［83］Rajan R. G. and L. Zingales. "Financial Systems, Industrial Structure, and Growth." *Oxford Review of Economic Policy*, 2001, 17(4).

［84］Rajan, Raghuram and Luigi Zingales. "The Great Reversals: The Politics of Financial Development in the Twentieth Century." *Journal of Financial Economics*, 2003(69).

［85］Ralph Setzer. "The Political Economy of Fixed Exchange Rates: A Survival Analysis." *Institute for Volkswirtschaftslehre*, 2005(265).

［86］Rodrik, Dani, Arvind Subramanian, et al. "Institutions Rule: The Primacy of Institutions over Geography and Integration in Economic Development." *Journal of Economic Growth*, 2004(9).

［87］Rostow Walt W. "The Stages of Economic Growth: A Non-Communist Manifesto." *Second Edition, Cambridge: Cambridge University Press*, 1960.

［88］S. Kuznets. "Economic Growth and Income Inequality." *The American Economic Review*, 1955(45).

［89］Sachs J. D. "From Millennium Development Goals to Sustainable Development Goals." *The Lancet*, 2012, 379(9832).

［90］Sachs, Jeffrey D. and Andrew Warner. "Economic Reform and the Process of Global Integration." *Brookings Papers on Economic Activity*, 1995(1).

［91］Sala-I-Martin X., Doppelhofer G. and Miller R. I. "Determinants of Long Term Growth: A Bayesian Averaging of Classical Estimates Approach." *American Economic Review*, 2004, 294(4).

［92］Stock J. H. and M. Yogo. "Testing for Weak Instruments in IV Regression." *in Identification and Inference for Econometric Models: A Festschrift in Honor of Thomas Rothenberg, Cambridge University Press*, 2005.

［93］Sulemana I. and Kpienbaareh D. "An empirical examination of the relationship between income inequality and corruption in Africa." *Economic Analysis and Policy, online only*, 2018.

［94］The Global Competitiveness Report.

［95］Tokarick and Stephen. "Dispelling Some Misconceptions about Agricultural Trade

Liberalization." *Journal of Economic Perspectives*, 2008(22).

［96］Tombe T. "The Missing Good Problem: How Low Agricultural Imports Contribute to International Income and Productivity Differences." *University of Calgary*, 2012.

［97］Tressel T. E. and Detragiache. "Do Financial Sector Reforms Lead to Financial Development? Evidence from a New Dataset." *IMF Working Paper*, 2008(265).

［98］USAID. "Accelerating Economic Growth Through Structural Reform, this paper has been prepared for review by the U.S." *Agency for International Development under Dexis Consulting Group Contract*, 2017.

［99］W. Lewis. "Economic Development with Unlimited Supplies of Labour." *London: Oxford University Press*, 1954.

［100］Wacziarg, Romain and Karen Horn Welch. "Trade Liberalization and Growth: New Evidence." *World Bank Economic Review*, 2008, 22(2).

第八章　国家治理现代化测评中的若干问题

王永兴

　　党的十八届三中全会明确了全面深化改革的总目标是"完善和发展中国特色社会主义制度，推进国家治理体系和治理能力现代化"，同时要求"到 2020 年，在重要领域和关键环节改革上取得决定性成果，完成本决定提出的改革任务，形成系统完备、科学规范、运行有效的制度体系，使各方面制度更加成熟更加定型"[①]。党的十九届四中全会听取和讨论了习近平总书记受中央政治局委托作的工作报告，审议通过了《中共中央关于坚持和完善中国特色社会主义制度、推进国家治理体系和治理能力现代化若干重大问题的决定》。一个非常紧迫的课题摆在所有研究者面前，那就是如何科学合理地判断各领域改革的成效，以及如何测评制度体系的完备性、规范性和有效性问题。本文试图对国家治理测评体系构建的可行性进行设计和预可行性分析，在跨国数据达到计算要求后即可按照设计的指标体系进行计算。

　　习近平总书记明确指出："国家治理体系和治理能力是一个国家制度和制度执行能力的集中体现。国家治理体系是在党领导下管理国家的制度体系，包括经济、政治、文化、社会、生态文明和党的建设等各领域体制机制、法律法规安排，也就是一整套紧密相连、相互协调的国家制度；国家治理能力则是运用国家制度管理社会各方面事务的能力，包括改革发展稳定、内政外交国防、治党治国治军等各个方面。[②]"这一论述明确了国家治理体系和治理能力的内涵，中国国家治理现代化的测评必须与这一内涵高度一致，并体现这一理念的科学性和可操作、可量

[①]《中共中央关于全面深化改革若干重大问题的决定》，人民出版社 2013 年版。

[②] 习近平：《切实把思想统一到党的十八届三中全会精神上来》，《求是》2014 年第 1 期。

化特性。

一、国家治理现代化测评的依据和原则

（一）国家治理现代化测评的必要性与理论基础

尽管国家治理问题已经逐渐引起了国内外学术界和政府的广泛重视，提高国家治理质量已经成为一个共识，但一个不容忽视的问题是，"国家治理"这一概念具有高度的囊括性和抽象性，因此不容易在决策层面形成有支撑力和针对性的认识。国家治理的量化评估研究不仅有助于提高国内治理水平，而且从国际层面上看也有助于争夺治理领域的话语权。在这种背景下，建立一套系统的评价国家治理质量的指标体系尤为必要，具体而言，我们认为对国家治理质量进行测度的必要性主要体现在以下几个方面。

1. 提高政策制定的科学性和可操作性

任何国家政策的出台都需要一定的理论依据，即必须符合科学性的原则，这一原则决定了政策执行的有效性。随着经济转型的不断推进，国家层面的治理问题成为转型深化阶段必须面对的一个难题，而国家治理的完善可以视为转型成功的重要标志之一。然而，当前理论界对国家治理问题的研究仍处于探索阶段，难以为政策层面提供有力的支撑和依据。在这种情况下，构建国家治理现代化测评指标体系有利于提高政策制定的科学性和有效性，为政策的可操作性提供理论保障。

2. 增强国家治理领域的话语权

当今世界大国间的竞争很大程度上体现在"标准"的制定方面，如果无法参与"标准"的制定就会丧失在相关领域的话语权，处处受到掣肘。目前，新自由主义思想在我国已经产生很大影响，我们对此应该保持警醒，始终坚持实事求是的基本原则。国家治理领域的话语权争夺是大国博弈的一个重要阵地，一些国际组织、学者基于新自由主义思想倡导放弃国家干预的国家治理思路。事实上，这种"国际经验"即使在提出者所在国也没有得到全面执行，我们更不能直接采取"拿来主义"的态度不加筛选地采纳。一个务实的应对策略是坚持结合中国国情，国家治理能力和国家治理体系的现代化必须具有中国特色。就政府-市场-社会三者的关系而言，我们认为：一方面，应该坚持让市场在资源配置中起决定性作用；另一方面，党和政府必须积极地发挥领导指引作用，政府既不能越位，也不能缺位；同时，还应充分发挥社会组织的协调功能。三者相互协调一致是实现国家治理现代化的基本条件。

3. 促进公民监督意识的觉醒

从人类历史发展进程上看，公民意识的培养和觉醒必然是一个漫长的过程，但这一事实并不意味着我们就应该采取放任的态度，而应该积极创造各种条件来加速这一进程，国家治理质量的评测能够在一定程度上起到这样的作用。政府治理质量的排名实际上为我们提供了一个可供专家学者、政府官员使用的判断标尺。正如罗特伯格（Rotberg，2004）所强调的那样，对政府表现的可靠排名可以"促使一些国家认识到好的治理是可以被度量的，同时坏的治理将不会再被隐藏。通过设计出独立的判断标尺，可以在向好的治理发展过程中扮演'胡萝卜加大棒的作用'"[①]。

在中国传统文化中，我们往往比较重视从微观层面的治理出发来探讨国家这一宏观层面的治理问题。例如，强调要"修身治国齐家治天下"就是从微观主体出发，最后上升到国家层面。但现代经济社会理论的发展越来越清楚地揭示了微观行为和变量的简单"加总"并不一定等于总体行为，这一点从投票悖论乃至宏观经济变量的加总问题上都可以得到证明。因此，我们认为有必要直接研究国家层面的治理问题，以避免上述困境。

俞可平教授曾对此进行过很好的论证，他认为"确立一套治理评估体系，是正确而客观地认识国家治理状况的前提。只有凭借一系列标准，人们才能判断治理的绩效，肯定治理的成绩，发现治理的问题，比较治理的优劣。只有通过治理评估，才可以发现治理的现实状态与理想状态的差距，明确治理改革的方向，从而推动和引导国家的民主治理改革。通过对国家治理的评估，还可以发现不同国家之间在治理结构和治理体制方面的异同，更好地了解和尊重民族国家的治理特色，拓展国家间的治理合作，推进全球的民主治理"。

（二）国家治理现代化测评的原则

对国家治理质量的测度可以划分为主观评价和客观评价两大类。主观评价法主要是指对经济转型进行"定性"分析，主要运用的是对客观事实进行系统的主观描述的方法，这种方法在处理某些不易量化的社会变化时具有优势，但容易受到价值判断等主观因素的干扰而影响其准确性。客观评价法主要是采取现代的统计技术对各种能够反映社会经济情况的通用指标进行处理，由于指标选取具有一致性和连续性，因而这种方法便于进行纵向和横向比较，较前者更为客观，但不便于处理一些无法量化的指标。

通过前文的论述，我们对国家治理的确切含义有了清晰的认识，在此基础上，我们可以选取相应的评价指标和方法对各转型国家的国家治理情况进行量化评

---

① Rotberg R.I. "Strengthening governance: ranking countries would help." *The Washington Quarterly*, 2004, 28(1).

估。为了使国家治理的评价指标客观可靠、符合学术规范且具有广泛的适用性，指标的选择必须依据一定的科学原则和标准来进行。参考一般社会经济指标设计的规则和转型国家的实际情况，我们认为对国家治理情况的评估应当遵循以下几个基本原则。

1. 中国特色原则

习近平总书记在中共中央政治局第十八次集体学习时强调，"一个国家的治理体系和治理能力是与这个国家的历史传承和文化传统密切相关的。解决中国的问题只能在中国大地上探寻适合自己的道路和办法"。此后，习近平总书记在中共中央政治局第二十次集体学习时进一步指出，"辩证唯物主义和历史唯物主义的思想是中国共产党人的世界观和方法论"①。因此，中国国家治理的理论必须紧密结合中国的具体实际，坚持马克思主义的方向，从我国国情出发才能够实现真正意义上的有益于人民的国家治理体系和治理能力的现代化。国家治理现代化评价体系必须要体现实事求是和与时俱进的基本原则，脱离中国特色社会主义制度来谈国家治理是没有意义的。

2. 全面性原则

国家治理体系和国家治理能力现代化是一个非常复杂的课题。一方面，其涉及政治、经济、法律、文化及制度等多方面的变革过程，外延很广。另一方面，其关系到国家、社会和公民之间的协调一致，既要立足当下，又要着眼未来；既要考虑国内环境变化，又要注意世界体系的影响。这就要求国家治理现代化评价指标的设计必须比较全面系统地覆盖影响国家治理现代化目标时限的主要影响因素，力求不遗漏任何重要的指标，使之能够全面完整地刻画国家治理现代化进程中的变化和问题。

3. 可比性原则

这一原则要求国家治理现代化评价指标的各项指标能够反映各国经济转型的共同特征和经济转型不同时期的规律性变化，能对不同国家的国家治理质量进行横向比较，并对同一国家不同阶段的国家治理质量进行纵向比较；它应该有明确统一的评价标准和评价方法，使得对不同国家和不同阶段的经济转型评价结果具有可比性；通过运用评价指标体系得出的结果应该具有综合性，使人们对某一国家或某一时期的国家治理质量或水平能有一个清晰、明确的量化概念。具体而言，本文主要采用积分排序法，使得指标体系和评价标准在转型国家之间具有一定的可比性。

---

① 习近平：《坚持运用辩证唯物主义世界观方法论提高解决我国改革发展基本问题本领》，《人民日报》2015年1月25日。

4. 可操作性原则

这一原则要求国家治理现代化评价指标体系中所设计、运用的指标必须具有技术上的可行性，对于那些虽然能够反映国家治理质量但目前尚无较好的量化处理标准的指标，我们暂时不予考虑，或者通过间接的手段予以处理。此外，我们选取的评价指标必须具有良好的可得性，也就是应该能够从有关的公开出版物中持续且稳定地获得相关数据，并且可以利用现有科研成果进行测算。具体而言，我们需要做到以下几点：第一，指标数据便于收集整理；第二，与现行统计方法相衔接；第三，适宜在各个国家和地区之间进行比较。

5. 科学性原则

国家治理现代化评价的指标及其指标体系的设计和选择要以现有的经济学理论为依据，这样才能捕捉到研究对象的本质，在逻辑体系上力求严谨和有针对性。判断指数编制是否科学，首要的标准是能否反映客观事实，要达到这样的标准必须使用科学规范的方法①。在具体技术的处理上，要符合统计学的有关理论，尽量避免指标、样本和权重选择的主观随意性②。一方面，指标体系不能过度复杂，必须简单明了，换算不能太复杂；另一方面，如果指数需要映射的概念自身含义非常复杂，则不宜对复杂问题进行过度简单的线性化处理③。

6. 典型性原则

国家治理现代化评价指标的设置应力求简明、概括，具有代表性和独立性。首先，在众多指标中应选取尽可能少却最具典型性的指标，尽量采用综合性指标，并避免指标之间存在过多的信息交叉。其次，就某些经济领域指标而言，根据其周期性特征可分为先行性指标、同步性指标和滞后性指标三类，选用任何一类指标都须考察其可能带来的不同影响。此外，还要充分考虑中国作为转型国家的特殊性，使得指标体系具有较强的适用性。

（三）本文对"国家治理现代化测评"问题的理解

经过对相关文献的梳理，我们可以比较清楚地了解目前国内外理论界在这一领域（或相近领域）的研究现状。通过比较不难发现，国外的研究主要由机构或团队完成，因此相对成熟完善。其中一些研究的起步时间较早，因此，其指标体系建设的时间跨度长，便于进行动态的分析。而目前国内的研究则相对落后于国

---

① 客观事实包括两类，一类是经济总量增减、物价涨跌之类的易量化"事实"，另一类则是满意度、幸福度之类的不易测度、偏主观性的"事实"。在指数编制过程中，我们应尽量多采用前者，如果需要采用偏主观性的数据，必须从数据来源的权威性、连续性及接受度方面认真考察其可用性。

② 指数的发布在一定程度上会影响公民对某一问题或现象的认知，因此，我们必须坚持科学的态度，预估社会影响，承担社会责任。

③ 譬如仅用 GDP 总量来反映一个国家居民的实际福利水平就是不合理的。

外的发展，多数研究的系统性不强，尽管其对国外的成果已经有了比较充分的了解，仍缺乏自身有针对性的量化评价成果，并且多数没有组建团队进行研究。

对于国家治理体系和国家治理能力评价指数的构建而言，除了必须符合上述科学性、全面性、可比性等一般性原则以外，还必须根据研究的对象、目的等确立具体的准则和标准，这种准则和标准应当恰当地反映我们对国家治理问题的理解。

一般而言，简单系统的单一指标评价比较简单，不会出现评价对象外延与内涵理解错误的问题（如对全国所有县市财政收入的排序）。而与单一的评价体系不同，国家治理质量监测指数是一个综合性的评价系统，如果要使指标体系与其评价对象完全契合，就必须明确其评估对象的核心内涵。根据本课题组的前期研究，我们把国家治理模式视为一种政府、市场与公民社会相互耦合所形成的整体性的制度结构模式，因此，国家治理问题的研究必须强调对国家整体制度结构的把握[1]。对此，党中央已有明确认识，根据党的十八届三中全会精神，国家治理体系即"在党领导下管理国家的制度体系，包括经济、政治、文化、社会、生态文明和党的建设等各领域体制机制、法律法规安排，也就是一整套紧密相连、相互协调的国家制度"，而"国家治理能力则是运用国家制度管理社会各方面事务的能力，包括改革发展稳定、内政外交国防、治党治国治军等各个方面"。[2]习近平强调，"一个国家选择什么样的治理体系，是由这个国家的历史传承、文化传统、经济社会发展水平决定的，是由这个国家的人民决定的。我国今天的国家治理体系，是在我国历史传承、文化传统、经济社会发展的基础上长期发展、渐进改进、内生性演化的结果"[3]。因此，我们在设计国家治理现代化测评体系时必须认识到其综合性。

我们认为，评价国家治理体系和治理能力现代化水平的最根本标准应该以其对"发展"的促进作用来衡量。也就是，好的国家治理应该是能够带动或促进发展的治理，而"坏"的国家治理则会带来相反的作用。需要强调的是，这里的"发

---

[1] 从计划经济向市场经济的转型是一项极其庞大的系统工程，它涉及经济、政治、文化等各个方面的内容。然而，在转型开始后的很长一段时间里，人们把主要的精力都集中于经济体制方面的改革，进而忽视了政治体制改革的紧迫性。尽管目前主要转型国家的政治体制基本框架都已初步建立，但从总体上看，多数转型国家的政治体制改革进程与经济体制改革相比明显滞后。事实上，经济系统本身与政治、文化等方面紧密相连，转型必然是一个整体演进的过程，而不是某一局部（子系统）单独作用的结果，由此，如果长期强调某一方面而忽视其他领域的改革就很可能会使经济转型产生严重的瓶颈效应，进而阻碍转型的顺利完成。因此，构建国家治理测评的科学体系必须引入系统性思维，综合全面地反映各个"子系统"进步的结果。

[2] 习近平：《切实把思想统一到党的十八届三中全会精神上来》，《人民日报》2014年1月1日。

[3] 习近平：《完善和发展中国特色社会主义制度　推进国家治理体系和治理能力现代化》，人民网，http://cpc. people.com.cn/n/2014/0218/c64094-24387048.html。

展"包括政治、经济和社会上的进步，其终极目的是公民福利的增加。单一的经济"增长"指标尽管能在一定程度上反映政府的治理能力，但两者之间并不存在必然性的联系。国际经验表明，在特定的阶段，也可能出现经济总量高速增长而政府治理能力弱化，或者政府治理能力提高却遭遇经济危机打击的情况。我们认为，仅从单一的政治视角或经济视角无法全面深刻地理解国家治理水平。譬如，上海财经大学课题组推出的《中国省级部门行政机关透明度排行榜》曾指出，全国 341 个省级部门的行政收支情况几乎不透明，如果设定满分为 100 分，那么，中国省级各部门的行政支出透明度仅能打 3.21 分。根据我们的筛选原则，姑且不论这一报告论证的科学性，即使事实如此，仅凭借这种单一的指标来衡量我国的发展现状，也很容易得出不客观和片面的结论。事实上，国家治理的质量和水平的测度不仅应该体现我们对"发展"这一目标的重视，而且应该从发展结构上对其进行细致考察。如果仅重视 GDP 总量等指标的增长情况，就会忽视隐藏在其背后的结构性矛盾，如可能存在的收入分配两极分化问题及其带来的社会稳定隐患等，而对政治稳定性、社会稳定性指标的考察则有效地避免了这一弊端。

通过对相关研究的文献梳理，我们可以明显发现，定量研究目前已经成为国内外研究"治理"问题的主流方法，但同时我们也发现很多研究（如世界银行、联合国的项目等）的主要结论仍然在不同程度上依赖于观念性的主观性数据，这些数据往往是不可靠的。针对这种情况，罗特伯格（2007）也曾强调"治理"是一种可以量化的变量，否则其研究就没有任何意义。就本书的研究而言，我们认为国家治理现代化测评指标体系的一个重要目标就是要实现对国家治理能力和国家治理体系的量化评判标准，因此，在指标的选择和处理上应该尽量减少不易量化的定性类指标，而以国内外大型数据源可利用的量化指标为主。同时，需要强调的一点是，尽管我们设计的国家治理体系和治理能力评价指数的主要评测对象是中国，但由于其指标选取的客观性，且在很大程度上抽象掉了影响指标的某些主观因素和特性因素（如文化背景、对政治体制优劣的主观评价等），因此，这一指标的方法具有通用性，同样可以应用于除其他转型经济体、新型工业化经济体及老牌市场经济国家以外的国家治理水平监测与评估。

基于以上观点，我们在构建国家治理体系和国家治理能力现代化的评价指标体系时必须围绕这一根本点来进行指标筛选。经过多次反复论证，并参考国内外同类研究的最新成果，我们针对世界各国的国家治理现代化情况设计了一套监测评价指标体系，具体指标的设计将在下文进行详细说明。

二、"国家治理现代化测评体系"构建

（一）国家治理现代化测评体系的指标选取及其科学性和可行性分析

根据现有的经济学理论及课题组的前期研究成果，同时结合我国数据来源的特点，我们构建了一个内含三个层次的指标体系来综合反映中国国家治理现代化的进程。

1. 国家治理现代化测评体系的结构

参考俞可平（2008）、何增科（2015）、江必新（2014）、景维民（2014）及国外相关研究的成果，同时结合我们对国家治理问题的理解，我们设计的国家治理现代化测评体系包含三个层次的指标。鉴于本文的研究对象是国家治理现代化，而国家治理现代化实际上包含了"国家治理体系"现代化和"国家治理能力"现代化两个方面，所以一级指标的设置应以此为准。国家治理体系和国家治理能力是一对概念，它们的侧重点各有不同，但又密切相关，我们对两者关系的理解如下：国家治理体系侧重于考查一个国家各方面制度、体系的完备性，而国家治理能力侧重于考察制度、体系的有效性，不仅仅局限于评估一国当下的治理能力，还要着眼于探讨体制的潜力及其对未来发展可能性的影响；国家治理体系是国家治理能力的基础，而国家治理能力是国家治理体系现代化水平的体现；国家治理体系和治理能力的现代化都是我们要追求的目标，但要通过追求国家治理体系的现代化来达到国家治理能力的现代化。测评体系中，在每个一级指标之下，设置若干二级指标来反映一级指标的变化，部分二级指标又通过一系列三级指标进行反映。图 8.1 展示了我们设计的国家治理现代化测评体系框架，从中可以看出各级指标的层级逻辑关系，最终我们选用了 9 个二级指标和多个三级指标，随后，我们将对这些指标的选择依据进行系统说明。

2. 国家治理现代化测评体系的指标选取说明

（1）国家治理体系现代化指标选取及说明

国家治理体系的现代化主要体现为 6 个方面的现代化，即经济治理、政治治理、文化治理、社会治理、生态治理和政党治理的现代化。由于目前尚不存在评估世界各国政党建设水平的量化指标，故该项暂不考虑纳入这个方面的二级指标。

①经济治理指标

作为国家治理体系现代化的度量标准之一，经济治理体系的现代化主要体现在市场经济体系的成熟完善方面。市场是经济活动的集中体现，完善市场的最终目的是要促进经济发展。市场有效性是经济发展的必要条件，而经济的持续稳定发展必然建立在市场机制充分发挥作用的基础上。市场有效性与政府能力之间存

在天然的联系，从历史的角度来看，这两种机制实际上是长期并存的，随着资本主义制度的崛起，市场协调机制逐渐受到推崇，并且已经形成了很多比较成熟的理论体系。①

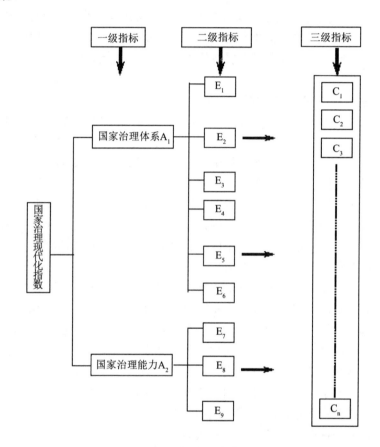

图 8.1　国家治理现代化测评体系设计图

不同的市场之间存在复杂的关系和结构，它们的交互作用共同构成了市场的整体行为并制约了市场的有效性。作为一个有机联系整体的市场才能同政治、社会、文化等一起构成国家治理现代化的基础性架构。任何国家的市场体制都存在不足之处，主要体现在自由化程度、产业结构等诸多方面。经济治理的现代化评判标准是市场机制在资源配置中能否起决定性作用的关键因素。

基于以上认识，我们采用经济掌控力、市场机制、宏观经济、产业发展等 4

---

① 包括一般均衡理论（阿罗-德布鲁）、货币理论（弗里德曼）、比较经济体制理论（科尔奈）以及众选择理论（布坎南）等。

个二级指标来衡量经济治理现代化的水平，在每个二级指标下再下设若干三级指标进行度量。

②政治治理指标

长期以来，经济指标被作为单一标准来衡量一国或地区的发展水平，随着第二次世界大战后世界体系的剧烈变革，特别是新兴工业化国家的崛起及 20 世纪八九十年代计划经济体向市场经济的转型实践，我们逐渐认识到这种视角的局限性。

政府职能反映了政府管理活动的内容和基本方向，决定了政府的规模和管理方式，一直是经济学家、政治学家和社会学家共同关注的重要问题。国内外理论界对政府职能的认识经历了一个长期演变的过程，根据施莱弗（2004）的观点，我们可以用三个基本模型对其进行概括①。

第一个模型是"看不见的手"模型（这一模型至少可以追溯到亚当·斯密时代），其基本主张是市场能够运转良好，政府需要做的只是创造市场运行必需的基本职能，如提供秩序和国防等。由于这个模型无视现实中大量存在的政府干预背后的深刻原因，忽视了政治过程，因此无法提出可行的措施以实现自身所倡导的有限政府目标。

第二个模型是与第一种模型针锋相对的"扶持之手"模型，20 世纪 40—70 年代是其发展的顶峰。这一模型看到了现实中大量存在的市场失灵现象，如垄断、外部性等，由此，其主张政府应对经济进行干预以矫正市场失灵。但由于这种模型假定政府追求社会福利最大化的目标，没有看到政府干预本身具有服务于自身的政治目的，因此，其提出的建议背离了社会福利的最大化。

第三个模型是"掠夺之手"模型，这一模型的产生背景是 20 世纪 80 年代后拉美和苏东国家的市场化转型，华盛顿共识在指导转型中出现的大量问题（腐败、寻租、政企勾结瓜分国有财产等）是其产生的土壤。掠夺之手模型认识到了无论是在民主社会还是在专制社会，政治家的目标永远都不是社会福利最大化，而是追求私人利益最大化，主张把政治过程看作政府行为的决定因素。该模型与看不见的手模型一样对政府持怀疑态度，但它更精确地描述了政府在实践中的作用，并不否定政府的地位。此外，掠夺之手模型虽然与扶持之手模型一样认为政府应积极改革，但不同的是该模型往往寻找限制政府的方法，反对扩大政府管辖范围。

在市场经济体制中，政府不能用行政命令的方式对企业的经济活动进行直接控制，而应通过相应的经济政策对经济施加间接影响。企业实行自主经营、自负盈亏政策，被赋予最大的经济灵活性，政府的主要作用是制定公平的游戏规则并

① 安德烈·施莱弗、罗伯特·维什尼：《掠夺之手——政府病及其治疗》，中信出版社 2004 年版，第 1-7 页。

且确保其能够执行。维托·坦茨（1999）把计划与市场的这种区别总结为"在中央计划经济中通行的原则是，除明确授权的之外，一切都是不允许的；市场经济中通行的规则是，除明确禁止的之外，一切都是允许的"①。事实上，十八届三中全会之后，我国对政府与市场关系的定位与此观点不谋而合，市场经济的规则是"法无禁止即可为"，而政府则"法无规定不可为"。

政治治理现代化内生了对依法治国的要求。立法是法律制度建设的基础，是司法和执法的前提。为有效应对各种地下经济问题，我们在法律制度建设方面首先要做的就是要根据实践的变化努力弥补各种法律漏洞，填补法律空白，形成健全完善的法律体系。司法具有根据法律进行裁决的权力，我国的司法机关主要包括行使审判权的法院和行使法律监督权的检察院。地下经济的治理与司法体系的建设关系密切。加强司法体系建设最基本的要求是贯彻法律面前人人平等的精神，保证程序上的公平和独立性，不仅要求实现"法制"，还要做到"法治"。在法治建设方面，不仅应考虑其严密程度，还应进一步关注其可行性。政府职能的转换与"执法"行为密切相关，如曾洁雯等（2011）认为，"政府职能的实现主要是通过行政执法行为完成的，而不同的执法方式直接影响或制约着政府职能的实现。随着政府职能的转变，客观上必然要求行政执法方式与之做相应变革，亦即行政权力行使的手段、主体、程序以及作用的领域的变革，将成为达成行政目标的有效路径"②。

基于以上认识，我们直接采用腐败指数、腐败控制两个三级指标来衡量政治治理现代化的水平。

③文化治理指标

文化协调机制的参与者是所有社会成员及其构成的组织形态，它们根据文化所决定的非正式制度结合在一起，文化协调机制的一个重要特征就是具有多样性和长期性。多样性是指人类社会出现伊始已经产生了数千种各种类型的文化，它们中的大多数已经随着时间的推移而覆灭或者融入了其他文化之中。人类历史上的主要文化（文明）包括中华文明（最初被亨廷顿称为"儒教文明"）、日本文明、印度文明、伊斯兰文明、基督教文明、拉美文明等，还有可能存在的非洲文明③。长期性则体现在其演变通常是在一个很长的历史跨度上完成的，文化作为"缓慢变动的个人一般思想，它要接受实践的检验，摇摆于保守和创新的两极之间。保守对维护人际交往的共同基础来讲是必不可少的，而创新则是在面对不断变化着

---

① 维托·坦茨：《体制转轨和政府角色的改变》，《经济社会体制比较》1999 年第 7 期。

② 曾洁雯、詹红星：《政府职能的转变与行政执法方式的变革》，《湖南社会科学》2011 年第 4 期。

③ Samuel P. Huntington. "The Clash of Civilization and the Remaking of World Order." *New York: Simon & Schuster*, 1996.

的自然环境、技术环境、经济环境或社会环境时防止僵化和萎缩所必需的"①。文化协调机制是维系一个社会内部关系的隐形纽带，而不同文化协调机制之间的冲突和合作构成了人类社会动态发展的内因。

文化是隐藏在人类行为背后的意会性知识，对社会结构、社会心理、道德、行为方式、行为动机等都具有根本性影响。②文化协调机制的作用是巨大的，正如索厄尔（Sowell，1998）所强调的那样，"文化不是博物馆的收藏品，它们是日常生活中工作着的协调机制"③。但鉴于文化本身很难量化，本书仅从狭义的角度对其进行度量，即从知识存量的角度对其进行替代表达。

基于以上认识，我们采用 15 岁以上识字率、高中入学率等指标来衡量文化治理现代化的水平。

④社会治理指标

在黑格尔以前，西方传统政治学普遍存在着把国家和社会相混淆的倾向。例如，亚里士多德既把希腊城邦看作是一种"社会组织"，又看作是一个"政治团体"。这种错误认识在近代流行的社会契约论中也未能避免，即把人们通过契约所构成的社会共同体看作是国家本身，由此赋予国家一种非历史的永恒的性质。④马克思在批判黑格尔唯心主义思想的基础上提出，"个人借以进行生产的社会关系，即社会生产关系，是随着物质生产资料、生产力的变化和发展而变化和改变的。生产关系总合起来就构成所谓社会关系，构成所谓社会，并且构成一个处于一定历史发展阶段上的社会，是有独特的特征的社会"。

社会协调机制是一种中间层次的协调机制。例如，米格拉基杨就认为马克思主义的政治理论主旨是要消除自主的个人同国家与社会的对立，克服资本主义存在的三者对立现象。《共产党宣言》提出的"每个人的自由发展是一切人自由发展的条件"实际上强调的是个人、国家、社会三者的辩证关系。而马克思主义经典作家没想到的是，后来人们把这个辩证关系歪曲成了个人要无条件服从国家和社会。最后到了苏联发展成了极端的局面。科学社会主义号召要根据具体个人的愿望建设新社会，而在苏联这个理论却变成了不关心现实的、具体的、个别人的问题，把人变成了抽象的人。在实践中，在缺乏机构化的公民社会的情况下，个人

---

① 柯武钢、史漫飞著，韩朝华译：《制度经济学——社会秩序与公共政策》，商务印书馆 2002 年版，第 197 页。

② 道德协调机制也属于一种文化治理途径。在任何社会形态下，法律法规等正式制度的作用都存在一定的局限性，在信息不完全、交易成本大量存在的情况下，任何法律系统都会存在一定的漏洞，法律的执行过程也通常是冗长而无效率的。而道德协调机制则能够在很大程度上克服这一缺点，道德协调机制是一种无形的约束，它的存在本身就已经中和了日常生活中大部分矛盾——拥有同样道德标准的群体内部冲突会大大减少——这意味着国家治理水平的提高。

③ Sowell T. "Conquest and Cultures: A World View." *New York: Basic Books*, 1998.

④ 梁志刚：《从国家和社会的关系看我国市场化取向改革的合理性》，《求实》2000，（1）。

与社会都被国家所吞没了。

社会结构是社会协调机制的外在表现形式，一般认为社会结构是指社会诸要素稳定的关系及构成方式，即相互关系按照一定的秩序所构成的相对稳定的网络。社会结构有三个基本特征：社会性——社会结构的主体是人，社会结构本质上体现了人的社会联系的总和；开放性——社会结构是通过人与自然之间不断进行物质、能量和信息交流而形成和发展的；实践性——社会结构是为满足人的改造世界需要并在人的实践中产生、形成和发展的。社会结构的主要内容有群体结构（即亲缘群体结构、职业群体结构、利益群体结构等）、组织结构（政治组织、经济组织、文化组织等）、社区结构（城市社区、农村社区等）、制度结构（政治制度、法律制度、经济制度、文化制度等）等。单纯从职能划分上看，社会结构可以划分为社会经济结构，包括生产力和生产关系系统；社会政治结构，包括政治法律设施、政治法律制度、政治组织系统；社会意识结构，包括社会精神现象系统。

社会结构是根据社会需要而自然形成或人为建立起来的，社会结构运行的过程也是社会结构发挥其社会功能的过程。当社会结构运行遇到某些障碍或产生某些病变的时候，社会结构预定的社会功能随之遭到破坏，由此导致的后果是：要么这种功能萎缩退化；要么这种功能扭曲变形，偏离预定轨道；要么这种功能嬗变转化。这些表现都属于功能性失调，由此而产生的社会问题被称为功能失调性社会问题。

因此，我们在社会结构的重建上，必须要尽力扶植中产阶级，将整个社会结构从两极社会的"金字塔"形结构转向中产阶级社会的"菱形"结构。现在的社会学理论一般认为，中产阶级占据主体地位是现代社会走向稳定的重要结构因素。即我们要通过各种政策手段，设法使中等阶级尽快发育起来，使之成为社会的主体部分和中坚力量，形成在社会分层阶梯上，最贫困阶层和最富裕阶层这两端在数量上都减至绝对少数、中等阶层占绝对优势的格局，最终形成"市民社会"。市民社会起着社会思想的"连锁"作用，连接个别利益和社会利益，是个人和国家之间的中介。①

可见，社会的稳定与发展是经济治理现代化的必要条件，同时也是政治和其他领域治理现代化得以实现的保证。基于以上认识，我们采用社会发展与社会保障、社会稳定三个二级指标来反映社会治理水平。二级指标下再设置人类发展指数、妇女参政比例犯罪率等指标。

---

① 戈连科娃：《俄罗斯社会结构变化和社会分层》（第二版），中国财政经济出版社 2004 年版，第 14—15 页。

⑤生态治理指标

我们让市场在资源配置中起决定性作用并非认为市场毫无缺陷。由于存在外部性问题，价格并不一定能够准确反映资源的社会成本和收益，于是就会产生所谓"市场失灵"问题。而政府在治理市场失灵方面也存在一定局限，往往成为寻租俘获的目标。此外，在政府追求的目标中，经济增长和稳定的目标在一定时期往往优于生态治理的目标，因此，容易出现有些学者所声称的"政府的政策调控往往有强化资源环境市场失真而非纠正的趋势"。由此，生态治理的水平在一定程度上反映了一国国家治理现代化的水平。

生态治理与经济治理存在密切联系，环境既是经济发展的条件，又是经济发展的结果，两者的关系在经济学的经验研究中常被描述成"环境库兹涅茨曲线"①。中共十八届五中全会强调，实现"十三五"时期发展目标，破解发展难题，厚植发展优势，必须牢固树立并切实贯彻创新、协调、绿色、开放、共享的发展理念。其中，绿色发展的理念是过去从未提出的，②可见对于生态环境的治理要求已经成为我国核心治理理念的一部分，生态环境内生于经济发展。

从评估技术上看，生态治理带来的效应可以通过机会成本、影子价格等进行计算，生态环境保护的投入产生的生态效益表现为间接的和公共的社会效益，但目前这些定价方法尚不完善，一些社会效益和生态价值难以客观量化。鉴于这一特征，作为补充方法，亦可引入一些主观评价的方法对其进行测度。基于以上认识，我们可采用碳排放水平、森林覆盖率等指标来反映生态治理水平。

（2）国家治理能力现代化指标选取及说明

国家治理能力则是运用国家制度管理社会各方面事务的能力，包括改革发展稳定、内政外交国防、治党治国治军等各个方面。基于这一认识，我们选择从"改革能力""发展能力"和"稳定能力"三个方面对国家治理能力现代化水平进行测评。其中，改革能力主要体现在制度建设上，可以用法治水平、政府效率等指标来测评。发展能力体现在增长潜力上，可以用人口数量、边际税率、基础设施建设等指标来测评。稳定能力体现在控制力上，可以用政治稳定、军费支出等指标来测评。

（二）国家治理现代化测评方法及工具的技术分析

从测评技术角度看，很多方法都可以用于国家治理现代化的测评，但在上文

---

① 格鲁斯曼等通过跨国数据分析发现部分环境污染物（如颗粒物、二氧化硫等）排放总量与经济增长的长期关系也呈现倒 U 型曲线，就像反映经济增长与收入分配之间关系的库兹涅茨曲线那样。国内已经有大量相关研究论文发表，早期研究可参见陈华文、刘康兵：《经济增长与环境质量：关于环境库兹涅茨曲线的经验分析》，《复旦学报（社会科学版）》2004 年第 2 期。

② 与之相近的概念是"可持续发展"。

提出的全面性、可比性、可操作性及中国特色性等原则的指引下，我们必须对多种可能的方法进行筛选，最终选择现有条件约束下的"最适"方法。为了实现这一目的，我们先要对主流的测评工具进行简要梳理。在编制指数的过程中，有两种方法最常应用，一种是简单平均法，另一种是加权平均法。前者实际上就相当于对所有指标赋予相同的权重，其优点在于计算简单，回避了权数确定中面临的一些具体问题，在各个指标的重要性差异不大的情况下也可以比较准确地反映研究的目的。而后者则根据不同指标的相对重要程度而赋予其不同的权重，如果权数选择合理，这种方法能够得出更符合实际的结果。绝大多数现有的指数编制方法实质上均属于一种数据标准化后加权平均的方法，因此，讨论各种工具的差异等同于讨论各种工具权重确定的方法①。目前学术界采用的主要方法包括主观赋权法和客观赋权法两种，具体又可以细分为下几种。

1. 专家赋权法

专家赋权法又称为德尔菲法（Delphi Method），是一种主观赋权的方法，其主要特点是由专家基于经验和知识确定指标权重，并不断地修正以获取最终结果②。专家赋权法的主要步骤如下。

第一步，从所在研究领域的专家库中选择 10—30 位具有自身专业背景和素养的专家。

第二步，把需要确定权重的 p 个指标发送给选定的专家，由各个专家分别独立地对各个指标给出权重数值。

第三步，从所有专家手中收回结果并统计各项指标的均值和标准差。

第四步，把上一步计算的结果反馈给专家，由专家再根据新的信息重新确定权重。

第五步，重复第三步和第四步的过程，直至各位专家的意见趋于一致，即各指标的权重赋值与均值之间的偏差小于一定的预设标准，此时即可确定权重均值为最终各项指标的权重。

专家赋权法是学术界经常采用的方法，此外还可以加入"信任度"等评价来进行改进。当指标体系比较复杂以至于专家不易对所有指标的重要程度进行准确判断时，可同时采用"层次分析法"（两两比较法）进行判断，即先进行成对比较再确定权重。专家赋权法的优点在于其由所在领域内的专家控制，能够贴近实际；缺点是由于具有一定主观性，权重会随选取专家的变化而发生变化，这种性质不

---

① 权重在这里可以定义为某要素对指标贡献的重要程度，即其反映总体的程度。

② Mareschal B. "Weight stability intervals in multicriteria decision aid." *European Journal of Operational Research*, 1988, 33(1).

随专家库的增大而改善，因此，其说服力常常受到质疑。

2. 层次分析法

层次分析法（Analytic Hierarchy Process，AHP）是一种多指标决策分析方法，由美国运筹学家萨蒂（Saaty）于 20 世纪 70 年代初提出，它能够将定量和定性分析相结合，也属于一种主观赋权方法。[①]该方法的要旨是通过分析问题包含主要因素间的相互关系，把问题分解为多个层次（目标层次、准则层次、方案层次等），然后，在每个层次上对该层次元素进行比较，形成"判断矩阵"，通过计算该矩阵的最大特征值和正交化特征向量来确定元素对应该准则的权重。层次分析法的标准步骤是首先构建多层次结构模型，然后，建立判断矩阵，再检验矩阵的一致性。

层次分析法的基本思路是先让专家对指标进行成对比较，令 A_i 与 A_j 为两个比较因素，a_{ij} 为比较尺度，一般用 1—9 或 1—5 作为量尺（判别等级），数值越大代表 A_i 与 A_j 相比影响越大。令 w_i 为第 i 个指标的重要程度，w_j 为第 j 个指标的重要程度，$a_{ij} = \dfrac{w_i}{w_j}$，其中 $a_{ii} = 1$，$a_{ij} = \dfrac{1}{a_{ji}}$。对于 n 个因素的比较结果可用矩阵 A 表示：

$$A = \begin{bmatrix} a_{11} & a_{12} & \cdots & a_{1n} \\ a_{21} & a_{22} & \cdots & a_{2n} \\ \vdots & \vdots & \vdots & \vdots \\ a_{n1} & a_{n2} & \cdots & a_{nn} \end{bmatrix} \tag{1}$$

运用特征根法可以求出权重向量值[②]，令各组成元素对目标的特征向量如下：

$$W = \left(w_1, w_2, \cdots, w_n\right)^T \tag{2}$$

如果有 $\sum_{i=1}^{n} w_i = 1$，且矩阵 A 满足：

$$a_{ij} = \frac{a_{ik}}{a_{jk}} \qquad i, j, k = 1, 2, \cdots, n \text{。} \tag{3}$$

则 A 称为一致性矩阵，对应于特征根 n 并归一的特征向量表示各因素对目标（或上层因素）的权重，该向量称为权向量。也有学者认为，应该用多种方法生成权重向量，这样可以避免某种方法可能造成的偏差。层次分析法的优点是具有系统性，其将定性分析和定量分析相结合，并且计算简单，结果易于解读，便于为决策提供直观支撑。

---

① 汪应洛：《系统工程》，机械工业出版社 2003 年版，第 130-140 页。

② 有四种方法可以确定权重向量，包括最小二乘法、几何平均法、算术平均法和特征根法，其中后者比较常见。

3. 主成分分析法

主成分分析的方法常用于对变量的"降维"处理，可以最少的信息损失把原有的多个变量综合为较少的综合指标（主成分）。这些主成分之间互不相关，能够代表原有变量的大部分信息，并且具有可命名性[①]。假设原有 p 个指标 X_1, X_2, …, X_P, F_1 表示原变量的第一个线性组合所形成的主成分指标，即 $F_1 = a_{11}X_1 + a_{21}X_2 + … + a_{p1}X_p$, F_1 是第一主成分，包含的信息量在所有的线性组合中最大（方差度量）。如果第一主成分不足以代表原有信息，则选取第二主成分 F_2, F_2 与 F_1 不相关。依次类推，可构造 m 个主成分 F_m, 公式如下：

$$\begin{cases} F_1 = a_{11}X_1 + a_{12}X_2 + … + a_{1p}X_p \\ F_2 = a_{21}X_1 + a_{22}X_2 + … + a_{2p}X_p \\ \qquad …… \\ F_m = a_{m1}X_1 + a_{m2}X_2 + … + a_{mp}X_p \end{cases} \qquad (4)$$

主成分分析的实质就是确定原来变量 x_j（j=1, 2, …, p）在诸主成分 F_i（i=1, 2, …, m）上的荷载 a_{ij}（i=1, 2, …, m; j=1, 2, …, p）。可以证明，它们分别是相关矩阵 m 个较大的特征值所对应的特征向量。

具体研究课题需要的主成分数量 m 可根据方差累计贡献确定，一般认为累计贡献率大于 85% 即可满足要求。用第一主成分 F_1 中每个指标所对应的系数乘上第一主成分 F_1 所对应的贡献率再除以所提取 m 个主成分的 m 个贡献率之和，然后，加上第二主成分 F_2 中每个指标所对应的系数乘上第二主成分 F_2 所对应的贡献率再除以所提取 m 个主成分的 m 个贡献率之和，累加至以此方法类推选取的第 m 个主成分 F_m, 最终可得到综合得分模型，该综合得分模型的系数就是每个指标对应的权重。主成分分析方法需要保证提取的前几个主成分的贡献达到一定水平，如果目的是用于降维就需要给出有实际意义的解释，有时不如原始变量含义清晰，但对于以单纯赋权为目的的研究而言，则不存在此类问题。

4. 变异系数法

变异系数是一种常用的统计指标，其基本原理是变异系数越大的指标就是越难以实现的指标，其对综合评价的影响也越大。变异系数法直接利用各项指标包含的信息计算指标权重，所以属于一种客观赋权方法。这一方法设有 m 个评价指标和 n 个评价对象，构成了 m 乘 n 阶数据矩阵，首先应计算各指标的标准差 σ_i 以反映指标的绝对变异程度，其次再计算各项评价指标的变异系数，以反映其相对变异程度，公式如下：

---

① Harte J. M., Koele P. and Engelenburg G. V. "Estimation of attribute weights in a multiattribute choice situation." *Acta Psychologica*, 1996, 93(1).

$$V_i = \frac{\sigma_i}{\overline{x}_i}(i=1,2,\cdots,n) \tag{5}$$

其中，V_i 是第 i 项目指标的变异系数（又称为标准差系数）；σ_i 是第 i 项指标的标准差；$\overline{x}_i$ 是第 i 项指标的平均数。各项指标的权重 W_i 公式如下：

$$W_i = \frac{V_i}{\sum\limits_{i=1}^{n}V} \tag{6}$$

这种评价方法确定的权重大小能够反映指标分辨能力的大小，但无法有效分辨各指标的独立性，各指标的价值也比较模糊，适用于评价各指标之间具有较强独立性的研究课题。[1]

5. 灰色关联度法

罗庆成（1992）提出了一种基于灰色关联度来确定权重的方法，该方法先要确定一个方案集 S，$S=\{s_1,s_2\ldots s_m\}$，以及一个指标集 P，$P=\{p_1,p_2\ldots p_m\}$。指标的权重集合用 W 表示，$W=\{w_1,w_2\ldots w_m\}$，$\sum\limits_{j=1}^{n}w_j=1$。决策矩阵 $A=\left[\alpha_{ij}\right]_{m\times n}$，其中 α_{ij} 是方案 s_1 在 p_j 下的评价，决策矩阵表示如下[2]：

$$A=\begin{bmatrix} a_{11} & a_{12} & \cdots & a_{1n} \\ a_{21} & a_{22} & \cdots & a_{2n} \\ \vdots & \vdots & \vdots & \vdots \\ a_{m1} & a_{m2} & \cdots & a_{mn} \end{bmatrix} \tag{7}$$

灰色关联度分析是分析系统中各因素之间关联度的一种方法，其通过对专家经验判断权重与某一专家的经验判断的最大值进行量化比较，再根据其差异程度来确定专家群体经验判断的关联度。如果关联度越大，则认为专家群体的判断趋向一致，该指标对指标体系的贡献度就越大，应赋予更大的权重。这一方法通过对指标进行归一化处理即可确定其相应权重。其具体步骤如下。

第一步：选取 m 个专家对 n 个指标的权重进行经验判断，从而构成每个质保权重的经验判断数据列，所有指标的数据列可以表示为：

$$X_1 = \left(x_1(1),x_1(2),\ldots x_1(m)\right)$$
$$X_2 = \left(x_2(1),x_2(2),\ldots x_2(m)\right) \tag{8}$$

---

① 杨宇：《多指标综合评价中赋权方法评析》，《统计与决策》2006 年第 7 期。

② 罗庆成：《灰色系统新方法》，农业出版社 1992 年版，第 157-161 页。

$$\vdots$$

$$X_n = \left(x_n(1), x_n(2), \ldots x_n(\mathrm{m})\right)$$

选取数据列中的最大权重值作为"公共"参考权重，组成参考数据列 X_0，$X_0 = \left(x_0(1), x_0(2), \ldots x_0(\mathrm{m})\right)$。

第二步：根据 X_0 以及 X_1，$X_2 \cdots\cdots X_n$，求出每个专家的权重经验判断值与公共参考值之间的关联系数 $\xi_{0i}(k)$ 和关联度 γ_{0i}。

$$\xi_{0i}(k) = \frac{\min_i \min_k \left|x_0(k) - x_i(k)\right| + \rho \max_i \max_k \left|x_0(k) - x_i(k)\right|}{\left|x_0(k) - x_i(k)\right| + \rho \max_i \max_k \left|x_0(k) - x_i(k)\right|} \tag{9}$$

$$\gamma_{0i} = \frac{1}{n}\sum_{k=1}^{n} \xi_{0i}(k) \tag{10}$$

其中，ρ 为分辨系数，取值为 0—1，通常取值为 0.5，数列之间关联度的大小反映的是各个指标对于数列的相对重要程度，因此可以 γ_{0i} 作为各决策指标的权重，即 $w_i = \gamma_{0i}$。灰色关联度方法基于灰色系统理论，有着比较严格的数学逻辑，但该方法自身也存在一定局限。如崔杰（2008）所指出，由于关联度大小与分辨系数的取值高度相关，导致关联系数取值具有不确定性，此外，权重的区分度也较弱，弱化了决策指导意义。[①]

6. 熵值法

熵最初的含义来自物理学，指的是一种测量在动力学方面不能做功的能量总数，熵亦被用于计算一个系统中的失序现象。在信息论中[②]，熵表示的是不确定性的量度，可运用信息熵评价所获系统信息的有序程度及信息的效用值[③]。简而言之，熵值法就是依据熵的概念、性质及各指标相对重要程度的不确定性来分析各指标的权重的方法，熵值越高则系统结构越均衡，差异越小。如果某指标在个体间差异较小，则说明该指标不能反映更多的信息差异，于是会被赋予相对小的权重。熵值法的步骤为先要对数据作标准化处理，处理后的标准化矩阵如下。

$$Y = \left\{y_{ij}\right\}_{m \times n}$$

第 j 个指标的信息熵值的公式如下：

---

① 崔杰、党耀国、刘思峰：《基于灰色关联度求解指标权重的改进方法》，《中国管理科学》2008 年第 5 期。

② 这里信息可定义为"用来消除不确定性的东西"。

③ Herrera F., Martí Nez L.and Sánchez P. J. "Managing non-homogeneous information in group decision making." *European Journal of Operational Research*, 2005, 166(1).

$$e_j = -k \sum_{i=1}^{m} y_{ij} \ln y_{ij}$$

其中 y_{ij} 是第 i 个个体的第 j 个指标所占比重，当信息完全无序时系统有序度为零，熵值最大，此时 $e=1$，于是可得：

$$k = (\ln m)^{-1} \qquad 0 \leqslant e \leqslant 1 \tag{11}$$

因完全无序时信息熵为 0，信息价值为 0，所以某指标的信息价值取决于"信息熵冗余度" d_j，公式如下：

$$d_j = 1 - e_j \tag{12}$$

直观上看，熵值法计算的指标权重就是该指标的信息价值贡献，用公式表示为：

$$w_j = \frac{d_j}{\sum_{j=1}^{n} d_j} \tag{13}$$

客观赋权法的优势是从数据本身特点出发，忠于数据，具有客观性，但受到样本限制，可能会出现重要指标被赋予较低权重的情况，也可能出现结果不易解释的现象。

第九章　国家治理现代化的经济学基本理论探析[*]

荆克迪

一、引言

习近平总书记在中央政治局第十八次集体学习中指出，"我们推进国家治理体系和治理能力现代化，当然要学习和借鉴人类文明的一切优秀成果，但不是照搬其他国家的政治理念和制度模式，而是要从我国的现实条件出发来创造性前进"[①]。因此，为了科学评价国家治理的现代化水平，必须吸收现有经济理论的研究成果，同时要注重结合中国实际，坚持马克思主义理论的指导。虽然马克思主义经典作家并未对国家治理问题进行专门性的讨论，但在很多马克思主义经典著作中都实质性地体现了他们对无产阶级国家治理问题的可贵探索。作为具有中国特色的社会主义国家，我们必须把马克思主义政治经济学理论作为根本性的理论依据，使其成为实现我国国家治理现代化的强有力工具；同时，吸收现有其他经济理论的研究成果，取长补短，批判性地吸收其他经济学理论的可行之处，并将之与中国特色社会主义相结合，力图开创具有创新性的中国特色国家治理体系。

* 本文获得教育部人文社会科学重点研究基地重大项目《中国特色社会主义经济重大理论和实践问题专题研究》（16JJD790028）、教育部人文社会科学研究规划基金项目（19JD710058）、中央高校基本科研业务费项目（63192707）、全国中国特色社会主义政治经济学研究中心项目和南开大学亚洲研究中心项目资助。

① 习近平：《牢记历史经验历史教训历史警示，为国家治理能力现代化提供有益借鉴》，《人民日报》2014年10月14日。

从当前国内相关学术文献的进展情况来看，从政治学、社会学等角度进行研究的文献较多，但从马克思主义政治经济学角度研究国家治理现代化问题的文献相对较少，从新古典经济学、新制度经济学等其他经济学理论出发进行研究的论文则更为罕见。杨承训（2014）以 5 个"前人所未料到"的经济发展态势为基础，分析了解决当前经济领域的矛盾对于完善国家治理现代化的必要性，他认为："经济是社会发展的基础，从经济学视域下考察，就有五大问题是前人未曾预料和解决好的。我们可以从这些'倒逼'中，以系统思维完整地认识治理现代化的必然性，进而提升行动的自觉性。"[①]马小芳（2014）从经济结构转型、自组织主导的社会转型、财税体制改革、上海自贸试验区建设和创新驱动 5 个方面具体来谈中国经济改革的突破点，从单点切入推进国家治理现代化。[②]景维民等（2016）以新视角提出了国家治理的途径，运用马克思主义政治经济学的方法对中国国家治理的内在逻辑和本质要求作了详尽的阐释，并提出了适宜中国特色治理的路径选择。具体而言，"政府应提高自身法治化水平和公共服务能力，从过度介入市场和社会的领域逐步退出；建立健全中国特色社会主义市场经济制度，实现对资源的优化配置；引导社会有效整合不同利益结构，充分发挥国家治理稳定器的作用"[③]。

以上学者的研究均肯定了经济学基础在中国现阶段国家治理的必要性，然而现有的研究或者侧重于某个单方面问题的解析，或者侧重于讨论马克思主义经济学的指导性作用，并未在理论基础层面进行深入分析。当前，我国已经进入全面深化改革阶段，面对日益复杂的局面，必须为国家治理现代化的实践寻找坚实的理论支撑。为实现这一目标，一方面，我们必须从马克思主义政治经济学理论出发探寻我国国家治理实践的最基本经济学理论依据；另一方面，也应批判性地思考其他经济学理论对夯实国家治理的辅助作用。

二、充分发挥马克思主义政治经济学理论的指导作用

从马克思主义经济学的基本观念和角度出发，国家治理的本质体现为生产力和生产关系之间的协调治理，经济基础和上层建筑之间的协调治理。国家治理的关键在于上层建筑，包括制度设计和意识形态设计，在中国特色社会主义的国家治理体系下，要处理好上层建筑和经济基础的关系，就必须以马克思主义政治经

---

① 杨承训：《经济学视域下的国家系统治理现代化——学习习近平同志关于治理现代化的思想》，《学习论坛》2014 年第 9 期。

② 马小芳：《国家治理现代化与经济体制改革》，《行政管理改革》2014 年第 9 期。

③ 景维民、倪沙：《中国国家治理的本质要求及其内在逻辑——国家治理的政治经济学分析》，《经济学动态》2016 年第 8 期。

济学为理论指引，以保证人民利益为根本原则，实现政府、市场和社会三者之间协调治理，处理好三大主体的相互作用关系。

首先，在社会治理方面要积极发挥马克思主义政治经济学理论的指导作用。在马克思主义政治经济学中，人民始终被摆在社会的首要位置。马克思指出，"家庭和市民社会都是国家的前提，它们才是真正活动着的"，"家庭和市民社会使自身成为国家。它们是动力"①。因此，必须让权力落在人民手中，马克思认为，无产阶级在夺取政权以后，必须建立无产阶级专政，但无产阶级专政采取什么形式，只能根据各国的历史条件和具体情况而定。无产阶级专政改变了资本主义只对少数人民主而对多数人专政的现实，它以对"最大多数人"实行民主为要旨，这种民主才是我们所需要的民主。我们要明确人民利益至上是国家治理的根本原则。2012 年，习近平总书记在十八届中央政治局常委同中外记者见面时的讲话深刻指出，"人民对美好生活的向往，就是我们的奋斗目标"。2017 年，在第十九届中央政治局常委同中外记者见面会上，习近平总书记再一次强调："我们要牢记人民对美好生活的向往就是我们的奋斗目标。"纵观党的十九大报告，从"始终把人民利益放在首位"的提出到"以人民为中心"的发展思想，"人民"二字贯穿始终。人民群众是国家治理的基石，只有在切实地保障好人民的利益，以此为经济治理的方向和基本内容，才能发展好经济基础。而我国在此基础上发展的人民民主专政制度很好地适应了我国国情，在人民内部实行民主，逐步扩大社会主义民主，发展社会主义民主政治，如此才能解决国家治理问题中最根本的需求。只有在人民民主专政下，使政府与社会及人民相结合，才能发展出适合国情的国家治理体系。

其次，在政府和市场治理方面要积极发挥马克思主义政治经济学理论的指导作用。马克思指出生产关系必须适应生产力的发展，只有这样社会生产才能正常进行，经济才能发展。中国特色社会主义市场经济体制的建立就是对生产关系的历史性改革，我们在坚持以公有制经济为基础的情况下，顺应国情地允许多种所有制经济共同发展，这具体体现在国家治理体系中对生产关系的治理，是适应生产力发展的必然选择。我们要把握好政府与市场在配置资源之间的关系。新中国成立初期，我国采用了与当时经济基础相适应的"全能型"政府治理模式，政府介入市场，整合社会资源，对经济起到了一定的促进作用，但市场作用基本麻痹的弊端也显现出来。如何在坚持实行公有制的情况下发挥市场在资源配置中的决定性作用是我国改革进程中面临的难题。从理论上看，诸多非马克思主义经济理论从根本上否认公有制改革与私有制改革并存的可能性，认为在政府主导的经济体制下，无法发挥市场的配置效率，因此是"没有前途的"。从实践上看，东欧各

---

① 马克思：《黑格尔法哲学批判》，《马克思恩格斯全集》第 3 卷，人民出版社 2002 年版，第 110 页。

国及苏联也尝试在计划经济体制下引入市场经济体制，但都以失败告终。这个难题显然用所谓的"主流"经济学是无法解决的，西方经济学趋向于用数学方法在资本主义市场条件下研究如何实现利益最大化，却完全没有考虑资本主义私有制是否具有合理性。相对而言，我们将马克思主义政治经济学与中国特色社会主义经济体制相结合，创新性地发挥政府的作用，在坚持以公有制为主体的前提下，引导多种混合所有制经济共同发展，巧妙地实现了生产力和生产关系的有机协调。

最后，制度创新必须要积极发挥马克思主义政治经济学理论的指导作用。马克思指出，经济科学的任务在于证明现在开始显露出来的社会弊病是现存生产方式的必然结果，同时也是这一生产方式快要瓦解的征兆，并且在正在瓦解的经济运动形式内部发现未来的、能够消除这些弊病的、新的生产组织和交换组织的因素。简而言之，在经济治理的过程中，我们必须要对不时浮现的弊病进行改革，以实现体制创新、制度创新和机制创新。大量涌现的"市场失灵"现象背后往往隐现的是体制的不健全，这就要求我们必须要进行改革，转变生产方式。在过去的40多年中，我国的体制改革总体上看是成功的。在农村体制改革方面，联产承包责任制调动了农民的生产积极性，极大地促进了农村经济的发展。此后，乡镇企业的异军突起、农村税费体制改革，社会主义新农村建设、农业税的取消乃至土地制度的"三权"分置改革均深刻体现了马克思主义理论的指导作用；在所有制结构改革方面，我们遵循马克思主义生产力决定生产关系的原理，通过边际上对非公有制经济的放开，最终形成了以公有制为基础的多种所有制共同发展的基本经济制度；在国企改革方面，我们建立了现代企业制度；价格体制改革——从双轨制成功过渡到社会主义市场经济价格体制；金融体制改革——初步建立了与市场经济体制相适应的金融体制；财税体制改革——实行了从放权让利的探索到分税制和公共财政体制的全面改革；供给侧结构性改革——调整经济结构，使要素实现最优配置，提升了经济增长的质量和数量。

综上所述，如果没有马克思主义政治经济学基本原理的指引，政府、市场和社会之间的关系就无法真正得到协调，国家治理现代化的目标也就难以实现。马克思认为，人的思维是否具有客观真理性，并不是理论的问题，而是实践的问题。由此可见，关于经济体制改革和国家治理的路径和方法是否正确，也需要我们在实践中不断斟酌和修正，通过实践标准来检验，着力于革除机制体制弊端，规范市场经济秩序，致力于创造符合我国国情的经济体制。

三、对新古典经济学理论的批判性借鉴

哈耶克提出，由市场配置资源是人类迄今为止发现的最有效率的社会管理方

式，其不仅能够使社会生产效率实现最大化，还能够保障基本人权和自由，最大限度地减少不必要的干预。哈耶克极其反对强权控制下的计划经济，认为在计划经济体制下，强权腐败和扰乱市场正常资源配置会摧毁国家的经济基础，使得国民生产的积极性下降，国民自由受限，因此是一条可怕的"通往奴役之路"。新古典主义经济理论基于个人至上的理念，认为生产资料只有分散在独立的微观个体手中才能保证自由的实现，经济才能因此而获得效率，由此，其主张私有化；同时，新古典主义经济理论认为由许多独立的具有交易自由的个人组成的市场是保证经济健康发展的唯一途径，"看不见的手"会使市场自动达到均衡，任何对交易自由的限制都会导致严重后果，即使是对于国外市场交易施加的限制也是错误的，由此，其主张积极参与全球化进程和实现外贸的自由化。

不可否认的是，新古典主义在全球化推广的过程中，在维持一些国家宏观经济稳定、促进市场经济发展等方面起到了重要的作用。以新古典主义意识形态为核心的华盛顿共识也引起了新一代世界格局的演变，一度被某些西方学者鼓吹为是普遍适用于发展中国家和社会主义转型国家的"良方"。然而，苏联解体的教训、东南亚危机的频繁出现，阿根廷的经济危机等使得新古典主义的弊端开始显露。譬如，20世纪末阿根廷在新古典学派的影响下出现了大规模的经济衰退，整个国家动荡不安，大量资本外逃，失业率急剧上升，贫困化日益加重，波及社会各方面。以上案例说明，国家治理模式的选择和构建是一个关乎国家、民族命运的重大问题，我们在借鉴新古典主义的思想时，必须要采用一分为二的分析方法，在学习其有益部分的同时，要时刻警醒和遏制其不利影响。

首先，我们应密切关注新古典经济学思想在方法论上的局限性。新古典经济学方法论的内核是理性和均衡假说，这在现实市场经济中是难以得到完全满足的，新古典主义的分析方法强调生产资料的私人占有制度，过分夸大了自由竞争市场的优越性。特别是在数学化、形式化工具的包装下，这种思想对我国经济学学科内部产生了极大的影响，在实践上已经对我国某些领域的改革产生了误导作用。譬如，在医疗和教育的产业化方面，随着医疗和教育领域部分私有化举措的推行，部分医疗行业开始以利润最大化为唯一目标，导致医疗费用不断攀升，甚至也在一定程度上助推了医疗"竞价排名"、虚假宣传等社会影响极坏的恶性医疗事件。高等教育乃至中小学教育的产权改革也时常伴随乱收费、高价低质等问题，局部领域甚至违背了教育的本意初心。再如，在国企改革的进程中，有个别学者一直呼吁进行大规模私有化，其理论依据也来自新古典经济学。以追求利润最大化的原则对国企进行改造的初衷是提高国企的劳动效率和在市场上的竞争力，但片面追求产权放开则忽略了我国特殊的初始条件和基本国情。生产力决定生产关系是基本经济规律，其决定了我国当前必须要实行公有制为主体，多种所有制经济共同发展的基本经济制度。我们提倡推进混合所有制改革并不意味着放弃公有制的主导地位，而是要扩大公有制的影响力和范围、提高资源配置效率，这是一个基本的认识。盲目倡导私有化改革必然会带来严重的经济危机和社会动荡，违背我国社会主义的本质。例如，一些学者以新古典经济学为依据倡导政府应该"无为而治"，对地方和企业完全放权。在新古典经济学框架下，无论是马歇尔的局部均衡还是瓦尔拉斯的一般均衡均排斥了政府对市场的干预，国家被视为"怪兽"，只应在国防、立法等领域发挥作用。这一思想虽然有助于激发地方政府的积极性，但也会导致某些地方政府之间出现恶性竞争现象，甚至会为了突出政绩不惜对经济数据注水。

其次，我们应当批判性地借鉴新古典经济学思想的科学部分。必须注意到，新古典经济学在西方国家的国家治理过程中已经得到普遍应用，其在对市场机制的研究方面有其独到之处，特别是在宏观经济政策的制定方面具有较强的可操作性，积累了较为丰富的经验。虽然资本主义国家的国家治理模式与中国存在极大差异，但都必须以国家、市场和社会三者的协调统一为基本前提，都需要借助和发挥市场经济的力量。事实上，新古典主义的思想已经在一定程度上影响了中国的改革实践，尤其在理顺计划和市场关系层面发挥了积极作用。尽管新古典经济学的理论基础存在不科学的成分，但从结果上看，其对市场经济不遗余力的支持态度在一定程度上有助于打破对计划经济的迷信，有助于思想的解放。

通过以上分析，我们应该清楚地认识到新古典经济思想与中国国家治理现代化之间的关系。改革开放以来，中国市场经济的发展的确在部分领域不同程度地受到了新古典主义的影响，但在中国绝对不能提倡完全的自由主义。新古典主义的本质是资本主义完全私有制，这是与中国的发展道路和政治体制相悖的，中国道路的成功之处在于没有坚持僵化的、完全的市场经济体制，没有将经济完全放权给市场，因此，我们在借鉴新古典主义思想时要时刻保持一个清醒的头脑，坚持走社会主义道路，让市场在资源配置中起决定性作用的同时也要更好地发挥政府的作用，避免落入完全开放市场进行彻底私有化运动的陷阱之中。

四、对新制度经济学理论的批判性借鉴

国家本质上也是一种制度结构，因此，国家治理问题也可以从制度经济学的视角寻找部分理论支撑，其中产权理论、国家理论和制度变迁理论均与国家治理问题有着密切联系。制度经济学主要从理论上对经济制度的起源与演化、性质与功能以及各种经济制度的经济后果等动态特征加以阐释。

自威廉姆森（1979）之后，"治理"在经济学领域有了越来越广泛的应用。威

廉姆森在制度分析中，将制度安排与制度环境分而论之，提出制度安排即治理制度，并对有效治理结构的模式进行了分析，将治理结构主要分为三种：市场制、混合制和分层制。其认为，市场制的情况下激励强度达到最大化，同时可以减少官僚主义和行政腐败对市场的扭曲，有效地达到规模经济的理想效果；混合制下市场的调节和政府的介入力度各自参半，市场的激励处于中等，同时政府管理力度也是适度的；分层制下实行严格的行政控制，有利于各部门之间的高级协作方式的形成，但因此带来的官僚成本和管理成本也会增加，市场激励也不会发挥其应有的作用。威廉姆森的三种治理结构主要是针对公司治理模式展开分析的，但我们可以将治理的范围推广。在新制度经济学中，许多关于交易成本的推论都被应用在了改革和发展的模型之中。威廉姆森提出，中国改革的关键在于建立切实有效的治理机制，指出中国治理机制尚存在以下问题：私有产权体系不完善；对产权的保护很弱直接导致投资者激励不足，高度专业化投资的规模受到限制。而这些都是我们在国家治理现代化进程中正在处理并在短期内将持续面对的问题，在这里，科斯产权理论为理顺国家治理现代化问题中所必然面对的难题，即政府与市场关系问题提供了崭新的视角。

科斯的产权理论可以分为三个部分：一是交易费用概念的引出，交易过程中伴随产生的成本叫作交易费用，而企业这种组织形式的产生将单个的要素组织者聚集在一起，大大降低了交易费用；二是科斯第一定理和科斯第二定理，科斯第一定理说明了在交易费用为零且产权界定充分明晰的情况下，市场的资源自发配置是有效率的，而科斯第二定理说明产权初始界定的不同会导致不同的资源配置结果，进而对效率产生影响；三是外部性概念的引入，外部性经济主体（包括厂商或个人）的经济活动对他人和社会造成的非市场化的影响，分为正外部性和负外部性。科斯阐述了产权明晰的重要性，指出由于外部性的存在，市场运行会出现失灵的状况，此时政府必须介入市场并界定产权，在交易费用为零的情况下，产权界定之后市场便能有效率地运行。通过分析，科斯明确指出使交易成本最小化的产权界定制度是最好的产权制度。

科斯对产权结构的分析对于中国的治理体制改革起到了重要的借鉴作用。由于各方面的利益关系错综复杂，产权界定一直是经济改革中的难点。在过去的经济改革建设中，中国面临着由计划经济体制向市场经济体制的转变，而在转变过程中除了要解决市场不完善的问题外，市场主体的界定也不够明晰，从根本上讲就是产权结构不够明晰，没有清晰的产权结构就不会有真正的市场主体。改革开放以来，无论是国企改革还是民营企业改革，无论是在城市还是在农村，我们抓住的重点问题都是产权改革，其中比较突出的两个方面是国有企业改革和农村土地改革。

国企改革是我国经济体制改革的中心环节，一直受到高度关注。自主经营、自负盈亏的国有企业既是市场经济正常运行的前提条件，也是国家治理现代化的重要一环。改革开放 40 多年来，我国已经进行了多轮国企改革，极大地提高了国企的竞争力。但我们也应清醒地认识到，当前部分国企利润的提高是在垄断加强的前提下获得的。从长期来看，我们更应关注如何从根本上提高国有企业的竞争力。产权问题一直制约着国企改革的进一步深化，具体体现为产权结构不完善、产权不明晰等方面。产权不明晰表现为企业法人财产权并未得到确立，出资所有权和企业法人财产权并未分离，国有产权的真正代表并未确立。由此，导致了政府各部门之间和政企之间权责不清、效率低下。参照新制度经济学的理论，我们必须将出资者所有权和企业法人财产权作出清晰界定，以实现政企分开、权责明确和管理效率的提升。为此，我们应积极实现由一元化产权结构向多元化产权结构转变，如果所有行业和地区的国有股份始终占绝对控股地位，就很难摆脱行政干预，产权也就难以明晰，同时，一元化所导致的产权"不可分性"也会限制专业化分工引致的配置效率提升。十八届三中全会后，我国启动了新一轮的国企改革，提倡和鼓励发展混合制经济是其核心内容之一。目前，我国各层级国企已经进行了多轮试点，改革正不断向纵深推进，新制度经济学企业理论可以为本轮国企改革提供重要参考。

土地改革起源于家庭联产承包责任制，土地所有权的确立明确了农民作为土地占有者和使用者的地位，极大地调动了农民的生产积极性，解放了大量农村劳动力，使得农村经济发展突飞猛进。然而，长期以来，随着城镇化的推进，土地产权制度的弊病也逐渐显现出来，其中比较突出的问题便是征地问题，当今社会征地纠纷已经形成常态，而问题的根源就在于不合理的土地产权制度。在十九大报告中，习近平总书记强调必须"巩固和完善农村基本经营制度，深化农村土地制度改革，完善承包地'三权'分置制度。保持土地承包关系稳定并长久不变，第二轮土地承包到期后再延长三十年。深化农村集体产权制度改革，保障农民财产权益，壮大集体经济"[①]。农村治理是国家治理的重要组成部分，新制度经济学可以为农村治理，特别是土地制度的完善提供某些可供借鉴的思路。科斯把产权分为所有权、使用权和处分权等，我国法律规定农民享有土地的使用权，但是所有权归国家所有，于是转让权被当地政府行政垄断，这恰恰是征地纠纷的源头。个别地方政府与企业合作实现了自身利益的最大化，忽视了农民的利益，造成了极大的负外部性，一些农民不但不能享有合理的土地非农化收益，而且因交易费

---

① 习近平：《决胜全面建成小康社会 夺取新时代中国特色社会主义伟大胜利——在中国共产党第十九次全国代表大会上的报告》，人民网 http://cpc.people.com.cn/n1/2017/1028/c64094-29613660.html。

用显著增加，导致了资源配置效率降低。新制度经济学的产权理论启示我们，在这种情况下，最好的解决方法是理顺产权关系，实现土地产权的整合，减少利益控制主体，降低交易费用；同时，可以通过对农民的权利增加法律保护，减少政府对农民的经济利益损害。

改革开放 40 多年来，我国的产权制度结构不断得到优化，新制度经济学对于中国的制度构建和结构改造起到了非常大的作用。然而，对于新制度经济学的理念，我们不能一味地接受和照搬，必须认清其局限性，其方法论并未突破新古典经济学的内核。

新制度经济学派过度强调制度对经济绩效和国家兴衰的决定性作用，认为只要建立了完善的制度，经济便会自发地引导人的行为发展，提高经济水平和国家能力。在这一思想引导下，国家治理现代化成了一个内生演进的过程，进而忽略了制度的决定者和执行者的作用，以及技术创新所推进的制度演变及其循环因果关系。与之相比，马克思主义理论明显更具有解释力。首先，马克思认为，制度体系在一定程度上会制约或促进经济增长，但是起决定性因素的还是随着科技水平变化而变化的生产力。在制度与人的关系问题上，马克思更重视人的作用，因为人是制度的设计者和实施者，生产者的生产力变化也反映了技术水平的变化，因此，以人为考虑对象更为合理；其次，新制度经济学理论证明了高效的、能够降低交易成本的产权制度可以促进经济发展，却忽略了制度的阶级性，即这种制度可能只服务于少部分精英阶层和特定阶级，对人民利益的损害必然不利于社会稳定，进而会妨碍国家治理现代化目标的实现；最后，新制度经济学经常过于强调制度供给而忽略制度需求。相对公众对于制度的需求来说，有些供给是无效的或过时的，然而，由于在旧制度发展的过程中已经形成了一些既得利益集团，而这些利益集团必然不会轻易让旧制度消失，因此，这一"诺斯悖论"很难在新制度经济学的框架下得以解决。

综上所述，我们认识到新制度经济学对国家治理现代化的作用是双向的，其倡导的产权清晰、产权交易、产权保护等思路的确有利于提高资源配置效率，进而提高国家治理能力。然而，我们不宜过于夸大其作用，要摆脱一度盛行的"唯产权论"的观点。我们不能忽略私有产权制度具有剥削性、阶级性的一面，虽然站在效率与外部性的角度来看，产权制度的确可以通过激励和约束提高经济运行效率，但如果不加约束，也必然会导致财富分配的极端不平等。从这一角度来看，片面强调产权私有化等理论掩饰了阶级矛盾的经济根源，实际上倾向于保护资产阶级的利益，这与马克思理论的出发点截然不同。因此，我们需要在坚持马克思主义的指导下，批判性地看待新制度经济学对于产权改革的启示，将其理论与中国实际情况相结合，才能不断推进我国国家治理体系的现代化进程。

五、结语

党的十八届三中全会正式将"完善和发展中国特色社会主义制度、推进国家治理体系和治理能力现代化"作为全面深化改革的总目标。此后，习近平总书记在十九大上又再次强调"全面深化改革总目标是完善和发展中国特色社会主义制度、推进国家治理体系和治理能力现代化"[①]。这表明马克思主义国家学说在中国取得了实质性的发展和突破，中国国家治理现代化问题日益成为政府和理论界关注的焦点问题。我们应清醒地认识到，国家治理现代化是一项系统工程，尤其是在当前阶段中国特色社会主义进入新时代的背景下，对国家治理体系和治理能力现代化的要求和标准也会随之提高。在国家治理现代化所关联的诸多变量中，经济关系始终是处于首要地位的，其背后体现的是经济基础决定上层建筑的政治经济学原理。由此出发，为了理解国家治理现代化的逻辑，就必须对其中蕴含的经济规律有基本的了解，这就需要学习和运用经济学的理论工具。马克思主义政治经济学对于推进国家治理现代化体系的建设具有根本性的指导意义，除此以外，我们也不能以封闭的心态去运用理论和指导实践。正如习近平总书记强调的，我们要学习和借鉴人类文明的一切优秀成果。实际上，马克思主义政治经济学也是在批判性地吸收借鉴古典政治经济学思想的基础上完成的，其本身是一个开放、进步的理论体系。由前文分析可知，其他经济学的理论也能从不同的角度对国家治理现代化问题作出解释，这些理论的解释能力各不相同，很多理论不可避免地具有某种局限性，因此，我们在研究中强调不能仅以单一的理论视角进行研判，应该注重吸收不同理论的长处。任何经济理论都必须结合不同国家的国情才能发挥作用，正如习近平总书记强调的，一个国家选择什么样的治理体系，是由这个国家的历史传承、文化传统、经济社会发展水平决定的，是由这个国家的人民决定的。[②]我国要推进国家治理能力和治理体系现代化，必须站在党和人民的角度上，立足于国家和人民的根本利益，透彻理解和完善全面深化改革的总目标，坚持完善和发展中国特色社会主义道理，选择符合我国文化传统、经济发展、历史传承的国家治理现代化体系。

[①] 习近平：《决胜全面建成小康社会夺取新时代中国特色社会主义伟大胜利——在中国共产党第十九次全国代表大会上的报告》，人民出版社 2017 年版，第 24 页。

[②] 《习近平谈治国理政》，外文出版社 2014 年版，第 105 页。

参考文献：

[1] 刘伟：《马克思主义政治经济学与中国特色社会主义》，《北京大学学报（哲学社会科学版）》2017 年第 3 期。

[2] 大卫·科兹、孟捷：《大卫·科兹和孟捷对话：新自由主义与中国》，《政治经济学评论》2016 年第 7 期。

[3] 文魁：《社会主义市场经济的经济治理——党中央治国理政的政治经济学领悟》，《前线》2016 年第 6 期。

[4] 王君超：《国家治理（体系）现代化的政治经济学分析》，《中共中央党校》2016 年。

[5] 吕若楠：《马克思的国家治理思想研究》，湖南师范大学学位论文 2016 年。

[6] 张长威：《马克思恩格斯的国家理论及其对国家治理现代化的启示》，辽宁大学硕士学位论文 2016 年。

[7] 景维民、倪沙：《中国国家治理的本质要求及其内在逻辑——国家治理的政治经济学分析》，《经济学动态》2016 年第 8 期。

[8] 杨阳：《马克思国家理论及其对我国现代社会治理的启示》，重庆工商大学硕士学位论文 2015 年。

[9] 朱菊生：《新自由主义国家治理的实质与危害》，《学术论坛》2015 年第 38 期。

[10] 李泽升、赵秋娜：《科斯的产权理论与中国经济改革的经验》，《经营管理者》2015 年第 4 期。

[11] 曹胜亮：《全面推进依法治国的困境与求索——以国家治理体系和治理能力现代化为视角》，《法学论坛》2015 年第 1 期。

[12] 王腾苇：《发展经济学与中国经济发展模式研究》，《商》2015 年第 2 期。

[13] 杨德才、郭婷婷、唐悦：《新制度经济学与中国改革的推进》，《华东经济管理》2014 年第 3 期。

[14] 朱天飚：《国家治理与新古典主义》，《学术月刊》2014 年第 46 期。

[15] 刘军：《从马克思主义国家理论看中国国家治理现代化》，《中国特色社会主义研究》2014 年第 5 期。

[16] 郭熙保、马媛媛：《发展经济学与中国经济发展模式》，《江海学刊》2013 年第 1 期。

[17] 刘琼：《新自由主义对中国影响研究》，长安大学硕士学位论文 2009 年。

[18] 周明生、苏炜、卢名辉：《马克思与科斯产权理论在中国改革进程中的运用》，《江海学刊》2009 年第 1 期。

[19] 陈宗胜、高连水、周云波：《基本建成中国特色市场经济体制——中国经济体制改革三十年回顾与展望》，《天津社会科学》2009 年第 2 期。

[20] 周密：《我国国有企业产权结构多元化改革探析》，《商场现代化》2007 年第 36 期。

[21] 姜少敏：《发展经济学发展观的演变》，《教学与研究》2005 年第 12 期。

［22］王燕燕：《理念的转变与多维的视角——二十世纪九十年代以来发展经济学的新进展》，《财经理论与实践》2005 年第 138 期。

［23］马俊英：《科斯的产权理论与中国产权改革实践》，《现代经济探讨》2005 年第 6 期。

［24］刘石成：《发展经济学发展观的理论评析及演变趋势》，《广东经济管理学院学报》2005 年第 5 期。

［25］叶初升：《发展经济学的逻辑演变与中国经济发展的实践进程》，《中州学刊》2001 年第 1 期。

［26］叶世昌：《中国发展经济学的形成》，《复旦学报（社会科学版）》2000 年第 4 期。

第十章　基于投入产出方法的政治经济学经验研究述评*

冯志轩

一、引言

2014 年，习近平总书记提出要"学好用好政治经济学"。2016 年，习近平总书记提出"哲学社会科学要坚持马克思主义的主导地位"。"发展中国特色社会主义政治经济学"被列入十三五规划。因此，推动马克思主义政治经济学的创新发展，构建中国特色社会主义政治经济学就成为理论界所面临的一个重要课题。

纵观经济学发展的历史，理论研究与经验研究总是相伴而行、互相促进的。一方面，理论研究可以为理解经济现实及开展经验研究提供必要的理论基础与分析框架，指导人们按照特定的理论逻辑认识经济现象，总结经济规律；另一方面，经验研究则可帮助验证理论假说，即用归纳逻辑去证实或者证伪由演绎逻辑所获得的经验规律，进而推动理论研究不断纠错与深化。理论研究与经验研究具有相辅相成的关系，只有在理论逻辑、历史逻辑与实践逻辑具有统一性的时候，我们才能够最大限度地保证所获得的结论与规律具有科学性。因此，政治经济学的创新与发展显然也离不开必要的经验研究方法。

---

* 本文原文发表在《政治经济学评论》2019 年第 6 期，是天津市哲学社会科学一般项目"马克思主义政治经济学的数理方法研究"、中央高校基本科研业务费专项资金资助项目（63192221）及天津市高校习近平新时代中国特色社会主义思想研究联盟的成果。

在政治经济学的经验研究方法中，投入产出方法是特别重要的一类。[①]尽管作为一类经济数据的统计方法和经验研究手段，投入产出方法被各种经济学流派应用于不同的研究领域之中，但是，在政治经济学的经验研究中使用投入产出数据的比例要远高于其他流派。而且这种特殊关系不仅体现在使用比例上，政治经济学使用投入产出的范围和方法也更为多元化。其直接原因主要是在政治经济学的数理模型中，线性生产模型是发展最为成熟的一类，而线性生产模型与投入产出方法之间的关系极为密切；同时，政治经济学的研究往往受制于国民经济核算体系（System of National Account，SNA）与政治经济学框架不完全兼容的问题，而投入产出方法作为 SNA 的重要组成部分，提供了大量在其他核算账户中无法提供的信息，尤其是生产过程中的数据。两个直接原因的背后是投入产出方法与马克思主义政治经济学更深刻的理论联系：一是相比新古典经济学的其他方法将生产过程视为一个"线性流"，投入产出方法将生产视作一个由广泛的迂回生产联系起来的"循环流"，这种观点与以马克思主义政治经济学为代表的古典传统中至关重要的再生产框架是一致的；二是投入产出分析提供了经济研究中的结构化信息，对结构的强调恰恰是政治经济学相对于新古典还原论方法的重要理论特征；三是投入产出分析包含了"剩余"分析的思路，这也是政治经济学和古典传统所强调的。[②]正是因为这种理论上的深刻联系，使得投入产出方法成为政治经济学经验研究方法中一个特别重要的部分。也正因如此，本文希望能够系统梳理基于投入产出方法的政治经济学经验研究所使用的基本工具、主要领域和重要问题。

在本文的第二部分，我们将讨论马克思主义政治经济学应用投入产出方法开展经验研究的基本工具；第三部分是对上述基本工具在各个领域的具体应用的梳理；第四部分将主要探讨在应用投入产出方法上，政治经济学和西方经济学的差异；最后则是结论与展望部分。

二、马克思主义政治经济学应用投入产出方法的基本工具

利用投入产出方法进行的政治经济学经验研究是卷帙浩繁的，因此，要在一篇文章的篇幅以内对这些研究进行梳理，是难以完成的。如果整体观察这些研究，可以发现，尽管研究的内容和方法纷繁复杂，但是一些基本的研究工具会在不同的研究中反复出现。而具体的研究会根据自身研究的对象和思路的不同，对这些

---

① Basu D. "Quantitative Empirical Research in Marxist Political Economy: A Selective Review." *Journal of Economic Surveys*, 2017, 31(5).

② Kurz H. and Salvadori N. "'Classical' roots of input-output analysis: A short account of its long prehistory." *Economic Systems Research*, 2000, 12(2).

工具加以修改、优化或者排列组合，从而形成针对具体领域的经验研究方法。因此，本文综述的思路正是先对这些可能反复出现的工具加以总结，然后再对这些工具在具体研究领域内的不同应用进行叙述和梳理。而前者也正是本部分所关注的内容。具体来说，政治经济学应用投入产出方法的基本工具包括四类，即投入产出表的结构调整与加总、价值的计算、生产价格的计算及工资利润曲线的绘制。

（一）投入产出表的结构调整与加总

如第一个部分中我们叙述的那样，经验研究的指标体系不可避免地要受到其指导理论的影响，因此，国民经济统计体系 SNA 就不可避免地受到了占据支配地位的新古典经济学的影响，甚至连投入产出表这种在设计思路上与古典经济学和政治经济学更为一致的统计体系也存在类似的问题。因此，当我们关注一些经济活动在统计指标上的反映时，既不能直接求助于国民经济核算，也不能完全照搬投入产出表，而是需要对投入产出表进行调整以获得相应的指标体系。

新古典经济学与马克思主义政治经济学在应用投入产出方法上所体现的分歧主要可以概括为以下两个方面。

首先是关于生产和非生产部门的划分。在新古典经济学当中，生产性与非生产性部门的定义是模糊不清的。作为一个以交易为研究起点，生产过程相对而言不重要的经济学流派，这一点是不言而喻的。而对于政治经济学，我们有着比较严格的关于生产性和非生产性部门的划分，尽管也存在着生产性与非生产性劳动定义上的争论，但是仍然形成了一个关于劳动生产使用价值、劳动生产价值及劳动生产剩余价值的清晰理论划分。这就意味着一些部门不生产使用价值和价值，而是依靠占有别的部门生产的使用价值和价值来获取收入。因而，政治经济学在讨论全社会生产的总量和具体结构时就会产生与新古典经济学不一样的观点。

其次是部门与部类的概念差别。在新古典经济学当中，部门是根据产品的可替代性进行划分的，这也直接反映在投入产出表的部门划分之中。而在政治经济学当中，我们除了考察部门之间的差别，还有一类更为重要的概念，即部类。部类的划分并不是完全基于产品的使用价值来区分的，而是基于其在再生产中的不同位置来区分。如第一部分所述，这代表着背后经济学理论思路上的重要差别。

这两种差别带来了政治经济学对投入产出表进行调整和加总的两种重要思路，前者产生了投入产出表的总量调整，后者产生了多部类方法。

1. 投入产出表的总量调整

如前所述，由于非生产性部门的存在，如果我们关注经济研究当中一年内生产的总价值量是多少，其中有多少是不变资本量，有多少是新增价值量，新增价值量当中可变资本和剩余价值又是如何划分的，就不能简单使用投入产出表中的相应信息，就需要将投入产出表中的数据进行调整。

这种调整的方法从 20 世纪 70 年代投入产出表开始大规模应用于政治经济学的时候就已经存在了。其中，最为经典和广为接受的是谢克（Shaikh）和图纳克（Tonak）所提出的方法。[①]根据这一方法，投入产出表中的部门可以分为三类：生产、交易、非生产性及其他部门，前者与生产价值和使用价值相关，后两者则与分配剩余价值相关。而交易部门、非生产性部门及其他部门的不同之处在于，交易部门占有剩余价值发生在商品交换之前，因而，其所获得的剩余价值实际上是总价值中的一部分。而非生产性部门及其他部门则是在商品交换完成之后通过再分配获得的价值量，因而，其部门的"产值"本质上是一种重复计算。因此，在研究中，我们需要将交易部门的产值调整至剩余价值当中，并将非生产性及其他部门所获得的剩余价值进行相应的扣除和调整，以得到更为准确的经济体生产的总价值量及其内部相应的不变资本、可变资本与剩余价值。[②]

2. 多部类方法

如前文所述，部门和部类的分类方法是存在差异的，因此，我们需要一种方法将投入产出表中的部门通过一定的方式进行分解和再加总，从而变为部类的范畴。目前这一方法主要可以分为两种，即两大部类方法和三大部类方法。

两大部类方法是由藤森赖明（Fujimori Yoriaki）提出的一种将部门分解并再加总为部类的方法。[③]这种方法的核心观点在于根据投入产出表中分配系数不变的原理，并根据部门内产品在投资和消费之间的比例对部门的产值和生产过程进行分解，得到每个部门的生产资料生产过程和消费资料生产过程，再将所有的生产资料生产和消费资料生产对应加总为两大部类的投入产出表。张忠任也提供了一种类似的方法，与上述方法的差别在于这一方法从投入产出表中先获得第二部类的总量和结构，并以此推算第一部类的总量与内部结构。[④]

三大部类方法是在两大部类方法的基础上的进一步拓展。这一方法最主要的特点在于将生产资料部类分解为固定资本部类和流动不变资本部类，其中流动不变资本部类可以直接通过加总获得，而固定资本部类的存量和投入系数则是在假

---

① Shaikh A. and Tonak. "A Measuring the Wealth of Nations: The Political Economy of National Accounts." *Cambridge: Cambridge University Press*, 1994.

② 赵峰、姬旭辉、冯志轩：《国民收入核算的政治经济学方法及其在中国的应用》，《马克思主义研究》2012年第 8 期。

③ Fujimori Y. "Building 2-sector Schemes from the Input-Output Table: Computation of Japan'S Economy 1960—1985." *Josai University Bulletin*, 1992, 11(1).

④ 张忠任：《马克思再生产公式的模型化与两大部类的最优比例问题》，《政治经济学评论》2004 年第 2 期。

设再生产平衡的基础上利用投资矩阵估计边际的固定资本投入系数得到的。[1]

多部类方法的重要性首先在于其让投入产出体系与政治经济学的分析框架能够直接对应，还原了政治经济学的一些基本范畴。其次，这一方法通过投入系数加总的方式能够在很大程度上解决投入产出表中可能存在的数据限制，例如通过部门加总可以避免不同年份部门划分不一致带来的问题。再次，估计固定资本投入系数需要使用投资系数矩阵，然而投资系数矩阵在部门表格中往往是不容易获得的，如果进行估算则要引入很强的假定，而三大部类方法当中由于进行了相应的分解和再加总，投资系数矩阵是可以直接得到的。最后，由于我们已经给定了每一个部类在再生产中所处的位置，也就简化了部类之间的投入产出关系，固定资本投入和折旧矩阵只有固定资本部类所对应的行才有数值，而中间投入系数矩阵中，消费资料部类对应的值为 0，这一方面极大地简化了计算，同时也意味着进一步计算过程中会出现更少的偏误。

（二）价值的计算

1. 基本方法

政治经济学中使用投入产出方法的第二种基本工具是价值量的计算。其中最常用的一类方法是利用投入系数方法进行计算。其基本思路在于利用里昂惕夫逆矩阵将我们视为已知的直接劳动投入量还原为完全劳动投入量，或者说生产单位产品所需的全部的劳动投入量，即单位产品价值。[2]

整个劳动投入过程可以用如下公式表达：

$$\lambda A + l = \lambda \tag{1}$$

其中，A 是中间投入系数矩阵；l 是劳动投入系数行向量；λ 是价值行向量。这样 λA 就代表了生产过程中的物化劳动部分，l 则代表活劳动部分，两者相加则等于价值 λ。将等式进行变换，我们就得到了价值量的表达式，即价值量 λ 等于通过里昂惕夫逆矩阵 $(I-A)^{-1}$ 放大之后的劳动投入：

$$\lambda = l(I-A)^{-1} \tag{2}$$

上述基本模型当中我们主要考虑的是中间投入，即流动不变资本，而真实的生产过程当中还有固定资本。因此，在实际的计算当中我们还需要通过添加固定

① 赵峰、赵奕菡、李帮喜：《固定资本、生产资料优先增长与工业化——基于三大部类再生产图式的结构分析》，《教学与研究》2018 年第 3 期；李帮喜、刘充、赵峰、黄阳华：《生产结构、收入分配与宏观效率：一个马克思主义政治经济学的分析框架与经验研究》，《经济研究》2019 年第 3 期。

② Okishio N. "Measurement of the Rate of Surplus Value." *Economic Review*, 1959, 10(4); Morishima M. "Marx's economics: A dual theory of value and growth." *Cambridge: Cambridge University Press*, 1978; Mohun S. "The Labour Theory of Value as Foundation for Empirical Investigation." *Metroeconomica*, 2004, 55(1).

资本折旧，将（2）式变为：

$$\lambda = l(I - A - D)^{-1} \qquad (3)$$

其中，D 是固定资本折旧系数矩阵。[①]

上述主流的方法是利用投入产出表中的列关系进行计算。实际上还有利用行关系，即分配系数关系计算价值量的方法，这一思路的主要贡献来自森岛通夫（Morishima Michio）和塞顿（Seton）。[②]这一方法在理论上的一个重要考量是投入系数矩阵 A，在现实计算当中会受到价格体系变化的影响，而分配系数理论上在任意价格体系下都不会发生变化，因此，价值体系可以用如下公式表达：

$$\lambda B + \hat{e}\lambda_l = \lambda \qquad (4)$$

其中，B 是分配系数矩阵，它的元素 b_{ij} 为第 j 个部门生产的总产品中分配到第 i 部门使用的比例，λ 仍然是价值向量，λ_l 是劳动力价值向量，$\hat{e}$ 是剩余价值率的对角矩阵。

但是这当中 $\hat{e}$ 和 λ_l 是未知数，所以 Morishima 和 Seton 为其添加了两个假设：一是所有部门的剩余价值率都相等，从而 $\hat{e}$ 退化为 e；二是假设劳动力价值可以表达为 $\lambda_l = \lambda c'$，即劳动力价值等于生产每单位产品劳动者所消费的生活资料的量（列向量 c'）和价值向量的乘积。由此将（4）式变为：

$$\lambda(B + ec') = \lambda \qquad (5)$$

根据（5）式可以用特征值和特征向量的方法求解 e 和 λ。

这种方法在实际中很少应用。因为一方面其剩余价值率相等的假设，在价值体系下并没有任何的理论基础；另一方面，这种方法在利用价值型投入产出表进行计算的时候，尽管不会受到价格因素的影响，但是会受到产量因素的影响。而使用投入系数的方法，即便存在价格带来的影响，仍然可以用一定的方法得到不受这种影响的计算结果。实际上，如果我们将分配系数方法略作修改，可变为以下形式：

$$\bar{\lambda} B + \bar{l} = \bar{\lambda} \qquad (6)$$

其中，$\bar{l}$ 和 $\bar{\lambda}$ 分别表示直接劳动投入总量和价值总量，可以证明（6）式这种

---

① Ochoa E. "Values, Prices and Wage-profit curves in the US economy." *Cambridge Journal of Economics*, 1989, 13(3).

② Morishima M. and Seton F. "Aggregation in Leontief matrices and the labour theory of value." *Econometrica*, 1961, 29(2).

计算总价值量的方法与投入系数矩阵计算总价值量的方法是等价的。

2. 直接劳动投入量的计算与异质劳动的还原

在计算价值量的方法中需要使用直接劳动投入量的相关数据。而在政治经济学当中，即便在抽象劳动的意义上劳动投入量也还是存在一定异质性的。不同部门的劳动存在劳动复杂程度的差别，也因此会导致这些劳动价值形成能力上的差别。因此，在实际计算价值量时，需要考虑劳动复杂度的差别对直接劳动投入系数所产生的影响，即将异质的复杂劳动通约成同质的简单劳动。

目前，将异质劳动通约为同质劳动的思路主要有三种：第一种是按照部门间工资的比例，将各个部门的劳动通约成同质的劳动。[①]第二种是认为复杂劳动无非是体现了历史上的劳动过程。复杂劳动实际上可以延展为历史上的一系列劳动过程，要还原复杂劳动，也就是将复杂劳动背后的一系列劳动通过一定的方式体现并加总起来。[②]第三种还原方式则诉诸问题的现实重要性，这一思路认为尽管存在着劳动复杂程度的差别，但是在现实的价值量计算中，这种复杂程度的差别并不重要，因而无须额外的通约过程。[③]这是因为，首先，在使用投入产出方法时，部门之间已经经过了相当程度的加总，这意味着我们将不同复杂程度的劳动过程加总在了一起，如果没有特殊的原因，各个部门内部包含了劳动复杂程度或高或低的生产过程，从而在一定程度上抵消了这种复杂程度的差别。其次，资本主义劳动过程的一个重要逻辑是将劳动者所具有的技能物化到机器当中，使得劳动逐步简单化。因此，抽象劳动的异质性并非逐渐提高，而是在不断降低的。[④]

在三种思路当中，第一种思路在以往的文献中应用得较为广泛，但是这种思路也面临着许多的批评：首先，工资是一个价格量，用价格量去逆向推导价值量就是理论逻辑的倒置。[⑤]其次，如果使用工资去通约劳动量，无论真实情况如何，都会导致劳动量在比例上与劳动报酬量极为近似，从而使得价值量与市场价格量极度近似。[⑥]针对这些问题，一个可能的思路是将工资中受价格和实现因素影响的部分剔除出去，从而保留工资反映劳动复杂程度的部分，不过这种剔除过程的细节及其理论背景仍然需要作进一步的讨论。[⑦]而第二种思路在理论上是最符合马

---

① Ochoa E. "Values, Prices and Wage-profit curves in the US economy." *Cambridge Journal of Economics*, 1989, 13(3).

② 藤森赖明、李帮喜：《复杂劳动的还原问题研究》，《清华政治经济学报》2014 年第 3 卷；孟捷、冯金华：《复杂劳动还原与产品的价值决定：理论和数理的分析》，《经济研究》2017 年第 2 期。

③ Webber M. "Quantitative Measurement of Some Marxist Categories." *Environment and Planning A*, 1987, 19(10).

④ 冯志轩：《国际价值、国际生产价格和利润平均化：一个经验研究》，《世界经济》2016 年第 8 期。

⑤ Webber M. "Quantitative Measurement of Some Marxist Categories." *Environment and Planning A*, 1987, 19(10).

⑥ 冯志轩：《国际价值、国际生产价格和利润平均化：一个经验研究》，《世界经济》2016 年第 8 期。

⑦ 李艳芬、荣兆梓：《活劳动向量与商品价值计量方法研究》，《经济纵横》2019 年第 1 期。

克思主义政治经济学的基本逻辑的，但是其最大的困难在于数据不易获得，在实际操作中难以实现。而第三种思路实际上是在目前的数据条件下的一种简化，如果假设合理，那么能够在偏误较小的情况下得到估计结果，但是其假设条件仍然需要作进一步的验证。

（三）生产价格的计算

1. 生产价格的三种定义

政治经济学应用投入产出方法的第三个基本工具是生产价格的计算。相对于价值而言，生产价格的计算方法要复杂一些。这首先源于生产价格在马克思主义政治经济学和新李嘉图主义经济学当中都是重要的概念，但是两个流派对生产价格的定义却不尽相同。最主要的差别体现在工资的确定上，在新李嘉图学派当中，工资是后定的；而在马克思主义经济学当中，工资属于生产范畴，所以是先定的。这里我们先不讨论这两个学派在生产价格上的差别，只考虑马克思主义经济学内部对于生产价格的讨论。此外，目前生产价格的主要计算方式是以统一利润率为基础的，实际上还有一些其他方法，放松了生产价格的这一假定，我们在本文就不再展开讨论了。[①]

马克思主义经济学内部生产价格的复杂性，主要来自马克思主义经济学中对转形问题的不同解答，主要的解答思路可以归结为 A、B、C 三个体系，从而对应了三种不同的求解生产价格的方式。[②]

一般而言，在工资率相等和不考虑固定资本的情况下，我们可以把生产价格的一般形式写成：

$$(pA + wl)(1 + r) = p \qquad (7)$$

其中，A、l 与上文一样，分别是中间投入矩阵和劳动投入向量，两者作为既定的生产技术是已知的。p 是生产价格向量，w 是各个部门统一的工资率，r 则是平均利润率。后三者都是未知的，需要求解。由于每个部门都有一个生产价格，所以对于（7）式，我们在存在 n 个方程的情况下，有 $n+2$ 个未知数要解，这就需要根据多出来的两个自由度添加两个方程以获得生产价格的唯一解。不同的添加方式也就产生了转形问题的不同解法体系。本文接下来将简要地介绍它们的差别。

（1）A 体系

首先是 A 体系，这一体系是目前最为成熟、使用最为广泛的体系，其将工资

---

① Flaschel P., Franke R. and Veneziani R. "The Measurement of Prices of Production: An Alternative Approach." *Review of Political Economy*, 2012, 24(3).

② 荣兆梓、陈旸：《转形问题 B 体系：模型与计算》，《经济研究》2014 年第 9 期；荣兆梓、李帮喜、陈旸：《马克思主义广义转形理论及模型新探》，《马克思主义研究》2016 年第 2 期。

表达为消费品向量和生产价格的乘积，公式如下：

$$w = pc'$$ （8）

c' 是工人的消费资料列向量。由此（7）式变为[①]：

$$p(A + c'l)(1 + r) = p$$ （9）

这样，我们就将生产价格和平均利润率的求解转化成了求矩阵 $A + c'l$ 的特征值和特征向量问题，根据 *Perron-Probenius* 定理可以解出唯一且有经济意义的利润率和作为特征向量的相对生产价格向量。要确定生产价格的绝对水平，则需要一组标准化条件：[②]

$$px' = \lambda x'$$ （10）

其中 x' 是产量列向量。（10）式表示总价值等于总生产价格。由此，我们可以将无量纲的相对生产价格向量标准化。尽管 A 体系非常清晰简洁，却无法同时满足转形问题中两个总计一致的条件，引入总价值等于总生产价格的公式（10），则结果可能会使总利润不等于总剩余价值，这也是 A 体系最受诟病的地方。

（2）B 体系

B 体系严格意义上包含了两种不同的解决转形问题的思路，分别称为 B-1 体系和 B-2 体系，之所以归类为 B 体系在于两者都放弃了 A 体系实物工资已知的思路。

B-1 体系针对 A 体系两个总量一致不成立的问题，直接将标准形式下的两个自由度设为两个总计一致命题，即：

$$(pA + wl)x'r = (l - \lambda c'l)x'$$ （11）

$$x'p = x'\lambda$$ （12）

由两式进行简单的变换，可以得到与 A 体系类似的特征值特征向量体系，并可根据 *Perron-Probenius* 定理保证利润率和生产价格的唯一性。[③]

B-2 体系的思路则从政治经济学的基本理论入手，认为工资在价值和生产价格体系下是一致的，并且放弃了总生产价格等于总价值的假设，认为两个总量存在重复计算，相等的应该是两个体系下的新增价值量。公式如下：

$$w = \lambda c'$$ （13）

$$py' = \lambda y'$$ （14）

---

① Mohun S. "The Labour Theory of Value as Foundation for Empirical Investigation." *Metroeconomica*, 2004, 5(1).
② 荣兆梓、李帮喜、陈旸：《马克思主义广义转形理论及模型新探》，《马克思主义研究》2016 年第 2 期。
③ 张忠任：《百年难题的破解》，人民出版社 2004 年版，128 页。

其中（13）式即工资在两个体系下相等，（14）式中 y' 是净产品向量，也即总产量扣除中间投入量之后的剩余产量，$y' = x' - Ax'$。根据（13）和（14）式也可进行变换获得相应的唯一解。B-2 体系下，由于假设了工资在两个体系下相等，且新增价值在两个体系下相等，则总利润与总生产价格必然相等。[①]

B 体系中的两个思路都在一定程度上解决了转形问题中的两个总量一致问题，但是两个体系也都面临一定的批评意见，B-2 体系的主要批评来自其放弃总量一致而转向新增量一致的假设，B-2 体系的另一个假设的出发点是资本主义属于货币体系，因而工资在两个体系下相等，但是货币所代表的量和流通的量恰恰是总量而不是新增量。因此，两个假设存在矛盾。B-1 体系的问题则在于实际上由于直接假设了剩余价值量和利润相等，又有总量相等的条件。那么，在两个体系下实际上依靠的是不变资本和可变资本的相对变化来满足这两个条件，需要两者此消彼长但总量一致，这是没有理论基础的。

（3）C 体系

由于 B 体系存在相应的问题，所以，荣兆梓等提供了一种新的转形问题解决思路 C 体系。理论上，之所以要考虑两个总量一致，总价值等于总生产价格是价值价格体系下所必需的，但是总剩余价值等于总利润归根到底是要说明利润的来源，那么，我们也可以转而寻找其他方式来完成这一使命，因此 C 体系假设在价值和生产价格下资本家和工人的分配比例是不变的，从而对抗性的分配关系不变，公式如下：

$$\frac{py'}{\lambda y'} = \frac{w}{w_\lambda} \tag{15}$$

$$px' = \lambda x' \tag{16}$$

其中（15）式表示分配关系不变，（16）式表示总价值等于总生产价格。同样根据两式可以得到唯一且有经济意义的一组生产价格和利润率。[②]

（4）三个体系的比较

由于目前对于转形问题学界尚未得出最终的结论，我们还不能对三个体系作出最终的判断，但是作一些简单的比较仍是有益的。首先，从使用上来看，A 体系使用者最多，B-2 体系及其相关的衍生体系也有一定数量的使用者。而 C 体系由于是新近出现的方法，目前还没有直接被应用。其次，已经有一些学者对不同

① Foley D. "The value of money the value of labor power and the Marxian transformation problem." *Review of Radical Political Economics*, 1982, 14(2); Duménil G. "Beyond the Transformation Riddle: A Labor Theory of Value." *Science and Society*, 1983, 47(4); Campbell A. "The Transformation Problem: A Simple Presentation of the 'New Solution.'" *Review of Radical Political Economics*, 1997, 29(3).

② 荣兆梓、李帮喜、陈旸：《马克思主义广义转形理论及模型新探》，《马克思主义研究》2016 年第 2 期。

体系进行了应用上的比较，如李海明比较了 A 体系和 B-1 体系[1]，宙菲迪斯（Tsoulfidis）和派塔里迪斯（Paitaridis）比较了 A 体系和 B-2 体系[2]，总的来说，几个体系计算的结果相差不大。这意味着尽管 A 体系和 B 体系在数学结构上存在差异，但是在实际操作中，这种差异是很小的，并不会真正影响我们的分析。

此外，宙菲迪斯和派塔里迪斯发现尽管 A 体系和 B-2 体系在计算结果上相当接近，但是有一些政治经济学比较重要的结论在 A 体系下能够得到更好的反映。例如，他们发现如果利用两个体系计算资本有机构成，那么 A 体系下的资本有机构成跟价值的转入和转出关系更密切，符合政治经济学的基本逻辑。[3]这一结论是值得重视的。这可能说明尽管 A 体系无法满足两个总量一致，但是在另外一些我们还不清楚的性质上其可能存在一些优势，值得进一步关注。此外，需要特别说明的是，由于发展的充分性和数学形式上的便利性，后续很多与生产价格相关的方法都是基于 A 体系的。这一点在实际的体系选择上也产生了很大的影响。

2. 包含固定资本的情形

在对生产价格基本形式进行讨论的时候，我们没有考虑固定资本的存在，但是在理论上固定资本是影响利润平均化的重要因素。目前考虑固定资本的方式大致有两种，都是基于转形问题 A 体系的方法，第一种是折旧率外生的方法，其主要思路可以由下式表达：

$$p = p(A+c'l+D)+rp(A+c'l+K) \tag{17}$$

这一方法的基本思路在于根据流动资本和固定资本折旧计算出单位产品所包含的成本，并用生产价格减去成本得到利润量，而利润再根据流动资本和固定资本的存量在不同部门进行分配，得到平均利润率[4]。

第二种思路则是由置盐和中谷所提出的 SON（Sraffa-Okishio-Nakatani）方法：

$$p = pM(r) \tag{18}$$

$$M(r) = \left[\hat{\phi}(r)+rI\right]K+(1+r)(A+c'l) \tag{19}$$

$$\phi_i(r) = \frac{1}{\sum_{t=0}^{\tau_i-1}(1+r)^t} \tag{20}$$

[1] 李海明：《检验劳动价值论：方法与证据》，《经济学动态》2017 年第 9 期。

[2] Tsoulfidis L. and Paitaridis D. "Monetary Expressions of Labour Time and Market Prices: Theory and Evidence from China, Japan and Korea." *Review of Political Economy*, 2017, 29(1).

[3] Tsoulfidis L. and Paitaridis D. "Monetary Expressions of Labour Time and Market Prices: Theory and Evidence from China, Japan and Korea." *Review of Political Economy*, 2017, 29(1).

[4] Ochoa E. "Values, Prices and Wage-profit curves in the US economy." *Cambridge Journal of Economics*, 1989, 13(3).

其中，$\hat{\phi}(r)$ 是一个对角矩阵，对角元素 ϕ_i 是第 i 部门固定资本的折旧率。τ_i 是固定资本的使用年限。这一方法与第一种方法最大的不同就在于其将固定资本折旧率内生为利润率的函数，因此是第一种方法一般化的。[①]实际上，如果我们将折旧率作为外生给定，那么这种方法就退化为第一种方法。显然，这两种方法中，第一种方法的计算更为简单，第二种方法较为繁复。但是第二种方法不需要外生的折旧率数据，而且假设更弱。因此，在不考虑计算复杂性的条件下，第二种方法在进行考虑固定资本的生产价格计算时是更合理的一种方法。此外，这两种方法在应用的过程中都需要固定资本存量矩阵 K，而这一矩阵在实际中往往不易获得，需要利用同样基于生产价格体系下的均衡性质进行估计。[②]

（四）工资利润曲线

政治经济学应用投入产出表的第四种基本工具是工资利润曲线。工资利润曲线本身是马克思主义政治经济学和新李嘉图主义经济学中的关键性概念，这曲线一方面反映了技术的可能性及其变化，另一方面则反映了分配的可能性，沟通了技术关系和分配关系。

在实际计算工资利润曲线的过程中有两种基本方法，一种是基于投入产出方法和生产价格体系，另一种是基于实际数据的实际工资利润曲线。后一种严格意义上来说与投入产出方法没有直接的联系，所以我们在这里就不再涉及了。第一种方法是基于生产价格体系的，因此其与生产价格的计算有很强的相关性，但是由于计算重点和应用方式有很大不同，实际上是不同的方法，所以，我们对其单独进行讨论。

工资利润曲线的基本逻辑在于给定实际的技术关系，我们可以得到一组工资率、利润率和均衡的生产价格。但是这组工资率和利润率仅代表了这一技术关系下分配的一种可能，如果我们将工资率作为变量，就可以使利润率和生产价格同样变化起来，利润率从工资为 0 时的最高水平最终变化为 0，从而得到一组工资利润曲线，反之，以利润作为变量亦然。这个曲线上的每一组点都表示了在这一技术下工资和利润的一种特定关系。

基于 A 体系的工资利润曲线的基本方法可以由以下线性规划表示：

---

① 藤森赖明、李帮喜：《马克思经济学与数理分析》，社会科学文献出版社 2014 年版，第 75 页；Li B. "Marx's Labor Theory of Value and Its Implications for Structural Problems in China's Economy." *Economic and Political Studies*, 2014, 2(2).

② Fujimori Y. "Wage-Profit Curves in a von Neumann-Leontief Model: Theory and Computation of Japan's Economy 1970-19801." *Journal of Applied Input-Output Analysis*, 1992, 1(1); Li B. "Fixed Capital and Wage-Profit Curves a la Von Neumann-Leontief: China's Economy 1987-2000." *Research in Political Economy*, 2014(29).

$$\max\{c'p \mid \frac{1}{1+r}p \leqslant Ap + L, p \geqslant 0\} \tag{21}$$

即求解给定技术水平和生产价格有意义的前提下，能够提供给定利润率水平的最大工资水平问题，由此可以根据一个利润率区间求解得到相应的工资水平。[①]在实际求解过程中，也可以通过一定的方式变换生产价格的基本表达式（7），通过标准化过程，将工资和利润之间的相互关系直接以方程的形式表达出来。例如我们可以将（7）式作变换得到：

$$p = \left[I - (1+r)A\right]^{-1}wl(1+r) \tag{22}$$

两端同时乘以净产出 $y' = x' - Ax'$，可得：

$$y'p = \left[I - (1+r)A\right]^{-1}wl(1+r)y' \tag{23}$$

然后通过标准化净产出，即可得到工资和利润之间的关系。[②]

当然上述情况仍然是没有考虑固定资本，如果考虑了固定资本，在折旧率内生的情况下，我们可以将工资利润曲线的基本形式重新表达为：

$$\max\{pc' \mid \frac{1}{1+r}p \leqslant pA + L + p\left[\frac{r}{1+r}I + \frac{1}{1+r}\phi(r)\right]K, p \geqslant 0\} \tag{24}$$

此外，目前也已经有文献指出在考虑工资利润曲线时，应当考虑到联合生产的情形，利用供给表和使用表来表达相应的联合生产关系，因而其工资利润曲线可以表达为：

$$\max\{pc' \mid \frac{1}{1+r}pB \leqslant pA + L, p \geqslant 0\} \tag{25}$$

其中，B 是联合生产时的产出矩阵。在具体计算中，我们也仍然可以直接变换生产价格表达式并进行标准化来计算工资利润曲线，联合生产下生产价格的表达式如下：

$$(pA + wl)(1+r) = pB \tag{26}$$

通过变换可得：

$$\left[B - A(1+r)\right]^{-1}wl(1+r) = p \tag{27}$$

---

① Li B. "Linear Theory of Fixed Capital and China's Economy." *Berlin: Springer*, 2017.

② Ochoa E. "Values, Prices and Wage-profit curves in the US economy." *Cambridge Journal of Economics*, 1989, 13(3); Petrović P. "Shape of a Wage-Profit Curve, Some Methodology and Empirical Evidence." *Metroeconomica*, 1991, 42(2).

同样，我们可以在两侧同时乘以净产量并对其进行标准化进行求解。①

三、马克思主义政治经济学应用投入产出方法开展经验研究的主要领域

在下文中，我们将简要地讨论政治经济学使用投入产出方法进行研究较多的领域和相应的具体议题，以及这些研究是如何利用第三部分所讨论的基本工具的。我们将主要讨论四个领域：理论议题、宏观经济、技术问题和国际经济。实际上，应用投入产出方法的政治经济学研究远不限于这四个方面，我们的目的主要在于讨论受关注程度较高、讨论相对集中且相对具有政治经济学特色的几个方面，而其他的应用由于本文的目的和篇幅所限，就不再讨论了。

（一）理论议题

经验研究会受到理论设定的直接影响，而经验研究本身也能够服务于理论本身的探讨。在政治经济学的经验研究中有大量研究是与观察理论本身联系在一起的。在应用投入产出方法的政治经济学经验研究中，有两类问题在过去受到了较多的关注，一个是价值价格的偏离问题，另一个是工资利润曲线的走向问题。

1. 价值价格的偏离

计算价值与生产价格、市场价格的偏离程度很有可能是所有应用投入产出方法的政治经济学研究中已有文献最为庞大的具体领域。这一议题部分始于新古典经济学家对于线性生产体系下政治经济学价值价格体系表达的批评。这种批评认为生产价格体系可以解释价格，而价值体系不重要。针对这一批评，马克思主义经济学者从多个角度作出了回应，而作为回应之一，谢克认为尽管理论上价值并不等于市场价格，但是现实当中由于经济体系存在着复杂的迂回生产，而投入品和消费品中的生产价格在经历了这种迂回之后会对价值偏离产生一定程度的抵消，因而，价格不会偏离价值太远。②价值本身仍然是调节价格的关键性因素，因此有实际的意义。而后续有大量研究从这个角度出发，试图计算生产价格和价值，并将它们与市场价格相比较，尽管结论在细节上存在差异，但是这些研究基本上

---

① Soklis G. "Shape of Wage-Profit Curves in Joint Production Systems: Evidence from the Supply and Use Tables of the Finnish Economy." *Metroeconomica*, 2011, 62(4).

② Shaikh. A. "The Transformation from Marx to Sraffa." *In Mandel E. and Freeman A. eds., Marx, Ricardo, Sraffa, London: Verso*, 1984; Shaikh. Anwar. "The Empirical Strength of the Labour Theory of Value." *In Bellofiore R. eds., Marxian Economics: A Reappraisal, London: Palgrave Macmillan*, 1998.

都认为价值与市场价格是足够接近的，甚至可能和生产价格一样接近。[①]

但是这些研究从一开始就招致了许多的批评。[②]最主要的批评用于市场价格与价值、生产价格足够接近的"度量上"。由于应用价值型投入产出表主要能够计算和比较的是市场价格、生产价格和价值的总量，所以无法排除产量的影响，这种高度相关性其实来自产量的相等。[③]此外，前文已经提到，还有研究指出很多价值、价格偏离程度的研究都在使用工资作为通约异质劳动的方式，而这种方式本身会导致劳动投入向量在比例上基本等于劳动报酬向量，因而，价值和市场价格的偏离仅仅取决于劳动报酬占比在行业间的差别，必然使得价值和生产价格非常接近，相当于直接把结论预设进方法之中了。[④]通过对度量方法进行相应的调整，一些研究也得出了价格与价值并不接近的结论。[⑤]

尽管这一研究领域目前面临上述诸多批评，研究的结果是否正确仍有讨论的余地。但是，这个领域的研究也有其积极意义，其不仅使我们能够更深入地讨论马克思的价值价格理论，而且完善了价值价格的计算方式。近期的一些文献更是试图兼顾正反两方面的意见，并引入了更多工具来推进这一研究。

2. 工资利润曲线的形状

我们在第三部分中已经提到，在生产价格体系下，我们可以计算出一系列工资和利润的数值，从而绘制出工资利润曲线。这种曲线的形状本身在理论上就具

---

① Petrovic P. "The Deviation of Production Prices from Labour Values: Some Methodology and Empirical Evidence." *Cambridge Journal of Economics*, 1987(11); Ochoa E. "Values, Prices and Wage-profit curves in the US economy." *Cambridge Journal of Economics*, 1989, 13(3); Baeza A. "Correspondence Between Labor Values and Prices: A New Approach." *Review of Radical Political Economics*, 1994, 26(2); Cockshott P. Cottrell A. Michaelson G. "Testing Marx: Some New Results from UK Data." *Capital & Class*, 1995, 19(1); Tsoulfidis L. "Values, Prices of Production and Market Prices: Some More Evidence from the Greek Economy." *Cambridge Journal of Economics*, 2002, 26(3); Cockshott W. and Cottrell A. "Robust Correlations between Prices and Labour Values: A Comment." *Cambridge Journal of Economics*, 2005, 29(2); Tsoulfidis L. and Mariolis T. "Labour Values, Prices of Production and the Effects of Income Distribution: Evidence from the Greek Economy." *Economic Systems Research*, 2007, 19(4); Fröhlich N. "Labour Values, Prices of Production and the Missing Equalisation Tendency of Profit Rates: Evidence from the German Economy." *Cambridge Journal of Economics*, 2013, 37(5); 李海明：《检验劳动价值论：方法与证据》，《经济学动态》2017 年第 9 期。

② 马梦挺：《价值、生产价格的经验估计方法：应用与评价》，《经济学动态》2018 年第 1 期。

③ Kliman A. "The Law of Value and Laws of Statistics: Sectoral Values and Prices in the US Economy, 1977-97." *Cambridge Journal of Economics*, 2002, 26(3).

④ 冯志轩：《国际价值、国际生产价格和利润平均化：一个经验研究》，《世界经济》2016 年第 8 期。

⑤ Díaz E. and Osuna R. "Can We Trust in Cross-Sectional Price-Value Correlation Measures? Some Evidence from the Case of Spain." *Journal of Post Keynesian Economics*, 2005, 28(2); Díaz E. and Osuna R. "Indeterminacy in Price-Value Correlation Measures." *Empirical Economics*, 2007, 33(3); Díaz E. and Osuna R. "From Correlation to Dispersion: Geometry of the Price-Value Deviation." *Empirical Economics*, 2009, 36(2); Vaona A. "A Panel Data Approach to Price-Value Correlations." *Empirical Economics*, 2014, 47(1).

有非常重要的意义，涉及剑桥资本争论中持有古典经济学传统观点的学者对于新古典经济学的批评。在理论上，根据一般形式的线性生产模型所能够得到的工资利润曲线的形状是不确定的。如果曲线的形状不是直线，就可能存在技术再转折问题，也就是说技术的选择与要素报酬之间的关系不是单调的。除了技术再转折，资本加总问题中也涉及工资利润曲线的形状，只有在工资利润曲线是直线时，要素分配不会影响产品的相对价格，资本才能被加总起来，总量生产函数才可以使用。既然新古典的理论和工具都仅仅在一种特殊情况下才能使用，那么，问题就在于这种特殊情况在现实中是否存在。如果其是广泛存在的，那么，新古典的一些理论就能够在这个意义上得到保持，反之，则新古典经济学的理论在近似的意义上也无法使用。

因此，有许多研究者试图利用不同国家的数据来绘制工资利润曲线，并讨论其形状。已有的结论当中，多数研究认为工资利润曲线是接近于直线的，而且在考虑了固定资本的情况下也是如此。[①]但是，也有一些不同的结论，马尔兹（Marzi）和帕特洛维奇（Petrović）的研究分别利用意大利和南斯拉夫的数据得到的工资利润曲线存在一定程度上的弯曲（尽管马尔兹认为这种弯曲并不重要）[②]，而索克里斯（Soklis）的研究则认为目前的研究都没有考虑现实的经济生产中广泛存在的联合生产问题，如果将联合生产考虑进来，那么，工资利润曲线的形状不仅是弯曲的，甚至还可能不是单调的。[③]

（二）宏观经济

政治经济学关于宏观经济波动的理论中，最关键的变量是利润率，通过对利润率自身的波动及其背后影响因素的测量，我们可以得到一个时期内经济体系最主要的动力和面临的最主要矛盾。因此，大量政治经济学的宏观研究都将注意力放在了利润率的测度及其影响因素分解之上。

关于利润率的经验研究并不都使用投入产出方法，使用时间序列方法的研究

---

① Ochoa E. "Values, Prices and Wage-profit curves in the US economy." *Cambridge Journal of Economics*, 1989, 13(3); Fujimori Y. "Wage-Profit Curves in a von Neumann-Leontief Model: Theory and Computation of Japan's Economy 1970-1980." *Journal of Applied Input-Output Analysis*, 1992, 1(1); Tsoulfidis L. and Rieu D. "Labor Values, Prices of Production, and Wage-Profit Rate Frontiers of the Korean Economy", *Seoul Journal of Economics*, 2006, 19(3); Li B. "Fixed Capital and Wage-Profit Curves a la Von Neumann-Leontief: China's Economy 1987-2000." *Research in Political Economy*, 2014(19).

② Petrović P. "Shape of a Wage-Profit Curve, Some Methodology and Empirical Evidence." *Metroeconomica*, 1991, 42(2); Marzi G. "Vertically Integrated Sectors and the Empirics of Structural Change." *Structural Change and Economic Dynamics*, 1994, 5(1).

③ Soklis G. "Shape of Wage-Profit Curves in Joint Production Systems: Evidence from the Supply and Use Tables of the Finnish Economy." *Metroeconomica*, 2011, 62(4).

可能在数量上更多，但是利用投入产出方法有其特殊的优势。这种优势主要体现在可以利用投入产出表估算具有不同理论意义的利润率。作为政治经济学理论的核心指标之一，并不存在唯一的利润率定义，不同的利润率对应着不同的理论抽象层次，因此也具有不同的理论用途。

我们在投入产出表的加总与调整中已经提到，国民经济核算体系当中的指标并不能与政治经济学的逻辑一一对应。因此，即便计算市场价格下的利润率，由于直接统计得到的营业盈余并不是实际的利润量或者剩余价值量，我们也需要对投入产出表作一定的调整。因此，在计算经济在市场价格下的一般利润率时，需要将投入产出表根据生产性部门和非生产性部门的相关划分进行调整，以得到实际的利润量和利润率。[①]在一些条件下，我们也需要价值和生产价格条件下的利润率，价值利润率作为一个理论范畴与包括剩余价值率在内的政治经济学其他范畴关系密切；[②]而生产价格条件下的利润率，本质上是一种给定技术和工资之后经济生产所能够达到的最大利润率，是实际利润率的上限，[③]因此，可以将其理解为是一种潜在的利润率。[④]除此之外，帕西内蒂（Pasinetti）和后续的文献还讨论了一种完全基于投入产出技术关系的"纵向加总的利润率"，这种利润率可以更好地处理资本生产率的问题。[⑤]

而如果我们不止步于对利润率本身波动和趋势的分析，而是进一步探究其背后的影响因素，投入产出表自身的结构化特性就能够更好地反映出影响利润率的因素。在利润率的诸多影响因素中，受到关注较多的是剩余价值率和非生产性劳动的比重这两个内容。

关于剩余价值率的度量，可以分为两类，一类是直接使用价格量度量工人和

---

① Webber M. and Rigby D. "The Rate of Profit in Canadian Manufacturing, 1950-1981." *Review of Radical Political Economics*, 1986, 18(1); Maniatis T. "Marxian Macroeconomic Categories in the Greek Economy." *Review of Radical Political Economics*, 2005, 37(4)；赵峰、姬旭辉、冯志轩：《国民收入核算的政治经济学方法及其在中国的应用》，《马克思主义研究》2012 年第 8 期；谢富胜、李直：《中国经济中的一般利润率：1994—2011》，《财经理论研究》2016 年第 3 期。

② Wolff E. "The Rate of Surplus Value, the Organic Composition, and the General Rate of Profit in the U.S. Economy, 1947-67." *American Economic Review*, 1979, 69(3).

③ Wolff E. "The Rate of Surplus Value, the Organic Composition, and the General Rate of Profit in the U.S. Economy, 1947-67." *American Economic Review*, 1979, 69(3).

④ 李帮喜：《投资驱动、固定资本与中国经济的潜在增长率：一个政治经济学的分析视角》，清华大学政治经济学论文，2015 年。

⑤ Pasinetti L. "The Notion of Vertical Integration in Economic Analysis." *Metroeconomica*, 1973, 25(1); Miller J. and Gowdy J. "Vertically Integrated Measures of the Rate of Profit in the United States 1950-90." *Review of Income and Wealth*, 1998(4).

资本家实际分配过程中的对抗程度，这类研究多数是宏观层面的研究。[①]还有一些研究认为剩余价值率是一个价值层面上的量，反映的是剩余劳动时间与必要劳动时间之间的比重，因此，其认为可以利用价值条件下计算得到的剩余价值与劳动力价值之比来计算剩余价值率。[②]关于非生产性劳动比重的研究，已有的文献主要是利用不同国家的投入产出数据对非生产劳动的比重及其对利润率的影响进行研究，尽管对非生产性劳动的定义并不是完全一致的，但是这些研究中大多数都观察到随着资本主义的发展，非生产性劳动的比重一直保持着上升的趋势，且近年来越来越多地影响着利润率的变化，而这种趋势可以和垄断资本主义的商品实现困难及近年来愈演愈烈的经济金融化联系起来，成为解释资本主义增长困境的一个独特而有效的视角。[③]

此外，除了利润率及其背后的影响因素，我们还可以通过投入产出方法讨论政治经济学视角下一国宏观经济的结构特征及其变化。这一点主要可以通过多部类方法来实现。经过部类的加总可以更容易地讨论包括两大部类比例、分配比例等在内的宏观关系及生产资料优先增长规律等方面的议题，[④]甚至可以通过将其扩展到世界范围来讨论国际贸易的平衡关系。[⑤]

（三）技术问题

投入产出方法及与之相联系的线性生产理论的一个特点就是能够在最弱的假设下最合理地反映生产过程中的技术关系，因此，在应用投入产出方法的政治

① 冯志轩：《国民收入中劳动报酬占比测算理论基础和方法的讨论——基于马克思主义经济学的方法》，《经济学家》2012 年第 3 期；赵峰、姬旭辉、冯志轩：《国民收入核算的政治经济学方法及其在中国的应用》，《马克思主义研究》2012 年第 8 期。

② Wolff E. "The Rate of Surplus Value in Puerto Rico." *Journal of Political Economy*, 1975, 83(5); Wolff E. "The Rate of Surplus Value, the Organic Composition, and the General Rate of Profit in the U.S. Economy, 1947-67." *American Economic Review*, 1979, 69(3); Venida V. "Marxian Categories Empirically Estimated: The Philippines, 1961-1994." *Review of Radical Political Economics*, 2007, 39(1)；姬旭辉、邱海平：《中国经济剩余价值率的估算：1995—2009——兼论国民收入的初次分配》，《当代经济研究》2015 年第 6 期。

③ Tsoulfidis L. and Tsaliki P. "Unproductive Labour, Capital Accumulation and Profitability Crisis in the Greek Economy." *International Review of Applied Economics*, 2014, 28(5)；邱海平、姬旭辉：《论非生产劳动与经济增长：以中国 1995 年—2009 年为例》，《马克思主义研究》2016 年第 3 期；Rotta N. "Unproductive Accumulation in the USA: A New Analytical Framework." *Cambridge Journal of Economics*, 2018, 42(5).

④ 李亚平：《中国经济增长问题的实证研究——基于投入产出模型的再生产图式分析》，《江西社会科学》2009 年第 3 期；徐春华：《两大部类发展失衡与中国产能过剩问题研究》，《当代经济研究》2017 年第 1 期；赵峰：《马克思两大部类模型与中国经济的宏观结构：一个经验研究》，《中国人民大学学报》2017 年第 2 期；赵峰、李彬：《马克思两部类模型视角下的中国省域经济结构分析》：《马克思主义研究》2017 年第 4 期；王艺明、刘一鸣：《马克思主义两大部类经济增长模型的理论与实证研究》，《经济研究》2018 年第 9 期。

⑤ 陶为群：《开放经济下的马克思再生产模型及实证初探》，《学术界》1991 年第 5 期；乔晓楠、张月莹、吴雨婷：《世界再生产体系：理论模型与经验证据》，《世界经济》2019 年第 5 期。

经济学研究中，讨论技术问题的经验研究也是一个重要的领域。

对于新古典经济学测度技术进步的方式，如流行的全要素生产率等，政治经济学的文献对于其理论基础和经验测度方法提出了诸多的批评。而在此基础上，政治经济学发展出了一整套具有更严格理论基础的技术进步测度方式。

在测度技术进步速度时，最直接的方式就是直接测度给定商品量的情况下，一个部门总价值量的变化率。这也是目前最主要的技术进步测度方式。①这种方式是简单而有力的，但是这一方法的问题在于其理论上只能分别测度各个部门的劳动生产率，因为我们所求的价值量本身在理论模型当中就是每个商品的价值量，带有使用价值的量纲。因此，劳动生产率作为价值量的倒数也是带有单位的，各个部门的劳动生产率及其进步速度是不可比的，从而无法直接进行加总。因此，当我们关注一个经济体的总技术进步速度时就需要采用其他的方法。

在测度经济整体的技术进步速度时，目前最主要的方法是考虑经济体的总投入矩阵 $M = A + lc'$ 的特征值，这一特征值本身是利润率的函数，即 $\dfrac{1}{1+r}$。它只能近似地反映经济整体的技术进步，因为利润率的提高与劳动生产率的整体提高在理论上不是完全一致的。但是在经过一定的调整后，这一特征值在时间上的变化率可以反映经济生产在给定条件下整体技术效率的提高。②

在技术进步的测度当中，不论是基于价值量的分部门技术进步速度，还是基于特征值的总体技术进步速度都是相对值，无法用于技术效率的横向比较。而在很多时候，尤其是在比较国家间的技术时，我们不仅关注技术变化速度的快慢，也关注绝对水平的高低。已有文献通过将不同国家的工资利润曲线进行标准化，得到了可比较的工资利润曲线。此时，这一曲线可以视作目前技术下资本和劳动收入的"生产可能性前沿"，比较不同的工资利润曲线所覆盖的面积就能够比较出不同国家整体的技术效率。③并且，我们可以通过将这一前沿与生产运行的实际点

---

① Ochoa E. "An Input-Output Study of Labor Productivity in the U.S. Economy, 1947-72." *Journal of Post Keynesian Economics*, 1986, 9(1)；荣兆梓：《总要素生产率还是总劳动生产率》，《财贸研究》1992 年第 3 期；李洁、泉弘志：《要素生产率与经济增长的中日比较》，《统计研究》1998 年第 2 期；Nakajima A. "Total Labour Requirements and Value Added Productivity of Labour in the Process of Economic Development." *Economic Systems Research*, 2008, 20(3)；Flaschel P. Franke R. and Veneziani R. "Labour Productivity and the Law of Decreasing Labour Content." *Cambridge Journal of Economics*, 2013, 37(2)；戴艳娟、泉弘志：《基于全劳动生产率的中国各产业生产率的测算》，《财经研究》2014 年第 12 期。

② De Juan O. and Febrero E. "Measuring Productivity from Vertically Integrated Sectors." *Economic Systems Research*, 2000, 12(2)；Hahnel R. "A Tale of Three Theorems." *Review of Radical Political Economics*, 2017, 49(1)；Hahnel R. "Environmental Sustainability in a Sraffian Framework." *Review of Radical Political Economics*, 2017, 49(3).

③ Degasperi M. and Thomas F. "Productivity Accounting Based on Production Prices." *Metroeconomica*, 2010, 61(2).

进行比较，从而得到经济实际运行过程中的生产和分配效率。①

（四）国际经济

应用投入产出方法较多的第四个政治经济学研究领域是有关国际经济的研究，在这个领域内比较有代表性的是不平等交换的测量研究、分工与汇率问题的研究。

不平等交换理论是利用国际价值转移来解释国家和地区之间发展不平衡的一个重要理论。这一理论的主要提出者伊曼纽尔在其理论框架中就包含了线性生产的表述模式，其将不平等交换表达为价值量与生产价格量之间的差异。因此，对于不平等交换的经验研究也自然而然地较多地借助了投入产出方法。研究的方法主要是测度各个国家商品中所包含的价值量与商品的市场价格、生产价格的差异。也有一些研究比较了开放条件下的生产价格和封闭条件下的生产价格的差异，因为这一度量更多地反映了国际贸易自身的影响。无论采用何种方法，已有的研究都证实了不平等交换广泛存在于发达国家和发展中国家之间。②而且，一部分研究还关注了这种不平等交换随时间的演变，中岛（Nakajima）、泉（Izumi）及冯志轩的研究都发现不平等交换并非是一个一成不变的量，对于一些经历了快速的工业化和经济增长的经济体，不平等交换的负面影响存在不断减弱的趋势。③

在不平等交换的理论和经验研究中，尽管价值在不同国家间的分配是关键性的机制，但是这并不直接意味着国际间的剥削。但是也有研究直接更进一步地讨论了国家之间的剥削关系。萩原泰治（Hagiwara Taiji）的研究将马克思主义政治经济学基本定理扩展至国际，其认为在不完全分工的国际生产中，一个部门当中利润率为正的充要条件仅仅是一个国家的生产者存在无酬劳动，其利用国际间投入产出表证明了这种国家间剥削存在的可能性。④

政治经济学学者对于分工与汇率问题的经验研究主要源自谢克提供的理论框架，这一研究批评了基于比较优势的贸易理论的可能性及其背后的货币数量

---

① 李帮喜、刘充、赵峰、黄阳华：《生产结构、收入分配与宏观效率：一个马克思主义政治经济学的分析框架与经验研究》，《经济研究》2019 年第 3 期。

② Gibson B. "Unequal Exchange: Theoretical Issues and Empirical Findings." *Review of Radical Political Economics*, 1980, 12(3); Webber M. and Foot S. "The Measurement of Unequal Exchange." *Environment and Planning A: Economy and Space*, 1984, 16(7); Nakajima A. and Izumi H. "Economic Development and Unequal Exchange among Nations: Analysis of U.S. Japan, and South Korea." *Review of Radical Political Economics*, 1995, 27(3); Feng Z. "International Value, International Production Price and Unequal Exchange." *Economic Growth and Transition of Industrial Structure in East Asia, Sigapore: Springer*, 2018, 10(2).

③ Nakajima A. and Izumi H. "Economic Development and Unequal Exchange among Nations: Analysis of U.S. Japan, and South Korea." *Review of Radical Political Economics*, 1995, 27(3)；冯志轩：《不平等交换的历史动态：一个经验研究》，《政治经济学评论》2016 年第 2 期。

④ Hagiwara T. "Labor Value and Exploitation in the Global Economy." *Research in Political Economy*, 2017, 32(1).

论基础，并提出汇率的长期趋势是由各国之间劳动生产率的差距及其变化决定的。①之后，这一理论被逐步完善并付诸经验研究。目前已有的经验研究均支持了基于劳动生产率差距的分工和长期汇率理论。②

四、政治经济学与西方经济学应用投入产出方法的差异

投入产出数据与方法不仅被马克思主义政治经济学所应用，而且在以新古典经济理论为基础的西方经济学中也被广泛地应用。既然两种经济理论都应用了投入产出数据与方法，那么，又应该如何认识两者在基本理论、数学模型及研究结论方面的差异呢？对此，我们非常有必要进行深入的比较分析。毫无疑问，一般均衡理论是新古典经济学的理论基石，而建立一般均衡理论基础之上的可计算一般均衡方法又成为新古典经济学应用投入产出数据与方法最为典型的方式。因此，本文就以可计算一般均衡方法为例，与马克思主义政治经济学应用投入产出方法进行比较分析。

可计算一般均衡的基础模型通常包括家庭与企业两个部门。其中，家庭部门反映消费者的特征，即在给定偏好与收入的条件下，通过优化消费行为以实现效用最大化目标。企业部门反映生产者的特征，在给定生产技术、产品价格及要素价格的条件下，通过优化生产投入行为以实现利润最大化目标。并且，家庭部门将自身拥有的要素禀赋提供给企业部门，获取要素收入，进而构成要素市场；而企业部门将利用特定要素所生产出来的产品出售给家庭部门，获得销售收入，进而构成产品市场。如果要素市场与产品市场都具有完全竞争市场的特性，那么，价格机制的调节就可以实现资源的优化配置，并确保市场出清。换言之，即要素市场与产品市场都可以实现新古典式的闭合。因此，给定投入产出数据，基于可计算一般均衡方法来审视，意味着经济系统处于一种完成了资源优化配置的市场均衡状态。当进行模拟分析时，即引入技术进步、偏好改变或者特定的经济政策时，由于外生因素的变化而必然导致均衡状态的变化，那么，通过观察"新的均衡"和"旧的均衡"的差异，就可以获得外生冲击带来的影响。因此，模拟分析

---

① Shaikh A. "Foreign Trade and the Law of Value: Part I." *Science & Society*, 1979, 43(3); Shaikh. Anwar. "Foreign Trade and the Law of Value: Part II." *Science and Society*, 1980, 44(1).

② 戴艳娟、泉弘志、李洁：《基于国际平均全劳动法的中日购买力平价的推算》，《统计研究》2014 年第 7 期；Seretis S. and Tsaliki P. "Absolute Advantage and International Trade: Evidence from Four Euro-Zone Economies." *Review of Radical Political Economics*, 2016, 48(3); Martínez-Hernández F. "The Political Economy of Real Exchange Rate Behavior: Theory and Empirical Evidence for Developed and Developing Countries, 1960–2010." *Review of Political Economy*, 2017, 29(4); Tsaliki P. Paraskevopoulou C. and Tsoulfidis L. "Unequal Exchange and Absolute Cost Advantage: Evidence from the Trade between Greece and Germany." *Cambridge Journal of Economics*, 2018, 42(4).

的实质就是进行比较静态分析。当然，还可以进一步利用可计算一般均衡模型进行动态模拟，一般是进行递归模拟分析，而非动态最优化分析。这相当于按照连续的外生冲击及设定的动态机制，进行跨期的比较静态分析，进而构成动态可计算一般均衡模型。从理论上来说，基于新古典理论的可计算一般均衡模型具有包括边际生产力决定论、经济调整机制依赖生产者-消费者的模式和市场出清的理论特征。而政治经济学的投入产出方法则基于劳动价值论和剩余价值论，经济的调整机制以资本运动为主，市场出清也只是特例。这是几乎所有新古典模型和与之相对应的马克思主义政治经济学模型都存在的差异。

除了这些理论特征的差异，它们在模型结构上还有三个显著的不同：第一，基本设定不同。马克思主义政治经济学采用技术集合（A，L）来反映线性生产系统，而新古典经济学通常采用 C-D 型及 CES 型的生产函数来反映生产技术，并且在可计算一般均衡建模之中经常会设计更为复杂的多层嵌套型生产函数。比较上述两种理论对生产技术的设定，可以发现马克思主义政治经济学设定了一般技术，新古典理论给出的是特殊技术。其原因在于新古典经济理论过于强调不同生产要素之间的替代性，这也是导致其认为经济系统通过平滑调整，总可以实现市场出清的根本原因。换言之，如果生产资料与活劳动投入按照一定技术条件必须要满足特定比例的搭配关系，则出现产能过剩或者产业后备军的情况将更多地表现为一种常态，而在完全意义下的市场出清则构成一种特例。第二，模型的逻辑不同。以马克思主义政治经济学作为理论基础的数理模型，突出了劳资分配对整个系统的影响。如果工人的消费倾向更高，而资本家主导投资，那么，整个经济系统的两大部类的比例结构、资本积累及扩大再生产的规模都将受其影响而发生变化。因此，反映生产力发展水平的技术条件与反映劳资之间的生产关系对经济系统具有同等重要的影响。与此相对，新古典经济学中决定劳资分配的是影响其边际生产力的参数，于是劳资关系表现为一个技术问题。并且，家庭部门的消费是由偏好决定的，特别是由于消费品之间也存在着替代关系，因此，随着不同消费品相对价格的变化，其消费组合也将随之调整，进而影响市场需求乃至资源配置。第三，模型形式的不同。马克思主义政治经济学有两套线性方程组，即价值方程组与生产价格方程组；新古典理论只有一套非线性方程组。马克思主义政治经济学除了讨论工资、利润、生产价格之外，还可以针对以劳动时间来计量的价值进行求解分析，这显然是新古典经济学及可计算一般均衡模型未涉及的内容。

五、结论与展望

作为政治经济学最具特色、发展最为充分的经验研究方法，利用投入产出法进行的经验研究深刻地体现了政治经济学的方法论，正如诺克斯和平奇在总结马克思主义政治经济学理论的结构主义特征时所提到的那样，"结构主义者非常怀疑世界的日常表象，以及人们对世界的主观反应和解释。相反，他们认为，要了解社会，就需要研究者在明显的外部世界表象之下进行探查，以了解发生作用的根本机制。由于这些机制不能被直接观察到，研究者必须通过应用抽象推理过程建立的理论来研究它们"[1]。可以说，对于马克思主义政治经济学而言，投入产出表不仅是一个不同角度之下的核算方法，还是一个探寻社会深层次的规律和结构的观察口。

通过前文的总结，我们可以发现，投入产出方法的应用为政治经济学验证理论假说、讨论现实情况提供了有效的途径。而在这些研究的基础上，我们认为在工具方法及研究领域上仍有很多需要进一步探索的内容。

就工具而言，我们认为已有的工具动态化是一个值得关注问题。目前，大多数理论工具仍然是静态或比较静态的，而要真正分析经济运行的真实历史过程，对其进行动态化研究是必不可少的。这一点，在线性生产理论研究上已经有了诸多涉及，而如何与真实的投入产出表相结合还缺少相应的方法。[2]此外，目前的所有工具都是基于单技术条件的，即一个部门在某个时点具有一种确定的技术，而没有反映每个部门内部技术的差异。反映一个部门内部不同技术条件的"多技术模型"在理论上已经有了一些探讨，而将其与投入产出模型相结合能够为处理技术差异、技术动态变化及其他一些方面带来新的视角。[3]

就研究领域而言，本文认为金融和地租问题值得我们进一步关注。一方面，这两个领域都事关重大的经济现实问题，如与金融问题直接相关的脱实向虚问题、金融的系统性风险问题，以及与地租问题相关的垄断问题、区域间不平衡发展等问题；另一方面，这两个领域的理论准备也是最为充足的，与投入产出方法紧密相关的线性生产问题已经在理论模型上为这两个领域提供了许多研究基础，因而也更容易与经验研究相结合。[4]除此之外，在生态环境问题上，投入产出分析也已

---

① 诺斯克、平奇：《城市社会地理学导论》，商务印书馆2005年版，第2页。

② Morishima M. "Equilibrium, Stability and Growth." *Oxford: Clarendon Press*, 1964; Okishio N. "Competition and Production Prices." *Cambridge Journal of Economics*, 2000, 25(4).

③ Murata Y. "Fundamental Marxian Theorem in Case of Multiple Activities." *Metroeconomica*, 1977, 29(12); Cogliano J. Flaschel P. Franke R. Fröhlich N. and Veneziani R. *Value, Competition and Exploitation: Marx's Legacy Revisited*, Cheltenham: Edward Elgar, 2018.

④ Kurz H. "Rent Theory in a Multisectoral Model." *Oxford Economic Papers*, 1978, 30(1); Huang Biao. "A Simple Generalization of the Singular Rent Model." *Metroeconomica*, 2018, 69(1); Horvat B. "The Pure Labour Theory of Prices and Interest." *European Economic Review*, 1989, 33(6); Panico C. Pinto A. and Anyul M. "Income Distribution and the Size of the Financial Sector: A Sraffian Analysis." *Cambridge Journal of Economics*, 2012, 36(6).

经成为研究的重要方法。而政治经济学和马克思主义理论整体上对当代世界所面临的环境问题提出了最为深刻的见解。如何结合政治经济学在理论上和运用投入产出方法方面的优势，在生态环境问题上提供包含马克思主义理论洞见的细致的经验研究，也是我们在未来的研究中值得关注的方向。

策　　划：人文社科编辑室
责任编辑：李佳　李波
封面设计：韩成华

当代中国马克思主义政治经济学丛书

中国经济重大问题研究（2019）

当代中国马克思主义政治经济学丛书

中国特色社会主义政治经济学通论

中国特色社会主义政治经济学通论(修订版)

中国特色社会主义政治经济学概论

奋斗与创新——新中国经济理论与实践70年

经典与当代——马克思主义政治经济学与现时代(上下册)

中国经济重大问题研究（2018）

中国经济重大问题研究（2019）

ISBN 978-7-310-06013-9

9 787310 060139 >

定价：80.00元